정서와 작업하기

정신역동, 인지행동 그리고 정서중심 심리치료에서

Leslie S. Greenberg · Norka T. Malberg · Michael A. Tompkins 공저
김수형 역

Working With Emotion
in Psychodynamic, Cognitive Behavior, and Emotion-Focused Psychotherapy

학지사

Working With Emotion in Psychodynamic, Cognitive Behavior, and Emotion-Focused Psychotherapy
by Leslie S. Greenberg, PhD, Norka T. Malberg, PsyD, and Michael A. Tompkins, PhD, ABPP

역자 서문

심리치료의 의미는 상담실에 오는 내담자들의 심리적 고통을 완화하여 그들이 자신들의 삶에서 내적 만족감과 편안함을 경험하도록 돕는 것이라고 본다. 이런 목표는 어떤 접근의 치료에서도 공통으로 갖고 있는 치료 목표가 될 것이다. 그러므로 치료의 동기가 되는 심리적으로 고통스러운 정서라는 주제는 가장 핵심적인 관심 대상이 될 수밖에 없다. 보통 심리적 고통은 정서로 경험되는데, 이 정서를 이해하고 치료적으로 다룬다는 것은 중요하지만 쉬운 일은 아닌 것 같다. 그래서 그 중요성만큼이나 정서와 함께하고 정서와 작업하는 것을 배우는 것은 치료자에게 꼭 필요한 것이라 생각해 왔다. 관심을 가지고 공부하던 중 치료의 주요 접근들에서 정서를 어떻게 이해하고 다루는지에 관한 책을 접하게 되어 반가운 마음으로 읽게 되었다. 세 가지 접근의 치료 대가들이 직접 가상사례까지 제시하며 설명하고 있어, 이론적 개념과 임상실제에 적용할 수 있는 개입, 전략 등에 대한 이해에 도움이 되어 함께 나눌 수 있기를 바라는 마음에서 번역하게 되었다.

정신역동치료, 인지행동치료, 정서중심치료 모두 정서를 중요하게 여기지만, 정서를 어떻게 이해하고 어떻게 다루는지에는 차이가 있다. 정신역동치료는 정서를 관계적인 회복의 신호로 취급하고 무의식적인 과정을 다루면서 치료에서 일어나는 경험 과정과 정서를 연결한다. 인지행동치료는 정서를 인지에 대한 반응으로 보고 그 정서를 인지에 연결시킨다. 정서중심치료는 정서를 정보와 욕구를 담고 있는 것으로 보고 정서를 다른 것과 연결시키기보다는 중요한 정보를 전달하는 지적 언어로서, 정서적 경험에 직접적으로 초점을 맞춘다. 이 책은 심리치료 분야의 대표적인 세 가지 접근에서 이해하는 정서의 역할과 정서 변화를 위한 전략들을 설명하고 있다. 발달과 학습 그리고 정서와 동기 사이의 관계와 같은 주제와 관련하여 각각의 이론적 입장이 제시되어 있으며, 세 가지 접근 간 교차하는 몇 가지 광범위한 주제와 관련하여서도 간략한 내용이 포함되어 있다. 각 접근의 저자들은 정서를 불러일으키고 작업하는 데 사용되는 방법들로 정서 과정을 제시하며, 심리적인 변화 과정에서 대인관계를 개선하는 데 정서의 가치와 역할에 대해 논의하고 있다. 또한, 치료 관계에서 정서의 역할과 효과적인 치료적 동맹을 발전시키고 유지하기 위해 정서와 함께 작업하는 방법을 설명하고 있다. 세 가지 접근들의 이해와 더불어 유사점과 치료 실제에서의 차이점을 살펴볼 수 있는 좋은 기회가 되기를 기대한다. 구체적인 사례 축어록이 제시되어 있어 구체적인 치료 장면을 이해할 수 있는 점 또한 귀한 도움이 될 것으로 본다.

번역의 부족한 부분을 바쁜 중에도 시간을 내고 정성을 들여 읽고 수정해 주신 김수정 박사님의 지지와 따뜻한 피드백이 이 책이 나오는 데 큰 도움이 되어 고개 숙여 감사드린다. 또한 언제나 변함없는 성실함으로 초벌 번역을 읽고 수정해 주신 양햇살 선생님. 박주현 선생님, 조문주 선생님께도 진심으로 감사드린다. 문구가 어색하지 않도록 시간을 내어 읽어 주고 수정해 준 지은이와 항상 옆에서 사랑으로 지원해 주는 배지혜 실장님에게도 고마움을 전한다.

이 책이 출판될 수 있도록 도와주신 학지사 김진환 사장님께도 감사드리고, 책이 나오기까지 긴 시간을 기다려 주고 충실하게 완성된 책이 나올 수 있도록 수고해 준 편집부 김현주 선생님께도 고마운 마음을 전한다.

마지막으로 이 모든 과정과 결과에 이르는 매 순간마다 함께해 주신 나의 생명이신 하나님께 모든 영광과 감사를 올려드린다.

2023년 양평동에서

역자 김수형

차례

제1장 도입

LESLIE S. GREENBERG, NORKA T. MALBERG
AND MICHAEL A. TOMPKINS

인간의 중심에는 정서가 있다. 수천 년 동안 어떤 식으로든 정서는 연구의 초점이 되어 왔다. 그러나 심리학 분야에서는 처음에 약간의 관심이 있었으나(James, 1890; McDougall, 1926) 치료 분야의 초기 선구자들에 의해 대부분 무시되어 왔다(Freud, 1896/1961; Skinner, 1974). 예술과 문학의 분야에서는 정서를 계속 사용해 왔다. 예를 들면, 시와 음악은 강력한 정서를 불러일으켜서, 인간 경험의 중심에 있는 정서적 공감력을 높인다(Frost, 1934; Juslin & Sloboda, 2013). 지난 수십 년 동안, 정서를 이해하기 위한 과학적 탐구들—정동신경과학에서부터 생물학, 사회문화 연구에 이르기까지—은 급격한 발전을 이루었다(Damasio, 1999; Greco & Stenner, 2008; LeDouX, 1996, 2012; Pnaksepp, 1998). 오늘날 심리치료적 접근법들은 정서심리학 분야의 결과물들과 생리심리학의 진보와 그 밖의 분야에서 얻어진 결과물들을 점점 더 통합하고 있다. 이러한 영향은 이 책을 집필하면서 우리가 협력하는 데 도움이 되었다. 우리는 우리의 작업이 심리치료의 통합과 학제 간 협업을 확대하는 데 기여하기를 바란다.

서로 다른 강도의 정서에 이름을 붙이고 확인하는 과정은 복잡하고 심지어 모험적인 일이 될 수 있다. 우리가 느끼는 것을 이해하기 위하여 언어를 사용하는 것이 진화론적 관점에서 보면 적응적이긴 하지만, 시간이 흐름에 따라 우리가 경험하는 것을 제한하게 되었다. 사람들은 종종 그들의 경험에서 느껴진 의미(felt sense)나 강도를 포착하지 못하게 할 수 있는 언어적 이야기를 만들어 낸다. 게다가 정서는 단일하기보다는 다양한 색채와 여러 층으로 표현된다. 정서는 역동적이고 항상 변화하기 때문에 고정된 범주로 묶기가 어렵다.

비록 연구자들이 연구실에서 정서를 연구한다 하더라도, 심리치료가 훨씬 더 생태학적으로 타당화된 관계연구라고 할 수 있다. 즉, 어떤 의미에서는 삶에 실제 영향을 미치면서 발생하는 정서의 강도의 측면에서 본다면, 심리치료에서 살아 있는 정서를 좀 더 밀접하게 포착해서 정서 경험의 유형과 정서 과정을 관찰할 수 있기 때문이다(Greenberg, 2017; Whelton, 2004). 이 책에서 논의하는 것처럼, 심리치료에서의 도전은 개념적 용어와 연구실에 기반한 과학적 심리학의 연구물들에 의해 만들어진 제한점을 극복하는 것이다. 그래서 심리치료자들이 실제 심리치료 자체에서 정서를 이해하고 정서와 작업하는 방법을 살펴볼 수 있도록 하는 것이다(Panksepp, Lane, Solms, & Smith, 2017).

비록 심리치료의 서로 다른 모델들이 정서를 개념화하고, 뚜렷이 다른 방식으로 정서와 작업한다 하더라도, 모든 심리치료 접근의 주된 목표는 사람들이 정서적 고통을 완화하도록 돕는 것이다. 또한 심리치료 접근들은 정서를 이해하고 그 정서가 인간의 일상 경험에 기여하는 부분을 이해하려고 애쓰고 있다. 그러나 서로 다른 모델들이 많은 유사점이 있음에도 불구하고 종종 실제와는 더 다른 것으로 여겨진다. 아마 언젠가는 우리와 같은 협업을 통해, 이 모델들이 정서에 대한 일관성 있는 관점을 형성하게 될 것이고, 정서적인 문제로 고통받고 있는 사람들을 도울 수 있는 합의된 접근 방식을 형성하게 될 것이다.

정서에 대한 세 가지 심리치료의 관점

여기에서는 이론적이고 실제적인 이해와 정신역동치료, 인지행동적치료 그리고 정서중심치료에서의 정서의 역할에 대해 간단히 요약해 볼 것이다. 이어지는 장에서는 짧은 사례들을 자세히 설명하겠다.

정서에 대한 정신역동적 관점

지금까지의 역사를 통틀어 보면, 정신분석은 정서를 치료적 관계 맥락에 의미를 부여하는 관문으로 여겨왔다. 정서와 작업하는 치료 관계는 일반적으로 각종 염려와 문제 혹은 감정에 붙들려 꼼짝 못 하는 내담자와 자신의 정서적 역사를 관계로 가지고 오는 치료자 사이에서 만들어진다. 보통 어느 정도의 정신적이고 정서적인 고통이 치료를 찾게 하는 최초의 동기가 된다. 내담자를 지지하고 내담자와 '함께 있음'으로써 온전히 존재하는 동안 지니게 되는 공감적이고 호기심 어린 치료자의 처음 자세는 내담자의 자기 관찰을 증가시키고, 어려운 생각과 감정을 탐색할 동기를 갖게 하는 초대장이 된다. 정신분석은 기본적인 신뢰와 진실된 호기심에 기반한 치료적 관계의 맥락에서 정서가 나타난다고 본다. 그런 탐색이 지금 여기의 전이에서 발생하는 정서적 맥락 속에서 정서에 대한 이해와 관리를 심화시키기를 기대한다. 전이는 치료자와 내담자가 이러한 정서들을 탐색할 수 있도록 하는 일종의 관계적 가상 공간으로 사용된다. 이러한 맥락에서, 내담자는 역사적으로 중요한 관계 속에서 구성해 왔던 모든 자기와 타인의 표상들로 채워진 내담자의 내적 세계를 탐색하는 경험적 과정을 통해 정서를 배울 수 있다.

내담자의 애착행동 패턴은 치료 관계 맥락에서 활성화된다. 이것은 내담자가 잠재적으로 스트레스를 받을 수 있는 상황에서 자신의 정서를 탐색하기 시작하고 그들이 만들어 내는 정서와 함께 내담자가 흔히 하던 대처 전략을 사용하는 장면을 재현한다. 이러한 관계적 매트릭스의 맥락에서, 정신역동적 임상가는 안전감과 개인적 자유를 증가시키는 것을 주요한 목적으로 정서를 탐색하고 정서가 나타날 기회를 찾는다. 이런 방식으로 정신분석은 내담자가 정서를 다시 만나고, 다시 경험하고, 정서를 처리하도록 초대함으로써 내담자의 정신으로 들어가 기능하게 하는 관문으로 정서를 사용한다. 정서는 지금 여기의 치료 관계 안에서 내담자가 다시 경험할 수 있는 과거의 기억으로 가는 다리가 된다. 정신분석 심리치료자는 전통적으로 묘사된 바와 같이 더 이상 백지상태가 아니다. 대신에 치료자는 두 사람의 심리학에 의해 만들어지는 상호주관적 환경의 맥락에서 자신의 정서를 경험하면서, 치료실 안에서 내담자가 정서적 대화를 탐색할 수 있도록 초대하는데, 이때 치료자는 자신의 감정과 사고를 가지고 있는 한 사람으로서 자기 자신을 표현한다. 정신분석은 새로운 발달 경험을 제공하고자 한다. 이것은 정동 조절을 위한 전략들을 지원하면서, 내담자의 경험을 진심으로 정신화하려고 노력하는 사람과 함께 정서를 안전하게 표현하고, 다른 방식으로 반응할 수 있는 새로운 경험을 말한다. 모든 정신역동 개입은 마음속 무의식적인 과정을 염두에 두면서 정서와 작업한다. 정신역동 작업의 핵심은 정서에 대한 소유와 긍정적이고 부정적인 감정의 통합이 관계에서의 자기감과 전반적인 주체감을 증가시킨다는 믿음이다.

정서에 대한 인지행동적 관점

인지행동치료(Cognitive Behavior Therapy: CBT, 이하 CBT)를 뒷받침하는 이론적 모델인 인지 모델에 따르면 사고나 인지, 정서 그리고 행동은 서로 연결되어 있다. CBT의 목표는 내담자가 치료에 가져오는 문제들을 효과적으로 관리할 수 있는 기술이나 전략들을 가르치는 것인데, 특히 내적 · 외적 사건

Nadel, L., & Bohbot, V. (2001). Consolidation of memory. *Hippocampus, 11*, 56–60. http://dx.doi.org/10.1002/1098-1063(2001)11:1〈56::AID-HIPO1020〉3.0.CO; 2-O

Nader, K., Schafe, G. E., & LeDoux, J. E. (2000). Fear memories require protein synthesis in the amygdala for reconsolidation after retrieval. *Nature, 406*, 722–726. http://dx.doi.org/10.1038/35021052

Panksepp, J. (1998). *Affective neuroscience: The foundations of human and animal emotions*. New York, NY: Oxford University Press.

Panksepp, J., Lane, R. D., Solms, M., & Smith, R. (2017). Reconciling cognitive and affective neuroscience perspectives on the brain basis of emotional experience. *Neuroscience and Biobehavioral Reviews, 76*, 187–215. http://dx.doi.org/10.1016/j.neubiorev.2016.09.010

Skinner, B. F. (1974). *About behaviorism*. New York, NY: Knopf.

Whelton, W. J. (2004). Emotional processes in psychotherapy: Evidence across therapeutic modalities. *Clinical Psychology & Psychotherapy, 11*, 58–71. http://dx.doi.org/10.1002/cpp.392

제2장

정신역동 심리치료와 정서

NORKA T. MALBERG

> 생물의 한 종으로서 우리의 가장 큰 어려움 중 하나는 정서를 경험하는 능력에 관한 것인데, 이 어려움은 정신발달의 결함에 의해 야기된다. 정서를 경험한다는 것은 수많은 지속적 작업에 의해 이루어지며, 이 작업은 정서의 동화, 관리, 수용을 가능하게 하는 장치의 무결성을 전제로 한다(Ferro, 2007, p. 1).

정서이론은 인간의 사고와 행동을 이해하는 데 필수적이다. 1930년 Sigmund Freud(1930, 1961a)는 "감정을 과학적으로 다루는 것은 쉽지 않다."고 했다(p. 65). 이 말을 보면, 그는 본질적으로 모호하고 복잡한 정서의 본질을 인식하고 있었다.

Freud는 단일한 하나의 정서이론을 남기기보다는 서로 조화시키기 어려운 일련의 이론들을 남겼다. 1939년에 그가 죽은 후, 정신분석가들은 개념적으로 실행 가능하고 그들의 이론적 · 실제적 필요를 충족시킬 수 있는 이론을 고안하기 위해 정서의 주제로 되돌아왔다. 정신분석 문헌에 대한 조사를 보

1. 사건에 대한 자발적인 반응(예: 외상이 되는 대화나 상황에 노출된 후 얼어붙음)
2. 사건에 대한 반응 형성(예: 원래 외상과 관련된 사람에게 느끼는 정동 반응을 유발하는 특정 사건에 대한 공포증)
3. a 또는 b의 원인이 되는 외부로부터 유도된 반응(예: 개인의 자질이나 행동에 대한 환경의 반응)

Freud의 시기에 그의 사고에 의하면, 정동은 에너지, 즉 양과 힘으로 생각되었다. 따라서 누적된 정동은 울거나 도망치는 것과 같은 직접적이고 실제적인 행동이나, 간접적이고 언어적인 행동이나, 경험에 대해 이야기하고 그것의 의미를 변형시키는 것과 같은 인지적인 정교함에 의해 처리될 수 있다[즉, '정동이 담긴(affected)' 아이디어와 일반적인 아이디어를 비교하는 것은 현대적 인지행동 개입의 초점과 유사함].

Freud와 Breuer는 정동에 관한 임상적 관심이 약간 달랐다. 처음에, Freud에게 치료의 주된 목적은 카타르시스, 다시 말해 감정을 밖으로 내보내는 것이였지 반드시 그것들을 둘러싼 사건들과 경험들을 언어화하는 것은 아니었다. 반면에 Breuer는 정동을 내보내거나 비워 내 버려야 할 '이물질'처럼 남아 있는 어떤 의미 있는 사건을 통해 경험되는 것으로 생각했다. 이미 이 시기에, 우리는 Freud의 글에서, 갈등을 가슴 아프고 개인적으로 중요하게 만드는 것이 그 갈등에 **수반되는 정동**(affect that is attached)이라는 그의 믿음을 볼 수 있다. 정동-외상 모델에 의하면, 소화되지 않은 정동은 대사(즉, 경험하는 동안 생각되거나 이해됨)되지 않을 뿐 아니라 방출(즉, 감정 표현을 통해)되지도 않으며, 증상을 발생시키거나 질병을 유발한다고 한다.

이 단계에서, 정동은 흥분이나 감정의 총합인 **점유**(cathexis)와 구별되지 않았다. 그것은 더 오래가는 기분(예: 우울한 기분)뿐만 아니라 쾌감과 '불쾌감(예: 슬픔)'을 나타내기 위해 사용되었다. 이러한 발전과 함께, 우리는 추동에

대한 Freud의 정의가 결국 충전 및 방출 현상으로 바뀌었다는 것을 알 수 있다. **방출**(discharge) 현상으로써 정동은 정신에 의해 포착되어 신체로 표현된다(예: 공황발작). **충전**(charge) 현상으로써 정동은 강도와 표상 영역의 중요성(즉, 느낌은 생각에 부착되어, 언어로 표현될 수 있다)을 통해 나타난다.

그 시기 동안, Freud의 이론은 린다의 증상을 초기 외상 경험의 결과로 생각했을 것이다. 그녀가 몸을 사용한다는 것은 초기 외상에 대한 일관성 있는 언어적 서술이 어렵다는 것을 나타내는 것이었는데, 초기 외상이 신체 표현, 즉 구토(방출)를 통해 표현되고 있었다. 이런 관점에서 린다에게 자해와 구토 모두 신체의 사용을 통한 내적 균형감을 찾는 한 방법이 되는 것 같았다. 그녀는 자신의 정서적 경험을 소화하거나 표현하거나 말로 표현할 수 없었기 때문에, 균형에 대한 환상을 만들기 위해서 일련의 반복적 행동을 계속하는 것을 멈출 수 없었다. 이 모델에서 빠진 것은 심리역동적 개념에서 **대상 상실**(object loss)이라고 부르는 여러 유모의 상실의 영향력에 관한 것이다. 행동(즉, 자해)을 통해 갈망과 공허의 고통스러운 감정을 떨쳐 내고자 했던 린다의 바람은 상실감이나 장기적인 안도감에 대한 초기 외상의 이야기를 재구성하는 데 필요한 수단이 되지 못했다. 그녀는 무력감을 느꼈고 악순환에 빠졌다.

그 당시 정신분석이론에서 임상적 공식의 초점이었던 다른 측면은 린다가 그녀의 아버지와 친밀하고 다소 유혹적인 관계를 가졌을 것이라는 부분과, 사춘기 기간 동안 아버지와의 관계에서 잠재적으로 받은 외상의 영향에 관한 부분이었을 것이다. 이런 관점에서, 외상적 사건과 그것의 정서적 영향은 히스테리 증상(즉, 공황발작과 구토)을 통해 신체에 저장되고 표현된다고 볼 수 있다. 외부 외상에 대한 내부 관리에 초점을 두었기 때문에, 많은 상실 경험이 앞으로의 관계와 린다의 주체감에 미치는 영향과 그러한 해로운 행동을 이해하고 조절하고 변화시키는 능력에 미치는 영향은 치료의 주요 목적으로 고려되지는 않았을 것이다. 그렇다고 해서 그러한 요인들이 치료적 개입에

폭포처럼 쏟아지는 눈물을 흘렸지만 표정은 없었다. 그러다 한마디 말을 하고 나서 첫 번째 꿈에 대한 보고가 이어졌다.

> 나는 초원을 걷고 있다가, 엄마를 보게 돼요. 엄마가 나를 보고 웃으니까 엄마를 안고 싶었어요. 그런데 노래가 들리는 거예요. 친숙하고, 행복하지만 슬프게 만드는 노래가요……. 나는 그것을 알아차리고 그쪽을 봤는데 엄마를 어디에서도 찾을 수 없고, 나는 너무 화가 났어요……. 노래는 더 크게 울려 퍼지고, 잠에서 깼죠…….

나는 린다에게 그녀가 꿈에서 깨어났을 때 정서적 상태가 어땠는지 묻고, 꿈을 말하는 동안 그녀의 마음속에서 떠오른 생각들을 말해 달라고 했다. 린다는 그녀가 가장 좋아하는 유모가 왔던 11세 때 그 노래를 얼마나 좋아했는지 이야기했다. 유모와 함께하던 재미난 일들에 대해 말했고, 겉으로 보기에 '차가운 눈물'에는 감정과 고통스러운 표정이 배어났다. 그녀는 슬펐고 이상하게도 상당히 화가 났었다고 말했다.

지형학적 관점에서 보면, 린다의 꿈은 잃어버린 유모에 대한 소망과 엄마를 향해 느꼈던 억압된 감정을 표현하는 것으로 개념화할 수 있다. 아마도 동시에, 그녀는 유모의 목소리로 사랑스럽고 평화로운 노래를 들을 수 있도록 엄마가 떠나 있기를 바랐을 것이다. 하지만, 그녀는 또한 엄마의 존재와 사랑을 갈망했다. 게다가, 린다의 자해 행동은 엄마에 대한 억압된 갈등 감정(즉, 사랑과 증오)을 다루는 방법으로 이해할 수 있었다. 린다는 외동딸이었는데, 자신을 어려서부터 또래들과의 관계에서 거만하고 까다로운 놀이 친구였다고 묘사했다. 걸음마기 때, 그녀는 자신을 까다롭고 성질을 잘 부리는 아이라고 하던 여러 명의 유모의 보살핌을 받았다. 청소년기엔, 여성으로서는 과체중이었고, 특히 인기 있고 사랑 받기를 원하는 상황에서 공격적인 행동을 조절하는 데 상당한 어려움을 겪었다. 자신을 사랑스럽지 않고 심한 문제아로

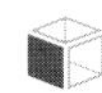

인식하는 것은 린다에게 있어서 중요한 불안의 원천이었는데, 린다는 이러한 불안을 대부분 신체적인 표현과 사회적 기능의 억제를 통해 드러냈다. 그녀는 자신의 공격성과 단둘이 있는 밤을 무서워했다. 린다의 불안은 내부(자신이 생각한 파괴적인 공격성에 대한 두려움)와 외부(또래 세계로부터 증가하는 압력과 고통스러운 생각과 감정을 억제하고 소화할 수 있도록 도울 수 없는 부모의 무능력)에서 비롯되었다.

마음의 구조모델에서의 정동

마음의 지형학적 모델 안에는 억압된 생각과 연결된 본능적 추동 에너지가 불안으로 전환될 수 있다는 가정이 있다. Freud(1895/1950)의 불안에 관한 첫 번째 이론에서 정동은 전적으로 추동의 파생물로 간주되며, 불안은 억압된 내용들의 본능적인 추동 에너지의 변화를 나타낸다. 지형학적 모델은 정신생활에서 공격성의 역할과 같은 문제를 개념화하는 데 몇 가지 어려움을 갖고 있었다. 처음에 Freud(1915/1957a)는 공격성을 자기 보존이나 자아 추동에 할당했고, 사실상 그것을 반리비도적인(즉, 누군가에게 정서적으로 애착을 갖지 않는) 것으로 간주했다. 마음의 지형학적 모델 안에서 공격성의 개념을 개념화하려는 Freud의 투쟁은 임상적 징후의 맥락에서 그의 개념화를 검증할 때 만나게 되었던 많은 어려움 중 하나였다. 예를 들어, 그는 사람들이 고통스럽거나 자기 자신에게 해를 끼칠 수 있는 행동과 경험의 패턴을 무의식적으로 반복하는 경향이 있다는 점을 관찰하게 되었다. 이러한 관찰은 그가 삶의 본능(즉, 에로스)과 대조되는 죽음의 추동(즉, 타나토스)을 개념화하도록 이끌었다. 이런 관찰에 자극을 받아, Freud 이론의 재구성은 지형학적 모델의 특징인 깊은 곳에서 표면으로의 이동을 강조하는 것에서 벗어나 외부와 내부 세계의 역할과 상호 작용을 모두 인정하기 시작한 이론적 모델로 이어졌다. 그런 변화는 마음의 구조모델을 발전시키는 토대가 되었다.

Freud 이후의 정동이론

1939년 Freud가 사망한 이후, 정신분석이론은 다양성을 발효시키는 상태에 있었다. 이러한 노력에는 정서를 개념화하는 다양한 방법과 정서와 함께 작업하는 방법이 포함되어 있었다. 결국, 두 집단은 정신분석이론을 더 발전시켰다. 영국에서는 정신적 현실의 '역동적' 차원과 '경험적' 차원을 조화시키는 데 노력을 집중하였다. 즉, 그들은 외부 세계와의 관계와 적응에 대한 요구(즉, 경험적)의 맥락에서 내부에서 일어난 일(즉, 역동적으로)과의 관계를 이해하고, 개념화하고, 작동하는 방법을 모색했다. 비엔나와 미국에서는, 최종적으로 **자아 심리학**(ego psycholgy)으로 알려지게 된 정신분석이론의 원생물학적 측면을 발전시키는 데 초점이 맞춰져 있었다. Balint, Winnicott 그리고 Fairbairn 등으로 대표되는 영국 그룹은 무엇보다도 경험적이고 대인관계적인 부분에 더 큰 강조점을 두게 된다. 그들은 한 사람의 삶에서 첫 번째 관계의 중요성과 그 관계가 어떻게 그 사람의 성격 발달과 세상과 상호작용하는 방식을 알려주는지에 초점을 맞췄고, 그래서 그들은 관계 속에서 자신을 누구라고 보는가를 알려 주는 일련의 내부 경험에서 출발했다. 대조적으로, 자아 심리학의 지지자들은 대부분 정동 발달과 성숙이 주로 지연시킬 수 있고, 긴장을 견딜 수 있고, 에너지를 결합할 수 있다는 능력의 측면에서 논의되는 이론적 틀을 발전시키기 시작했다(Rapport, 1953). 정동은 발달의 맥락에서 점점 더 구조화되었고, 심지어 길들여진 에너지로 여겨지는 초기 자아 심리학의 틀에서 이해되었다(Fenichel, 1945). 결국, 정동은 자아를 방어하기 위한 경험이나 자아의 인지적 · 동기적 도구로서 이해되었는데, 즉 정신적 상태에 대해 자아에게 정보를 제공하는 것으로 여겨지게 되었다. 이러한 관점에서, 이제 정동은 일부분은 자아 기능(즉, 방어와 적응)으로 간주되었고, 또 다른 부분은 자아가 조절하는 자극[즉, 내담자의 내부 세계(즉, 원초아)와 외부 세계(즉, 초

자아)의 상호작용에서 발생하는 갈등을 관리하는 기관]으로 간주되었다.

현대의 정신역동이론과 실제에서, 우리는 점점 더 대상관계와 자아심리학, 두 학파의 통합을 보게 된다. 그 결과, 관계의 영향과 내부 갈등과 적응에 미치는 영향에 초점을 맞추게 된다. 앞으로 설명하겠지만, 사고의 통합은 정서를 이해하고 다루는 맥락에서 정신역동 심리치료와 정신분석의 실제에 중요한 영향을 미친다. 이를 분명히 설명하기 위해 Freud 이후, 정서의 역할을 더 탐구한 두 명의 정신분석학자, Wilfred Bion과 Joseph Sandler의 연구를 간략히 검토하기로 결정했다. 그 검토에 이어 현대 정신분석 심리학자이자 임상 연구자인 Peter Fonagy의 작업에서 현대 발달 정신역동 심리치료의 예를 소개할 것이다.

Wilfred Bion: 정서 담기와 대사

Wilfred Bion은 아동과 성인 정신분석가인 Melanie Klein의 원작을 확장했다. Bion(1962)의 이론적인 작업은 복잡하지만, 정서와 작업하는 그의 임상적 적용방식은 정서적 역할에 대한 인식을 정신역동적 임상 실제에 스며들게 하는 데 매우 유용한 것으로 입증되었다. Bion의 이론에서, **정서**(emotions)라는 용어가 특별히 강조되지는 않는다. 그러나 그의 글을 보면 정서 생활의 복잡성에 대해 지속적으로 다루고 있다. 1970년, Bion은 "상담실에서 일어나는 일은 정서적인 상황"이라고 썼다(p. 118). 그에게 있어서 개념을 통합한다는 것은 정신과 정신의 기능을 통합한다는 의미이다. 정신의 목적은 사고와 정서를 길들이고 담아내는 것이다. 예를 들면, '고통'의 감정 경험을 견딜 수 있게 만드는 것이다.

Freud의 경우, 즐거움이나 '불쾌함'의 문제는 기본적인 첫 번째 원리를 만들게 했고, 불안의 관리는 이 자아 기능과 방어에 대한 이론에서 중심 위치를 차지했다. Bion(1962)의 경우는, 좌절과 거기에 수반된 정서를 견디기 위

상태에 대한 그의 강조는 고전적인 추동 개념과 대상관계이론 사이의 다리를 만들었는데(Fonagy, 2005), 이 연결은 정신역동 심리치료에서 정동과 작업할 때 특히 중요하다. 왜냐하면 그것들은 기억의 저장고이고, 과거 관계로 가는 관문으로 여겨지기 때문이다. 또한, 정동은 치료자와 내담자 모두에게 지금 여기의 치료 관계에서 되살아나는 새로운 형태의 작업을 할 수 있는 도전의 기회를 제공한다.

정신화-근거 치료: 정동 조절에 대한 발달적 이해를 향하여

발달정신분석 관점을 통해 보면, Fonagy와 동료들의 연구는 정신분석 사상가 Bion, Winnicott, Klein과 Anna Freud의 작업을 애착 이론 및 연구에 기반한 이론적 영향력 아래에서 통합한 것이다. 이러한 강력한 이론적 토대를 바탕으로 Fonagy와 Bateman은 경계선 성격 조직을 가진 내담자와 함께 작업하기 위해 처음으로 설계된 임상적 양식인 **정신화 기반 치료**(Mentalization-Based Therapy: MBT; Bateman & Fonagy, 2016)를 개발했다(Lingiardi & McWilliams, 2017). MBT는 아동의 자아감의 출현이라는 맥락에서 보호자의 역할을 경험을 대사하고 담아내는 역할로 보는 Wilfred Bion(1970)의 아이디어를 통합하고 있다. MBT는 관계 트라우마의 맥락에서 정동 조절과 성격 형성에서 정동 조절의 조직화 역할에 중점을 두고 있다.

초기에 "충분히 좋은"(Winnicott, 1953, p. 94) 돌봄을 경험하지 못한 내담자일 경우, 어른들의 호기심 어린 관심을 받았어야 하는 내담자의 마음에 어떤 일이 발생할까? 너무 무섭거나 고통스러운 전이를 느낄 때 무슨 일이 일어날까? 때로는 MBT와 같은 발달 정보에 입각한 접근방식이 그러한 발달 경험을 재방문할 수 있고, 재구성할 수 있으며, 복구할 수 있는 치료적 환경을 조성하는 데 도움이 된다. MBT는 드러나는 지금 여기의 심리치료 관계 맥락에서 내담자의 역기능적인 관계 패턴을 관찰하도록 하기 위해 내담자를 참여시키

고, 내담자에게 동기를 부여하려고 한다.

정신화(mentalization)는 자신의 생각과 감정을 외부에서 생각하고, 다른 사람의 생각과 감정을 내부에서 상상할 수 있는 발달적 능력을 말한다(Allen, 2013). 그것은 공감과 마음챙김 사이, 그리고 상대방에 대한 초점과 자신의 경험에 대한 초점 사이에 놓여 있다. 정신화는 호기심과 융통성의 능력이 필요하다. 그것은 또한 자신과 타인을 구별하는 능력, 그리고 암묵적인 것과 명시적인 것을 구별할 수 있는 능력을 요구한다.

MBT에서, **정동이 집중되는**(affect focused) 것은 순간의 즉각적인 정동을 파악하는 것을 의미하며, 치료의 내용과 관련이 있는 것이 아니라 주로 내담자와 치료자 사이에 현재 일어나고 있는 일과 관련이 있다. MBT는 내담자와 치료자 사이의 현재 감정을 파악하는 간단한 개입이 이야기 내용의 세부 사항에 초점을 맞추는 것보다 치료를 더 효과적으로 진전시킬 가능성이 높다고 믿는다(Bateman & Fonagy, 2016).

정신화 기반 치료를 하는 치료자는 언어적·비언어적 정동의 변화를 알아차리고, 이름을 붙임으로써 방안의 정서적 온도를 지속적으로 평가한다. 또한 대개 공감은 진입항이 된다. 정신화 기반의 치료적 자세는 호기심 있는 태도로 특징지어진다. 이것은 치료자가 치료적 교환의 맥락에서 자신의 놀라움, 기쁨, 혼란 등을 공유하는 진정으로 호기심 어린 태도를 말한다. 작업이 진전되고 기본적인 안전감이 생기면서, 아마 내담자의 생애 처음으로 치료의 안전성 안에서 더 깊은 탐구심과 그것에 수반되는 감정들이 서서히 나타나기 시작할 것이다. **정동적 폭풍**(affective storms, 흔히 이유가 없는 것처럼 보이고, 개인이 반영하고 조절할 수 있는 능력을 상실하는 것처럼 보이는 갑작스럽고 예측할 수 없는 높은 수준의 정서 표현)이 나타날 때, 정신화 기반 치료를 하는 치료자는 내담자가 자신의 생각과 감정을 담아내고 주체감이 점점 증가할 수 있도록 하기 위해서, 내담자가 접근하고 받아들일 수 있다고 느끼는 방식으로 이를 관찰하고 호기심 많고 진정한 어조로 크게 반영한다(Bateman & Fonagy,

현대의 정신분석이론과 실제는 내담자들이 정서적 기능에 대해 알아차리고, 폭넓은 정서적 경험을 더 잘 견디고 관리할 수 있는 능력을 발달시킬 수 있도록 돕는 목표를 계속 강조하고 있다. 다음의 임상 사례는 정신역동 심리치료에서 젊은 어머니와의 작업과 변화를 이끄는 과정을 보여 준다.

25세 히스패닉계 여성인 '메르세데스'는 정신역동 심리치료를 받을 수 있는지 알아보기 위해 약속을 잡으려고 전화를 했다. 명문대 2학년이었던 19세 무렵, 고향집을 방문했을 때 옛 남자친구의 아이를 임신했다는 것을 알게 되었다. 남자친구는 지방 대학에 다니고 있었는데, 그녀와 결혼하고 싶어 해서 그녀는 동의했다. 메르세데스는 대학교를 중퇴하고, 집으로 돌아와 지방에서 일자리를 구했다. 육아와 경제적 고통이라는 통상적인 스트레스로 결혼생활을 어렵게 이어 나가다 5년 후 이혼하고, 4세와 1세된 두 아이를 데리고 부모님 집으로 들어갔다. 1년 후, 가족의 지원 덕분에, 그녀는 고등교육을 다시 시작할 수 있었다. 그리고 딸들과 함께 독립해서 살기 위해 부모님의 집을 떠났고, 처음 6개월 동안은 어머니가 이사를 와서 그녀를 도왔다.

메르세데스는 말을 잘하고 자기 주장이 강한 젊은 여성이었는데, 자신의 직업적 야망을 충족시키기 위해 딸들을 잘 보살피지 못하고 있다는 자각에 대한 스트레스와 죄책감을 다루기 위해 치료를 받으러 왔다. 또한, 그녀는 엄마와 함께 양육을 하는 데 어려움을 겪었고, 자신이 감사하지 않고, 성질이 사나워지는 것에 대해 기분이 나쁘다고 했다. 그녀는 작은 공황발작을 일으킨 적이 있는데, 그런 공황발작이 증가해서, 그녀가 시간 관리를 하고 인내심을 가지고 아이들을 양육할 수 있는 능력에 영향을 미칠지도 모른다는 점을 걱정했다. 그녀는 큰딸과 자주 싸우는데, 그러고 나서는 너무나 큰 슬픔을 느낀다고 했다. 싸움은 독립과 의존의 문제에서 벌어졌다. 그녀는 엄마가 딸을 너무 애지중지해서, 딸이 장난감을 집어 오라거나 목욕을 하라는 것과 같은 기본적인 요구를 따르지 않는 것이라고 믿었다. 메르세데스는 덫에 걸린 것 같고, 지치고, 분노로 가득찬 것을 느꼈다. 그녀는 종종 친구나 동료 학생들

과 '작은 문제'로 말다툼을 벌였고, 자신이 끊임없는 '짜증' 상태에 있다고 묘사했다.

첫 시간에, 메르세데스는 다소 불안해 보였는데, 불편해 보이는 구부정한 몸으로 팔짱을 끼고 방을 둘러보았다. 나는 상담을 어떻게 시작해야 할지에 대해 약간의 불안감을 느꼈다.

치료자: 많이 불편해 보이는데요. 혹시 치료에 오는 게 불편하지는 않았는지 궁금합니다.

메르세데스: 잠시 방과 선생님을 둘러보는 것뿐이에요. …… 모든 것이 너무 좋은데……(처음엔 방어적으로 말하고 나서 울기 시작했다) 이렇게 된 게 너무 당황스러워요. 게다가 난 내 감정을 조절할 수가 없어요.

치료자: 때로 통제가 너무 안 된다고 느끼면 힘들죠. 당신이 경험하고 있는 그 순간들에 대해 더 말해 주실 수 있나요?

메르세데스: (흐느끼며 말한다) 나는 정말 무슨 말을 해야 될지 모르겠어요. 점점 더 심해지는 것 같아요. 머릿속이 희미해져요……. 그래서 나중에 생각해 보려고 하면 왜 그렇게 화가 났는지 기억조차 나지 않아요.

치료자: 나와 나누고 있는 눈물이…… 당신에게 무슨 일이 일어났는지에 대해 말할 수 있는 유일한 방법이라고 생각하나요?

메르세데스: 정말로 그렇게 생각해요……. 너무 창피해요……. 어린애같이.

치료자: 엄청난 수치심이…… 필요 이상으로요? 화가 나나요?

메르세데스: (동의하면서 고개를 끄덕인다) 엄청난 슬픔이요……. 마지막으로 살아 있어서 행복하다고 느끼면서 일어난 게 언제인지 생각도 나지 않아요. (긴장되고 긴 침묵이 뒤따른다)

치료자: 살아 있는 게 끔찍한데…… 계속 일어나서 살아가는군요……. 괜찮다면…… 우리가 이제 막 만났지만, 이런 좋은 방에 있는 나 같은

이유가 무엇일까? 그녀는 자신이 어머니에게 화를 낼 자격이 없다고 느끼면서, 자녀들에게 유난히 참을성이 없어진 것과 학과 사람들과의 공정성에 대해 비합리적인 싸움을 하고 있다고 생각하는 자신을 발견하고는 했다. 메르세데스는 어머니를 향한 갈등적 정서를 다른 관계들로 대체하여, 부모로서의 기능에 영향을 미치고, 직업적인 미래를 위태롭게 만드는 것처럼 보였다. 메르세데스를 위한 변화는, 그녀에게 일어나고 있는 어떤 것이 아니라, 그녀가 스스로에게 감정을 경험하고, 처리하도록 허용하면서, 감정을 인식하고, 그것을 정신화(즉, 외부에서 그것을 바라보고, 다른 사람들이 내부에서 어떻게 그것을 받아들일지 상상해 보는 것)하고, 그것을 담아내고, 소유하는 방식으로 일어날 것이다.

메르세데스의 공황발작은 딸에게 느꼈던 분노와 질투, 그리고 그러한 감정이 얼마나 위험하고 금지된 것인지에 대해 그녀 자신과 그녀의 치료자인 나에게도 보내는 메시지였다. 어떤 정서적 반응은 우리가 운 좋게 해독할 수 있는 부호화된 언어를 가진 신호가 될 수 있다. 다른 감정들은 우리 안에 다른 감각, 즉 성격에 맞지 않는 감정들을 깨운다. 메르세데스에게 있어서, 안전한 치료 관계의 맥락에서 금지된 감정을 알아차리게 된 것은 그녀에게 그런 감정들을 알아차리고 관리하고 억제할 수 있게 해 주었다. 어머니로서의 자기를 사랑하고, 딸들을 부러워하는 자신의 한 부분을 받아들이면서, 안전감과 해방감뿐만 아니라 자신의 감정과 가까운 다른 사람의 감정을 이해하고 담아내는 방식에도 변화가 생겼다. 이러한 맥락에서의 변화는 통찰력과 자기 관찰력, 그리고 두려움과 회피가 없는 정동적 관여를 증가시켰다.

변화를 이끄는 정신역동적 과정의 중심에는 관계 매트릭스와 치료실 안에서 발생하는 전이/역전이가 있는데, 이것은 '마치 ~인 것 같은' 관계의 질을 만들어 낸다. 이런 맥락에서, 두려움과 금지된 욕망은 다시 경험되고, 표현되고, 담아지고, 소유될 수 있다. 분개, 시기, 질투는 우리 중 많은 사람이 느끼지 않기를 바라는 정서의 예이며, 그래서 그것들은 Freud가 말한 받아들일 수 없는 감정, 충동, 정서들에 대한 설명과 맞아떨어진다. 그러한 감정은 자기의 한 부분에서 다른 부분으로 전달되는 의사소통의 한 형태인 읽혀질 수 있는 신호로 받아들여질 수 있다.

정신역동 심리치료에서 정서와 동기

> 정신분석적 연구에 의하면, 사람들은 의미 있는 삶의 감각을 얻고 위협적인 의식적 (무의식적) 정동과 신념을 관리하여 내적 경험, 선입관, 환상과 자기-타인 관계에 대한 감각과 공명하는 방식으로 외부 경험을 창조하거나 해석하기 위해 자신들을 동기화시키거나 몰아간다고 한다. (Chodorow, 1999, p. 14)

마음의 구조 모델에서부터, 정신분석 과제는 발달 과정에서 변형되고 부적절하게 동력을 얻은 구조(즉, 자아, 원초아, 초자아)를 변화시키는 것을 돕는 것이다. 임상 경험을 통해 전이가 내담자의 변화 노력을 위한 동기를 제공한다는 것을 알게 되면서, 전이는 정신분석이론과 실제의 중심이 되었다. 현대의 정신역동적 사고와 실제에서, 분석적 만남은 한 사람에 의해 심리 내적으로 조직되기보다는 상호적으로 구성되고 전이에 의해 좌우된다. 심리치료자의 생각과 느낌은 내담자의 생각과 감정에 영향을 미치며, 그 반대도 마찬가지이다.

고등학교를 중퇴하고 17세 때부터 동네 식당에서 일하던 20대 '릭'은 배관공으로 기술교육을 받으려면 사회적 불안감을 관리하는 새로운 방법을 찾아야겠다고 결심했다. 1년 전, 그는 지방 전문대학 2학년인 안정적이고 열심히 일하는 19세의 메리와 사귀기 시작했다. 그는 자신이 고등학교를 떠난 주된 이유(즉, 학교 공포증)였던 불안과 사회적으로 고립되는 경향을 제대로 관리하지 않으면 그녀를 잃게 될까 봐 두려워했다. 그는 과거에 많은 인지 기반

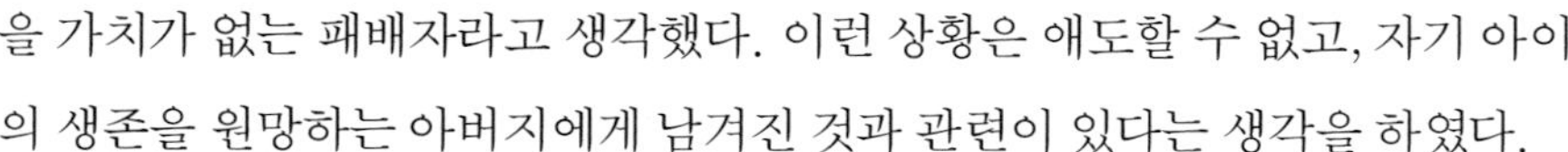

을 가치가 없는 패배자라고 생각했다. 이런 상황은 애도할 수 없고, 자기 아이의 생존을 원망하는 아버지에게 남겨진 것과 관련이 있다는 생각을 하였다.

임상실제에서 동기와 정서의 역할

정동과의 작업을 소개하는 정신역동이론의 틀로 잠시 돌아가, 오랜 시간 정동에 초점을 맞추었던 정신분석 저자로 알려져 온 자아 심리학의 주요 대표자인 David Rapaport의 연구로 가 보자. 1950년, 그는 정신분석학에서 정동의 역할에 대해 탐구한 『정서와 기억(Emotions and Memory)』(1950)이라는 책을 출판했다. 그는 사람에게 동기를 부여한 것은 감정 상태가 아니라 내적 균형의 부족(즉, 에너지 불균형)이라고 생각했다. 불행하게도, 그런 접근의 결과, 우리 모두가 관계의 맥락에서 우리의 경험에 고유하게 부여하는 독특한 개인적인 의미를 배제하게 되었다. 예를 들어, 치료 시간에, 내담자와 치료자는 동일한 대인관계 교류를 어떻게 경험하고 그것에 대해 어떻게 다른 의미를 부여하는가? 그것이 그들 각각에게 어떤 의미가 있나? 한 사람이 다른 사람에게 미치는 영향에 대한 대화가 치료적 쌍에 의해 경험되고, 억제되고, 대사되는 공간을 어떻게 만들 수 있을까?

정신분석 문헌에서 정서와 동기의 역할에 대한 더 많은 진전을 살펴보면, 추동이론의 수정을 제안한 Otto Kernberg(1982)의 논문 「자기, 자아, 정동 그리고 추동」에서 중추적인 작업을 발견할 수 있다. 이것은 정신분석적 사고에서 대상관계를 가장 중요한 것으로 인식하게 만들고, 관계 맥락에서 정서의 역할을 재고하게 만든 중요한 변화였다. Sandler와 마찬가지로, Kernberg의 연구에서 정동과 추동의 심리적 징후들 사이의 관계를 떠올리게 했기 때문에 정동은 추동보다 위계적으로 더 중요해지게 되었다. 즉, 우리는 내부 갈등을 어떻게 관리하고, 그것이 우리의 정서에 어떻게 영향을 미치는가? Kernberg는 정동의 개념을 우리가 가지고 있는 관계(즉, 내면화된 대상관계)에 대한 내

부 그림의 통합과 함께 발전하는 것으로 여겼으며, 신호를 보내고 활성화된 추동을 관찰한다고 보았다. 이러한 개념은 관계 경험으로 인해 그러한 통합을 허용하지 않는 매우 혼란스러운 내담자와 작업하는 맥락에서 특히 그렇다. 이러한 내담자들과 함께 작업하는 맥락에서, 마음과 몸의 기억의 소유자로서 정서를 생각할 때, 그리고 생애 초기 양육자와의 불안정한 관계의 발달적 영향에 대해 생각할 때 이 점은 중요해진다. 예를 들어, 만일 누군가를 안심시켜 주어야 할 보호자가 그 사람을 예측할 수 없는 방식으로 공포를 느끼게 했다면, 그 사람은 다른 관계도 잠재적으로 위험하다고 생각할 것이고, 그 믿음에 근거하여 정서적인 반응과 행동 반응을 구성하게 될 것이다.

Kernberg(1988)는 정동을 생의 초기에 일차적인 양육자들이 충족시켜 줬거나 무시했던 본능적 욕구의 지표나 심리적 표현으로 생각했다. 그에 따르면, 자신과 타인에 대한 긍정적 · 부정적 정서를 동시에 알아차리거나 통합하는 것과 부정적 정서를 알아차리고 견딜 수 있는 능력을 증가시키는 것은 성숙함을 나타낸다고 보았다. 사람은 한 사람을 사랑하면서도 미워할 수 있고, 누군가는 자신에게 분노를 느낄 수도 있지만 또한 강한 사랑의 감정을 유지할 수 있다는 것을 아는 것이다. 그런 식으로, Kernberg는 앞에서 논의한 Freud의 이중추동이론[즉, 에로스와 타나토스(Eros and Tanatos)]과의 관계를 유지해 왔다. 그러나 그는 관계 속에 그것을 감싸고 있다. 따라서 임상적으로 전이관계에서 치료자와 내담자의 관계에서 일어나는 일은 심리치료자와 내담자라는 두 가지 맥락에서 초기 정서적 경험을 재방문하고, 재경험하며, 재구조화하는 것을 가능하게 해 준다. 그런 맥락에서, 심리적 고통을 완화하고 내담자의 정신화 능력을 자유롭게 한다는 주요 목표는 내담자와 치료자 간의 지속적인 교류와 상호 영향을 미치는 과정들로 개념화되고 공식화될 수 있다 (Kernberg, 2009).

관성의 결과이다. 이러한 과정을 알아차리고, 관찰하고, 듣는 것은 특히, 치료실에서 정동과 정동의 징후의 맥락에서 기법적으로 중요하다. 이 장 뒷부분에서 살펴본 바와 같이, 이 현상은 무엇을 들어야 하는지뿐만 아니라 어떻게 들어야 하는지와 정신역동 심리치료자 및 정신분석가로서의 역할의 속에서 그것을 어떻게 사용해야 하는지에 영향을 미친다.

심리적 변화(psychic change)의 과정은 내담자와 심리치료자가 함께 치료실에 존재하는 감정과 정서적 징후에 집중하거나 최근이나 먼 과거에서 유발될 감정이나 정서적 징후가 치료실에서 일어나는 것에 주의를 기울일 때 치료관계의 맥락에서 발생한다. 정신분석가는 안도감, 자유, 자각의 희망에 의해 동기화되어 때로는 고통스럽고 때로는 즐거운 감정들을 탐색하고자 결국엔 매주 오기로 선택한 내담자에게 자신의 '고르게 움직이는 주의(free-swinging attention)'(Carlson, 2002, p. 726)를 기울인다. Carlson(2002, p. 748)에 따르면, 고르게 움직이는 주의는 정신역동 심리치료자들과 정신분석가들에게 다음과 같은 것들을 상기시킨다.

- 우리는 초점화된 주의와 고르게 움직이는 주의 사이를 지속적으로 왔다 갔다 한다.
- 우리는 수동적인 입력기가 아니다.
- 우리는 학교 운동장에서 우리 옆에서 이리저리 왔다 갔다 하는 아이들과 함께하는 법을 배운 것처럼 내담자의 리듬에 맞추어 움직이는 법을 배워야 한다.
- 마치 그네를 탄 아이처럼, 우리는 경치에 대한 지각이 끊임없이 바뀌는 것을 알아야 한다.
- 우리의 관심은 사랑이지만, 내담자 자신이 전달하고 있다고 생각하는 것을 다르게 이해하는 데도 매우 적극적이다.
- 재치나 정확성이 부족하면, 내담자가 고르게 움직이는 공격(free-swinging

assault)의 대상이 된 것처럼 느끼게 만들 수 있다.

- 우리는 언제든지 내담자의 선입견에 대해, 행동 자료들을 가지고 고르게 움직이는 공격을 할 준비가 되어 있어야 한다.
- 놀이터에서처럼, 우리가 힘들이지 않고도 비행할 수 있는 일부 놀이기구를 타 보지 않는다면, 우리는 그 경험의 일부를 놓치고 있는 것이다.
- 사람들은 기분 좋은 감각과 약간의 두려움 없이 움직일 수는 없다.

Carlson(2002)의 멋진 은유가 전달하듯이, 내담자를 위해 진정한 방식으로 내담자 자신의 언어적 · 비언어적 정서표현과 생생하게 함께 있으려고 애쓰면서, 정신역동치료자나 정신분석가로 일하는 것은 긍정적이고 부정적인 감정과 접촉할 수 있는 능력을 필요로 한다. 정신역동 심리치료자나 정신분석가의 기법의 많은 요소가 치료 시간에 작동하며, 끊임없이 떠오르고 변화하는 치료 관계를 중심으로 조직된다. 지금까지 이 장에서 설명한 것처럼, 정신역동적 사고의 중요한 변화는 정신분석가가 관찰자와 조사자일 뿐만 아니라 그 과정의 완전한 참여자로 간주된다는 점이다(Bollas, 1979).

치료 동맹과 정서: 균열과 복구

발달 연구는 한 사람의 정서적인 삶을 조절하는 법을 배우는 것의 중요성을 강조해 왔다(Beve, 2000; Mahler, Pine, Bergman, 1975; Stern, 1985). 그 연구는 학습의 뿌리가 어린 시절에 어떻게 확고하게 자리 잡고 있는지와 한 사람의 정서가 관찰되고, 조절되고, 이해되는 좋은 경험을 어떻게 했는지에 있음을 보여 주었다. 태아나 유아가 아직 신체와 구별되는 마음을 가지고 있지 않더라도, 어머니와 아기 사이의 첫 번째 연결 고리 중 하나는 마음에서 마음으로 이어지는 정서이다. 아이에게 자신의 감정을 경험할 수 있게 해 주고, 정서적으로 고통도 즐거움도 느낄 수 있는 가능성을 허용해 줄 때, 유아나 태아

'조셉'은 50대 중반의 남성으로 그의 일생을 이 일 저 일 전전하며 보내 왔다. 두 번의 결혼 실패 후, 그는 여성에게 내는 '성질'을 다루는 어려움에 대해 살펴볼 필요가 있다고 생각해 치료를 결심하게 되었다. 일주일에 두 번 하는 정신역동 심리치료를 3개월 받은 후, 조셉은 상담실에 와서 치료자가 도움이 되지 않는 것 같다고 불평을 하였다.

조셉: 난 여기 와서, 선생님에게 내 마음과 영혼을 열었어요. 그런데 선생님은 그저 듣기만 하고, 일주일 내내 내가 더 나빠진 것처럼 느껴지는 생각과 감정으로 보내도록 내버려 뒀어요.

[난 이 이야기를 들으면서, 조셉은 지난 치료 시간에 50세가 되어 자녀도 없이 두 번째 결혼이 끝나는 날 느꼈던 상실감을 고통스럽게 다시 경험했는데, 그 후 4일 동안 내가 그를 '떠난' 것에 대한 죄책감이 느껴지는 것을 알아차렸다.]

치료자: 내가 틀렸을 수도 있지만, 여기에 와서 당신을 약해지도록 만드는 사람과 함께 있는 것이 얼마나 고통스러운 일인지 알려 주는 것 같네요.

[긴 침묵이 이어진다. 내담자의 얼굴이 변화되는 것을 볼 수 있다. 나는 나의 정서상태의 변화를 받아들인다. 나는 불안을 느낀다.]

조셉: (증오의 눈빛으로 나를 쳐다보면서 목소리 톤이 올라가며) 잘난 척하는 얼굴에 짜증이 나네요……. 선생님을 추천받았는데, 실력이 의심되네요……. 난 더 나빠지고 있다고 느껴요. 나아지지 않고. 이게 내 운명인가 봐요. 날 화나지 않게 하는 여자는 찾을 수 없는 게…… 난 그저 선생님이 무슨 생각을 하는지 모르는 게 싫어요. 그리고 제발, 내가 선생님이 무슨 생각을 하고 있다고 상상하는지 묻지 마세요! 나랑은 상관없는 일이니까. 나는 평생 까다로운 사람들을 이해하려고 노력해 왔어요. 특히 여자들을. 내가 왜 사람들을 그런 식으로 화나

게 하는지, 왜 사람들은 나를 바보로 생각하는지 이해가 안 가요. 난 사람들이 왜 내 농담을 재미없다고 생각하는지 모르겠어요. 왜 사람들은 내가 단지 약간의 따뜻함과 인정을 원한다는 걸 알 수 없는지 모르겠어요……. 여기에서 나 혼자 모든 걸 하고 있는 것 같아요……. 폭발할 것 같아요!

[난 길을 잃었다고 느끼면서도, 우울증에 빠진 엄마의 아이로 살아온 조셉 이야기를 마음에 새기고 있었다. 나는 몸의 자세를 바꾸고 내 얼굴 표정을 더 잘 인식하게 된다. 나는 살짝 움직여서 그에게 향한다. 조셉은 진정되면서 그의 몸이 눈에 띄게 이완되는 것 같았다.]

치료자: 내가 했던 행동이나 말이 당신을 실망시키고, 나에 대해 화나게 했다는 것을 볼 수 있고, 느낄 수 있습니다. 기분을 바꾸라는 것도 아니고, 모든 일을 혼자 하라는 것도 아닌데 당신이 제일 먼저 가는 곳이 그곳이라는 걸 보고 들을 수 있네요……. 당신이 지금 여기에서 어떻게 느끼는지에 주의를 기울이고 받아들이면서, 우리 사이에 무슨 일이 일어났는지 집중해 볼 수 있을까요? 아무도 혼자 일할 필요는 없어요……. (침묵이 흐른다)

조셉: 머릿속에서 피가 솟구쳐 오르고, 화를 멈출 수가 없어요. 마치, 한 잔 마시고, 그냥 복수하고 싶은 것 같은…….

치료자: 실력 없고 나쁜 치료자한테요. (조셉이 미소 짓고 나도 따라서 미소 짓는다)

치료자: 감정이 강해질수록 무섭지만 이상하게도 만족스러운 것 같네요.

조셉: 네……. 죄송하다고 말하고 싶지만, 말이 안 나오네요. 기분이 좀 나아졌어요.

치료자: 정서적 폭풍이 지나갔는데, 지금 무슨 일이 일어났는지 볼 수 있을까요?

조셉: 지금은 할 수 있을 것 같습니다…….

조셉과의 작업은 더 강력한 치료적 동맹을 가져온 파열과 복구의 과정을 보여 주는 것만은 아니다(Safran, Muran & Eubanks-Carter, 2011). 치료실 안에서 일어나는 지금 여기의 전이 작업의 가치도 잘 보여 주고 있다.

전이

전이만큼 정서 변화에 대한 예리한 검증 기반을 제공하는 단일한 심리적 과정은 없다. 우선, 전이는 내담자와 심리치료자 사이에 발달하는 복잡한 정서적 유대감의 일부이다. 이 상황의 주요 특징이자, 정신분석적 해석에 필수적인 지렛대를 제공하는 것은 초기 정서 경험의 반복이다. 내담자는 이러한 경험들을 단순히 기억하는 것이 아니라 실제로 정서적으로 다시 체험하고, 사랑, 미움, 두려움, 분노, 질투와 같은 많은 감정을 치료자라는 사람에게 전달한다. 이런 방식으로, 한때 개인을 강력하게 지배했던 정서, 자질 그리고 상징들이 정신역동 심리치료 안에서 다시 떠올라서 정신장애의 기원에 대한 강력한 증거를 제공한다. 치료 관계의 변화유발 가치의 중요성과 무의식에 대한 믿음은 모든 정신역동적 노력의 핵심으로 남아 있다. 전이를 관찰하고, 알아차리고, 작업하는 것은 정신역동 심리치료자의 도구에서 필수적인 요소이다.

앞의 내담자 사례로 돌아가 보면, 치료 관계의 안전감 속에서 조셉이 무능하고, 예측할 수 없는 양육 경험을 다시 경험하게 되었다고 느꼈다. 그러나 치료가 단지 3개월밖에 되지 않기 때문에 나는 어떤 해석도 하지 않고, 정서적 폭풍(Bateman & Fonagy, 2016)에 머물러서 관심을 기울이고 궁금해하는 수준에 있기로 결정했다. 그것을 정신화할 수 있고, 견뎌 낼 수 있게 하는 방식으로 그의 격노를 조절할 수 있는 능력에 집중하는 시간을 지나고 나서, 우리는 안전지대로 갈 수 있었다. 그래서 우리는 마침내 전이의 안전감 속에서 강렬한 두려움, 고통, 그리고 격노 정서들을 탐색할 수 있었다. 이 경우 선부

른 해석을 했다면, 조셉이 다른 치료자들과 그의 두 아내들에게 했던 것처럼 치료를 피하는 결과를 초래했을 것이다. 어떤 정서라도 우리의 관계 속에서 탐색될 수 있고, 담아낼 수 있고, 정신화될 수 있다는 신뢰의 토대 위에서 발판 과정이 일어날 필요가 있었다.

Loewald(1960)에 따르면, Freud는 전이를 세 가지 방식으로 사용하였다.

- 전이는 유아기 대상과의 관계를 이후 대상들과의 관계로 이동하는 것을 말한다(예: 부모에서 배우자로).
- 두 번째 의미는 리비도를 자아에서 대상으로 이동하는 것을 말한다(예: 자기에서 타인들에게로).
- 전이는 무의식적 사고가 그것들의 강도를 전의식으로 그리고 결국 의식적인 사고로 이동하는 방식을 말한다(예: 무의식적인 죄책감이 죄책감을 일으키는 갈등의 원천에 대항해서 분노로 바뀌는 것).

Loewald(1960)는 세 가지 모든 관점에서의 전이는 정상적이고 바람직하지만, 정신분석 임상가 대부분은 세 번째 의미에 관심을 갖는다(Chodorow, 1997)고 주장하였다. 현대 정신분석가들은 전이가 부모에 대한 감정을 분석가 개인에게 전달하는 것이기보다는 정신분석적 상황이라는 전체 맥락 안에서 일어나는 것이라고 기술하였다(Joseph, 1985; Loewald, 1960). 정신분석가들은 더 이상 옛날 관계에 대한 옛 버전에 관한 것만을 말하지 않는다. 그보다 직장에서든, 모임에서든, 가족 안에서든, 침묵 속에서든 내담자가 무엇을 하든지, 감정에 대해 말을 하든지 하지 않든지 간에 내담자가 내적·정신적 현실을 어떻게 표현하는지에 대해 말하고 있다. 정신분석가들은 분석적 만남을 살피는 것으로 시작하지만 사람들과 상황들에 감정과 판타지와 정서적 의미가 부여될 때마다 재빨리 전이를 알아챈다. 전이에 대한 최근 관점에서 보면, 분석적 만남은 한 사람에 의해 심리내적으로 조직되는 것이라기보다는 상호의존적으로 구성되고 우발적이다(Chodorow, 1999).

Christopher Bollas(1979)는 내담자와 분석가라는 주체들 사이의 중간지대에 대해 기술하였다. Bollas에 의하면, 분석가는 아기와 함께하는 엄마의 변형적 기능을 모방하는 변형적 역할을 담고 있다. 치료는 내담자에게 엄마와 아기 사이의 비밀 문화를 공유할 수 있는 공간과 관계를 제공한다. 이러한 맥락에서, 관계의 안전감과 분석가의 자애로운 태도는 내담자의 무의식적이고 유아적이고 현재적인 성적 · 공격적 · 자기애적 소망을 수용하고 견딜 수 있는 태도를 위한 새로운 역량을 길러 준다. 이런 관점에서 보면 자기 관리 능력, 자기 감정 이해 능력, 자신의 정서 생활에 대한 성찰 능력은 유기적인 문제가 없다고 가정할 때, 자신의 정서에 대해 사려 깊게 성찰할 수 있는 경우에만 비로소 발달하는 것이다.

역전이

현대 정신분석적 사고와 실제는 **역전이**(countertransference)를 분석가가 내담자를 지각하고, 작업하고, 듣고, 배우는 방식으로 여긴다. 영국 대상관계 학파에서 이론화한 역전이는 심리치료자들의 연구 도구였다. 이 학파는 심리치료자가 내담자에 대한 자신의 반응을 분석할 때 부르는 것을 역전이라고 보는 제한된 관점을 선호하였다. Sandler와 Sandler(1978)가 치료자 행동의 "**역할 반응성**(role responsiveness)"(p. 289)이라고 기술하였던 것을 역전이 개념에 포함하면서, 역전이는 정서적 감정뿐만 아니라 행동, 판타지 그리고 내담자의 무의식적 의사소통에 대한 다른 반응들까지 말하는 좀 더 넓은 정의가 되었다. 역할 반응성은 내담자와의 관계에서 자기 자신에게서 기원한 일반적인 반영적 자기 해석을 강조하는 형태의 교육을 받은 치료자에 의해 사용되었다.

정신역동 정신치료는 치료실에서의 두 사람의 심리적 상호작용의 과정에

미치는 분명한 치료자의 정서적 반응, 태도, 가치 그리고 선호하는 흥미 등뿐만 아니라 미묘한 언어적 · 비언어적 영향력을 강조한다(원서 p. 43; 즉, 심리치료자의 성격, 기질 및 스타일, 연령 및 성별; Anderson, Ogles, Patterson, Lambert & Vermeersch, 2009; Lambert & Ogles, 2004). 모든 내담자–심리치료자 쌍은 서로 다르며 고유한 전이–역전이를 가지고 있다.

Loewald(1986)는 분석가와 내담자 모두 서로의 전이에 대한 역전이를 가지고 있음을 공식화하였다. 그러나 내담자의 역전이는 내담자의 전이와 분명하게 구분할 수 없다. 그런 맥락에서, Loewald는 내담자의 전이가 분석가의 역전이에 어떻게 반응하는지에 관해 언급하였다.

또 다른 관점은 아동 정신분석가 Dodald Winnicott의 관점인데, 그는 치료자는 객관성을 유지하기 위해서 역전이를 분명하게 하고 해독하는 작업을 해야만 한다고 하였다. 필연적으로, 일부 불안한 내담자는 치료자가 내담자를 미워할 수밖에 없도록 강렬한 증오를 일으켜서, 결국 치료자가 내담자의 도발과 관련하여 내담자에게 도움이 되는 실제적인 의사소통을 하게 된다고 하였다. Winnicott이 말하는 것이 무엇이었을까? 조셉의 사례로 돌아가 보자.

나는 조셉이 나에 대한 강력한 비난의 감정을 재경험하는 것으로 봤는데, 조셉이 치료적 관계가 더 가까워지고 강력해지는 것에 대해 두려워하는 것으로 이해했다. 내가 우울했던 엄마가 되었던 것일까? 나도 역시 그를 떠날까? 다른 한편으로는, 내가 공격당하는 감정과 비난받는 감정을 느끼고, 나의 정서적 반응을 사용하여 어린아이가 엄마를 잃은 경험을 상상하면서도 내가 그의 비난에 짜증이 났다는 것을 스스로 인정했다. 그러한 과정은 내가 '**티가 나는 반영**(marked mirroring)'(Fonagy et al., 2002)을 할 수 있게 했는데, 즉 누군가의 감정에 대해 진심으로 호기심을 가지고 수용하는 경험은 다른 사람이 이해받는다고 느끼게 하고, 가장 중요한 사람이 된 것으로 느끼게 하며, 인정받는다고 느끼게 하는 방식으로 진정성 있게 반응하려고 하는 시도를 하게 해주었다. 이러한 방식으로, 역전이와 작업하는 것은 긍정적이든 부정적이든 모든 정서를 허용하고, 표현하고, 느끼고, 담아내게 하는 안전한 치료적 환경을 창조하게 만든다.

투사

우리 자신의 측면을 다른 사람 안에서 너무나 분명하게 보면서, 자신의 측면을 부인하는 과정을 **투사**(projection)라고 부른다(Klein, 1946). 화내지 않아야 한다고 느끼는 화난 사람은 자신이 동요되고 있을 때 재빨리 다른 사람들이 공격적이라고 비난한다. 조셉의 경우에도, 그가 상당한 모욕감이나 비탄의 감정을 느끼는 것에 직면하기보다는 다른 사람을 무능력하고 거만한 사람으로 보기가 쉬웠다. 사람들은 자신이 다룰 수 없는 감정이나 정서적 상태를 타인에게 돌리는데, 왜냐하면 우리는 그런 감정이나 정서적 상태를 우리 것으로 보고 그것을 소유하지 않을 수 있기 때문이다. 이것은 때때로 순수하게 정신적 사건이며, 정신분석에서 말하는 심리내적 과정이다. 투사의 또 다른 버전은 정신분석가가 **투사적 동일시**(projective identity)라고 부르는 것인데, 감정을 견딜 수 없어서 누군가에게로 내보낼 때 일어난다. Melanie Klein은 이런 과정을 그 사람이 나쁘고 위험하다고 지각하고 있는 자신의 다른 부분들을 보는 방식을 설명한다고 하였다. 투사를 받는 사람은 그런 감정이 낯설고 편안하지 않기 때문에 때때로 그런 감정이 진정한 자신의 감정이 아니라고 느낄 수 있는데, 보통은 그런 감정들을 정서적으로 느끼지만 인지적인 것들(관념이나 생각)이 따라붙게 된다. 투사적 동일시 과정은 무의식적 환상의 맥락에서 종종 나타나며, 치료 관계의 '마치 ~인 것처럼(as if)'에서 나타난다. 낯선 감정을 인식하고, 이들을 지금 이 순간의 치료 상황과 치료 관계와 연결시키려고 노력하는 것은 치료자의 몫이다.

그러한 의사소통 방식은 뿌리 깊게 자리 잡을 수 있고, 실제로 이차적인 보상을 받을 수 있다. 예를 들면, 조셉은 아내를 언어적으로 학대하는 것에 대

해 죄책감을 느꼈지만 또한 그가 느끼는 힘과 통제력을 즐기기 시작했다. 정신분석에서는 자신의 정서 상태를 타인에게 방출하지 않고 스스로 관리할 수 있는 능력을 성숙의 신호로 간주하며, 정동 조절의 개선에 핵심으로 본다.

해석과 정서 탐색

Laplanche와 Pontalis(1973)는 『정신분석 언어(The Language of Psycho-Analysis)』에서 다음과 같이 해석(interpretation)을 정의하였다.

> ① 분석적 조사를 통해, 상대방과의 대화와 행동에 숨겨진 의미를 명확하게 하는 것, ② 치료를 하는 동안, 치료의 방향과 전개에 의해 결정된 규칙에 따라 내담자에게 이 숨겨진 의미에 대한 접근을 제공하는 것을 목표로 내담자와 하는 의사소통이다(p. 227).

정신분석을 하는 동안 개입으로서의 해석(interpretation)이라는 의미는 점차적으로 Wolf(1993)의 다음과 같은 정의를 포함하는 것으로 확장되었다. "분석가의 모든 의도적인 활동, 그 전체가 치료자의 정신에 변화를 가져오는 것이다."(p. 45)

다음 사례는 25세 실비아와 함께 작업한 사례로, 치료자와의 관계에서 일어나는 어려운 감정에 대한 방어로 정서를 사용하는 방식을 탐색하는 해석의 예를 간략하게 보여 준다.

> **실비아:** 쉬는 시간 동안 좀 덜 외로웠어요. 잘 지낼 수 있었어요……. 혼자 있고 지루할 때 점점 불안해지는 것이 느껴지지 않아서 내가 나아지고 있다고 생각해요.
>
> **치료자:** 봄방학 때 모두 떠나면, 저도 힘들어요.

실비아: 아, 네……. 하지만 항상 그렇지는 않겠죠. 선생님이 휴식을 취할 것이라고 생각해요. 선생님이 자신을 돌보고 있다고 생각하면 기분이 좋아져요. 정말로…… 전 그것에 화가 나지 않아요. 그런 것에 화내는 건 어리석고, 아이같이 요구적인 거니까요. (웃음)

치료자: 당신이 사람들을 필요로 하는 것이 얼마나 금지되어 있는지, 자신이 소외되고 뒤처져 있다는 느낌을 받는 것이 얼마나 금지되어 있는지 상기시켜 주는 것 같네요……. 그것이 어린애처럼 느껴지는 것 같아…… 당황스러울 것 같아요.

[실비아는 침묵한다. 방 안에는 긴장감과 방어적인 분위기가 나타난다. 난 그녀의 손이 더 움직이고 그녀의 얼굴이 붉어지는 것을 볼 수 있었다]

실비아: 저기요. 전 선생님이 저에 대해 너무 많이 읽는 것 같다는 생각이 들어요. 판단받는 것처럼 느껴져요…….

치료자: 제가 당신이 말한 선을 넘은 것처럼 느끼는 듯 보이네요.

실비아: 이것에 대해 생각하고 싶지 않아요……. 한심하게 느껴져서(울먹이며 침울해져서).

치료자: 지금 당신에게 무슨 일이 일어나고 있나요?

실비아: 내가 더 잘할 거라고 믿는 걸 그만뒀으면 좋았을 텐데……. 절 믿을 수 있는 사람은 없을 거예요.

14세에 어머니를 잃은 젊은 성인 여성과의 정신역동 심리치료에서, 치료자의 일주일 휴가 동안 치료자가 그녀를 남겨 두고 간 것에 대한 분노의 감정을 방어하였다. 치료자의 해석은 실비아의 상실감을 관찰하고 그로부터 오는 분노와 슬픔의 감정을 안전하게 경험하면서, 겪었던 어려움을 인정하려고 했다. 해석은 치료자가 내담자의 삶에 다른 중요한 애착 인물과 다르게 반응하면서, 안전한 심리치료 관계 내에서 그러한 감정을 경험하도록 내담자를

초대하려고 하였다.

Nacht(1962)는 분석 과정에서 분석가의 성격의 중요성을 강조했다. 분석가가 말한 것은 분석가의 태도보다 덜 중요하다. "내담자가 그의 어린 시절에 받아 보지 못한 수용을 제공하기 때문에 그 태도는 회복의 주요인이 된다." (p. 209). 사례로 돌아가서, 정서적 맥락에서 실비아와 작업하면서, 나는 우리의 치료 관계의 지금 여기에서 나오는 감정을 수용하고 탐색하면서, 진실하고, 겸손하며, 호기심 어린 태도로 임했다. 그런 식으로 나는 종종 억압되고 방어되는 정서의 맥락에서 나의 내담자에게 더 많은 자기관찰과 주체가 될 수 있는 기회를 제공했다. 해결되지 않은 애도와 그 밖의 뿌리 깊은 외상 경험, 그리고 그것이 가져오는 고통스러운 정서의 맥락에서 해석의 시점과 어조는 매우 중요해진다. Donald Winnicott(1958)이 말했던 것처럼, 너무 이른 해석은 내담자로 하여금 자기 자신을 이해하는 것을 방해해서 자신의 능력과 창의성에 대해 가능한 경험을 부인하게 만들 위험이 있다. 무슨 의미일까? 정신역동 심리치료에서 정서와 함께 작업하는 과정은 함께 만들어 가는 과정이지, 내담자에게 내담자가 감정을 어떻게 느끼고 있는지를 말해 주는 모든 지혜를 갖고 있는 심리치료자의 것이 아니다.

현대 저자들은 통찰이 심각하게 고통받는 내담자에게 효과가 없다는 점을 관찰하였다. 효과가 있는 것은 관계에 의해 전달되는 메시지이고, 그 메시지는 내용보다는 목소리 톤과 그것이 전달하고 있는 느낌이다. 예를 들면, Fonagy(1991)는 정신화의 부족으로 심지어 해석의 내용도 이해하지 못하기 때문에, 경계선 내담자와 하는 해석의 무효성에 대해 설명했다. 따라서 현대의 관점에서 해석의 치료적 작용은 더 이상 그것이 전달하는 통찰력을 말하는 것이 아니라 그것이 발생하는 관계 내에서 얻게 된다. 관계 없이는 해석도 없다. 해석의 치료적 영향력은 내담자의 정동적 상태에 대한 민감성에 달려있다.

확장된 관점으로 보는 현대 정신역동 실제의 맥락에서, 일부 개입들은 치료적 동맹과 정동의 표현을 가능하게 하는 안전감과 신뢰감을 구축하는 데 중요하다. 예를 들어, 해석과는 구별되는 **명료화**(clarification)의 사용은 내담자가 전달한 내용에 대해 보다 일관된 이미지를 부여하기 위해 내담자 말의 실마리를 재구성하거나 다시 시작하는 것으로 이루어진다. 명료화는 힘든 기억과 그것이 가져오는 강렬한 정서와 같이, 내담자가 말로 표현하기 어려운 어떤 것을 표현하도록 도와주는 역할을 한다. 다음 예에서, 17세의 '폴'은 '당신을 짜증 나게 하는 것 같은' 치료자의 말에 의해 촉발된 정동의 폭풍 속에서 그의 감정을 표현한다.

폴: (절규하며) 당신도 역시 내 얼굴을 보고 혼란스러워하는군! 어렸을 때부터 이상한 표정을 지으면서 아무도 상대하지 말았어야 했어! 인간들에게 너무 많은 걸 설명해야 하는 게 지겨워! 어떻게 그런 결론에 도달할 수 있어? 나 지금 정말 화났어! 정말로!

[치료자는 폴의 비명에 반응하여 자신의 신체적 반응에 귀를 기울이고 주의를 기울인다. 그녀는 자신의 얼굴 표정과 자세를 관찰한다. 몇 분간의 침묵 후에, 그녀는 해명을 하기로 결심했다.]

치료자: 폴, 나는 내 말이 당신을 정말로 불쾌하게 했고 당신을 매우 외롭게 했다는 생각이 드네요. 당신의 분노가 오해를 받을 때 당신에게 얼마나 강렬한 감정을 느끼게 하는지 이해하는 데 도움이 됩니다. 내가 잘 이해하고 있나요?

폴: 네……. 사람들이 이해하지 못하는 이상한 괴물처럼 느껴지는 것은 정말 외로워요……. 정말로 그래요.

폴이 강렬한 정동을 표현하는 동안, 치료자는 곁에 머물면서 진정 어린 호기심과 겸손한 명료화로 반응함으로써, 폴에게 이해하고자 하는 치료자의 열망과 침착함을 유지하면서 명료화를 통해 담아 줄 수 있는 능력을 전달하고 있다.

결론

정신분석은 사람들이 행복해지는 것보다 불행을 관리하는 것을 더 잘 돕는다는 비난을 받아 왔다. Freud(1895/1950)는 정신분석의 목적은 인간의 불행을 '일반적인 불행'으로 바꾸는 것이라고 했다(p. 308). 정신분석적 사고와 실제를 둘러싼 많은 오해와 비난의 주된 이유 중 하나는 그것들이 적대적인 부모, 일관성 없고 혼란스러운 정의 그리고 기술적 논쟁으로 골머리를 앓아 온 자신의 발달 역사에 대한 반응이기 때문이라는 것이 나의 인상이다. 역사적으로 정신분석은 학제 간 언어를 개발하고 새로운 치료 분야와 통합하는 데 좋은 성과를 거두지 못했다. 그러나 아이러니하게도 정신분석적 사고와 기술의 요소들은 대부분의 치료적 모델에서 나타난다(Shedler, 2010). 내가 증명했기를 바라지만, 정서에 관한 한 정신분석과 정신역동 심리치료는 학제 간 대화와 협력의 증가로 이론과 실제의 진화에 중요한 순간에 있다.

그러한 발전의 한 예는 정신분석적 사고와 심리적인 상태에 대한 연구 사이의 연관성의 증가였다. 현재 대부분의 사람들은 정동이 처음에는 생리적인 상태에서 신체로 경험된다는 것에 동의하는데, 이는 점차 **주관적인 상태**(subjective states)—감정이나 정서적 경험—로 불리는 것이 되었지만, 그러한 감정을 갖는 감각의 기원은 상호주관적이다. 연구에 따르면 증상들은 때때로 처리되지 않은 정서 상태들이 몸에 박혀 있는 것으로 나타났다(Luyten, van Houdenhove, Remma, Target, & Fonagy, 2012). 신경과학, 정신분석학 그리고 유아 연구의 발견들을 결합한 이 새로운 이해는 오랫동안 주장되어 온 정신분석학적 전제를 입증했고, 가장 중요한 점은 심리치료에서 신체의 중요성을 전면에 부각시켰다는 것이다. 정서적 지식은 본능적이며 우리 몸과 성격에 깊이 배어 있는 절차 기억 속에 담겨 있다. 현대 정신역동 이론과 정서의 경험과 표현을 장려하는 치료에는 단연 더 큰 강조점이 된다. 추동뿐만 아니라 정서도 행동의 주요 동기 부여자로 간주되고, 주의가 필요한 정보를 전달하는 것으로 보인다. 만약 내면의 감정에 주의를 기울이지 않고 의식화되지 않는다면, 감정은 종종 부적응적인 방향으로 내담자의 행동을 자동적으로 유지시킬 것이다. 추동과 달리, 정동적 연결은 배우지 않고 다시 학습될 수 있다(McCullough et al., 2003).

현대의 정신분석이론과 실제는 원래의 1인 심리학 중심에서 2인 심리학으로 옮겨 갔다. 이런 맥락에서, 무의식에 대한 핵심 믿음은 여전히 중심에 있고, 다른 심리치료와 차별화되는 부분이다. 정신분석가들은 분석 과정의 다양한 측면에 할당된 변화 효과에 대한 견해가 서로 다르다. 심리치료자의 이론적 신념, 성격, 문화적 배경 또는 심리치료에서 하게 되는 내담자로서의 개인적 경험에 따라, 치료적 쌍의 맥락에서의 새로운 인식, 내면화, 통찰력 그리고 경험의 조합이 치료적 변화로 이어질 것이다. 그러나 정신분석가들에 의하면, 심리치료 과정의 이상적인 결과는 점진적인 발달의 재개와 사랑하고 사랑받을 수 있는 능력의 형태가 나타날 때, 더 큰 자기 관찰 능력과 긍정적이고 부정적인 감정의 주체가 되는 것이라는 데는 모두 동의하고 있다.

참고문헌

Allen, J. G. (2013). *Mentalizing in the development and treatment of attachment trauma*. London, England: Karnac Books.

Anderson, T., Ogles, B. M., Patterson, C. L., Lambert, M. J., & Vermeersch, D. A. (2009). Therapist effects: Facilitative interpersonal skills as a predictor of therapist success. *Journal of Clinical psychology, 65*, 755-768. http://dx.doi.org/10.1002/jclp.20583

Baranger, M. (2012). The intra-psychic and the inter-subjective in contemporary psychoanalysis. *International Forum of Psychoanalysis, 21*, 130-135. http://dx.doi.org/10.1080/0803706X.2012.659285

Bateman, A., & Fonagy, P. (2016). *Mentalization-based treatment for personality disorders: A practical guide*. Cambridge, England: Oxford University Press. http://dx.doi.org/10.1093/med:psych/9780199680375.001.0001

Bateman, A. W., & Fonagy, P. (2004). Mentalization based treatment of BPD. *Journal of Personality Disorders, 18*, 36-51. http://dx.doi.org/10.1521/pedi.18.1.36.32772

Beebe, B. (2000). Co-constructing mother-infant distress: The micro-synchrony of maternal impingement and infant avoidance in the face-to-face encounter. *Psychoanalytic Inquiry, 20*, 421-440. http://dx.doi.org/10.1080/07351692009348898

Bion, W. R. (1962). *Learning from experience*. London, England: Maresfield.

Bion, W. R. (1970). *Attention and interpretation*. London, England: Maresfield.

Bion, W. R. (1979). The dawn of oblivion [Book 3]. In *A memoir of the future* (pp. 427-578). London, England: Karnac Books.

Blum, H. (1991). Affect theory and the theory of technique. *Journal of the American Psychoanalytic Association, 39*, 265-289.

Blum, H. (2000, April). *Language of affect*. Paper presented at the Third International Margaret S. Mahler Symposium in Child Development, Tokyo, Japan.

Bollas, C. (1979). The transformational object. *International Journal of Psychoanalysis, 60*, 97-107.

Breuer, J., & Freud, S. (1955). Studies on hysteria. In J. Strachey (Ed. & Trans.), *The standard edition of the complete psychological works of Sigmund Freud* (Vol. 2, pp. 1-335). London, England: Hogarth Press. (Original work published 1895)

Carlson, D. A. (2002). Free-swinging attention. *Psychoanalytic Quarterly, 71*, 725-750. http://dx.doi.org/10.1002/j.2167-4086.2002.tb00024.x

Chodorow, N. (1999). *The power of feelings: Personal meaning in psychoanalysis, gender, and culture*. New Haven, CT: Yale University Press.

de Bianchedi, E. T. (2001). The passionate psychoanalyst or learning from the emotional. *Fort Da, 7*, 19-28.

Fenichel, O. (1945). *The psychoanalytic theory of neurosis.* New York, NY: Norton.

Ferro, A. (2007). *Evitare le emozioni, vivere ler emozioni* [Avoiding emotions, living emotions]. Milan, Italy: Cortina.

Fonagy, P. (1991). Thinking about thinking: Some clinical and theoretical considerations in the treatment of a borderline patient. *International Journal of psycho-Analysis, 72*, 639-656.

Fonagy, P. (2005). An overview of Joseph Sandler's key contributions to theoretical andclinical psychoanalysis. *Psychoanalytic Inquiry, 25*, 120-147. http://dx.doi.org/10.1080/07351692509349124

Fonagy, P., Gergely, G., Jurist, E. L., & Target, M. (2002). *Affect regulation, mentalization, and the development of the self.* New York, NY: Other Press.

Freud, S. (1950). Project for a scientific psychology. In J. Strachey (Ed. & Trans.), *The standard edition of the complete psychological works of Sigmund Freud* (Vol. 1, pp. 281-394). London, England: Hogarth Press. (Original work published 1895)

Freud, S. (1953). The interpretation of dreams. In J. Strachey (Ed. & Trans.), *The standard edition of the complete psychological works of Sigmund Freud* (Vols. 4-5, pp. 48-65 & pp. 460-488, respectively). London, England: Hogarth Press. (Original work published 1900)

Freud, S. (1957a). Instincts and their vicissitudes. In J. Strachey (Ed. & Trans.), *The standard edition of the complete psychological works of Sigmund Freud* (Vol. 14, pp. 109-139). London, England: Hogarth Press. (Original work published 1915)

Freud, S. (1957b). Papers on metapsychology. In J. Strachey (Ed. & Trans.), *The standard edition of the complete psychological works of Sigmund Freud* (Vol. 14, pp. 105-215). London, England: Hogarth Press. (Original work published 1915)

Freud, S. (1957c). Repression. In J. Strachey (Ed. & Trans.), *The standard edition of the complete psychological works of Sigmund Freud* (Vol. 14, pp. 141-157). London, England: Hogarth Press. (Original work published 1915)

Freud, S. (1959). Inhibitions, symptoms and anxiety. In J. Strachey (Ed. & Trans.), *The standard edition of the complete psychological works of Sigmund Freud* (Vol. 20, pp. 75-173). London, England: Hogarth Press. (Original work published 1926)

Freud, S. (1961a). Civilization and its discontents. In J. Strachey (Ed. & Trans.), *The standard edition of the complete psychological works of Sigmund Freud* (Vol. 21, pp. 57-146). London, England: Hogarth Press. (Original work published 1930)

Freud, S. (1961b). The ego and the id. In J. Strachey (Ed. & Trans.), *The standard edition of the complete psychological works of Sigmund Freud* (Vol. 19, pp. 1-65). London, England: Hogarth Press. (Original work published 1923)

Freud, S. (1963). Introductory lectures on psycho-analysis. In J. Strachey (Ed. & Trans.), *The standard edition of the complete psychological works of Sigmund Freud* (Vols. 16-17, pp. 13-463 & pp. 1-240). London, England: Hogarth Press. (Original work published 1916)

Gergely, G. (2013). Ostensive communication and cultural learning: The natural pedagogy hypothesis. In J. Metcalfe & H. S. Terrace (Eds.), *Agency and joint attention* (pp. 139-151). Oxford, England: Oxford University Press. http://dx.doi.org/ 10.1093/acprof:oso/9780199988341.003.0008

Heimann, P. (1950). On counter-transference. *International Journal of Psychoanalysis, 31*, 81-84.

Joseph, B. (1985). Transference: The total situation. *International Journal of Psychoanalysis, 66*, 447-454.

Kernberg, O. F. (1982). Self, ego, affects, and drives. *Journal of the American Psychoanalytic Association, 30*, 893-917. http://dx.doi.org/10.1177/000306518203000404

Kernberg, O. (1988). Psychic structure and structural change: An ego psychology-object relations theory viewpoint. *Journal of the American Psychoanalytic Association, 36S*(Suppl.), 315-337.

Kernberg, O. (2009). The concept of the death drive: A clinical perspective. *International Journal of Psychoanalysis, 90*, 1009-1023. http://dx.doi.org/10.1111/ j.1745-8315.2009.00187.x

Klein, M. (1946). Notes on some schizoid mechanisms. *International Journal of Psychoanalysis, 27*, 99-110.

Lambert, M. J., & Ogles, B. M. (2004). The efficacy and effectiveness of psychotherapy. In M. J. Lambert (Ed.), *Bergin and Garfield's handbook of psychotherapy and behavior change* (5th ed., pp. 139-193). Hoboken, NJ: Wiley.

Laplanche, J., & Pontalis, J. B. (1973). *The language of psycho-analysis*. New York, NY: Norton.

Lingiardi, V., & McWilliams, N. (2017). *The psychodynamic diagnostic manual: PDM-2* (2nd ed.). New York, NY: Guilford Press.

Loewald, H. W. (1960). On the therapeutic action of psycho-analysis. *International Journal of Psychoanalysis, 41*, 16-33.

Loewald, H. W. (1986). Transference-countertransference. *Journal of the American Psychoanalytic Association, 34*, 275-287. http://dx.doi.org/10.1177/ 000306518603400202

Luyten, P., van Houdenhove, B., Lemma, A., Target, M., & Fonagy, P. (2012). A mentalization-based approach to the understanding and treatment of functional somatic disorders. *Psychoanalytic Psychotherapy, 26*, 121-140. http:// dx.doi.org/10.1080/02668734.2012.678061

Mahler, M. S., Pine, F., & Bergman, A. (1975). *The psychological birth of the human infant: Symbiosis and individuation*. New York, NY: Basic Books.

McCullough, L., Kuhn, N., Andrews, S., Kaplan, A., Wolf, J., & Hurley, C. (2003). *Treating affect phobia: A manual for short term dynamic psychotherapy*. New

York, NY: Guilford Press.

Music, G. (2001). *Affect and emotion: Ideas in psychoanalysis*. Cambridge, England: Icon Books.

Nacht, S. (1962). The curative factors in psycho-analysis: Contributions to discussion. *International Journal of Psychoanalysis, 43*, 206-211.

Ogden, T. H. (1992). *The primitive edge of experience*. New York, NY: Aronson.

Ogden, T. H. (1994). The analytic third: Working with intersubjective clinical facts. *International Journal of Psychoanalysis, 75*, 3-19.

Rapaport, D. (1950). *Emotions and memory* (2nd ed.). New York, NY: International Universities Press.

Rapaport, D. (1953). On the psychoanalytic theory of affects. *International Journal of Psychoanalysis, 34*, 177-178.

Safran, J. D., Muran, J. C., & Eubanks-Carter, C. (2011). Repairing alliance ruptures. In J. C. Norcross (Ed.), *Psychotherapy relationships that work: Evidence-based responsiveness* (2nd ed., pp. 224-238). New York, NY: Oxford University Press. http://dx.doi.org/10.1093/acprof:oso/9780199737208.003.0011

Sandler, J. (1960). The background of safety. *International Journal of Psychoanalysis, 41*, 352-356.

Sandler, J., Holder, A., Dare, C., & Dreher, A. (1997). *Freud's models of the mind: An introduction*. London, England: Karnac Books.

Sandler, J., & Sandler, A. M. (1978). On the development of object relationships and affects. *International Journal of Psychoanalysis, 59*, 285-296.

Shedler, J. (2010). The efficacy of psychodynamic psychotherapy. *American Psychologist, 65*, 98-109. http://dx.doi.org/10.1037/a0018378

Stern, D. N. (1985). *The interpersonal world of the infant*. New York, NY: Basic Books.

Stern, D. N. (2010). *Forms of vitality: Exploring dynamic experience in psychology, the arts, psychotherapy, and development*. Cambridge, England: Oxford University Press.

Winnicott, D. W. (1949). Hate in the counter-transference. *International Journal of Psychoanalysis, 30*, 69-74.

Winnicott, D. W. (1953). Transitional objects and transitional phenomena: A study of the first not-me possession. *International Journal of Psychoanalysis, 34*, 89-97.

Winnicott, D. W. (1958). The capacity to be alone. *International Journal of Psychoanalysis, 39*, 416-420.

Wolf, E. S. (1993). Disruptions of the therapeutic relationship in psychoanalysis: A view from self psychology. *International Journal of Psychoanalysis, 74*, 675-687.

제3장 인지행동 심리치료와 정서

MICHAEL A. TOMPKINS

수년간, 나는 인지행동치료(Cognitive Behavior Therapy: CBT, 이하 CBT)에 대해 가르쳐 왔다. 경험이 많은 임상가에게서든 초보 훈련생에게서든, 일반적으로 이 심리치료적 접근에서 보는 정서의 역할에 대한 유사한 가정을 듣게 된다. 예를 들어, CBT에는 정서를 위한 자리가 없으며, 인지행동 치료자들의 지배적인 관심 영역은 인지라고 말한다. 또는 그들은 CBT가 정서의 가치에 대해 고려하지 않고 내담자들에게 그들의 정서를 관리하도록 가르치는 데만 초점을 맞춘다고 말할지도 모른다. 또한 CBT가 오로지 기술을 가르치는 데만 초점을 맞추고 있기 때문에, 치료작업에서 치료자들을 지도할 수 있는 일관된 이론이나 개념적 해석이 없는 일련의 기술들이라고 말하기도 한다. CBT에 대한 이러한 가정들을 고려해 보면, 많은 임상가가 CBT와 인지행동 치료자를 로봇 같고 기계적이며 심리치료에 내재된 정서적 색채에 관심이 적다고 보는 것이 놀랍지는 않다. 이번 장에서는 CBT에서 정서의 중요성을 명확히 하고 강조하기를 바라는데, 정서가 인지보다 부차적이라는 가정을 바로잡기 위해서다. CBT가 인지와 행동의 깊고 지속적인 매개자로서 정서를 중요하게 인식하고 있기 때문에 효과적이며, 그 반대도 마찬가지이다.

이 장은 CBT와 이 치료 접근법이 근거하고 있는 인지 모델에 대한 간략한 설명으로 시작한다. 그러고 나서 이 심리치료의 효과에서 정서의 역할을 설명할 것이다. 그다음 장은 학습, 동기 부여, 정서 반응, 대인관계 그리고 치료관계 그 자체 이렇게 다섯 가지 영역에서 정서의 역할을 설명할 것이다. 각 영역에서 인지행동 치료자들이 관련된 사고와 신념을 이끌어 내기 위해 정서를 불러일으키고, 내담자가 학습한 새롭고 깊이 있는 학습을 촉진하거나 배운 기술들이 강력한 부정적인 정서와 직면하는 것에 도움이 된다는 자신감을 가질 수 있도록 격려하기 위해 전형적으로 사용하는 전략에 대해 논의할 것이다. 전체적으로 임상 사례들은 이러한 실질적인 고려 사항을 전달하기 위해 사용되었다. 모든 사례는 내담자에 대한 비밀보장을 위해 각색되었다.

인지행동치료와 인지행동모델

Ellis(1962)와 그의 합리적 정서치료, Donald Meichenbaum(1977)과 그의 인지행동수정(1976), Arnold Lazarus(1976)와 그의 다중양식치료 등과 같이 주요 이론가들에 의해 수년간 개발된 많은 인지행동 접근법이 있다. 다른 기여자들도 CBT의 이론과 실제를 더 풍부하게 했다. 이에 관심이 있는 독자들은 CBT의 다양한 흐름의 기원과 성장에 대한 여러 관점을 찾아볼 수 있다(Dobson, 2001).

인지행동 심리치료

이 장에서는 1960년대에 펜실베이니아 대학의 Aaron T. Beck에 의해 개발된 인지치료 또는 CBT를 설명하겠다. 이 접근은 당시 우울증을 치료하는 지배적인 심리치료였던 정신분석의 대안이었다(Beck, 1964). 그때와 오늘날의 인지행동 심리치료는 구조적이고, 문제중심적이고, 단기적이다. 정서적 고통과 문제 행동을 유지하는 데 기여하고 있다고 가정되는 부적응적 인지를 수정하기 위하여, 내담자가 치료자와 협력하면서 이 접근에 적극적인 참여자가 된다. CBT의 목표는 개인의 일상적인 기능을 향상시키기 위한 도움을 제공하여 증상을 감소시키는 것이다. 이 접근이 시작된 후, 이 치료법은 광범위한 정신과 진단과 문제 및 많은 사람에게 적용되었으며(Barlow, 2014), 우울장애(Di Giulio, 2010; Jorm, Morgan, & Hetrick, 2008; Tolin, 2001)에만 국한하지 않고 불안장애(Fedoroff & Taylor, 2001; Hofmann & Smits, 2008), 불면증(Irwin, Cole, & Nicassio, 2006; Okajima, Komada, & Inoue, 2011), 중독 및 약물 사용장애(Dutra et al., 2008; Garcia-Vera & Sanz; 2006; Leung & Cottler, 2009) 및 조현병과 기타 정신 장애들(Muotic Disorder, 2009)과 같은 수많은 장애별 치료법을 개발했다. 이러한 장애별 특정 치료 프로토콜은 특정 기법에 따라 다를 수 있지만, 모두 동일한 핵심 인지 개념화와 치료에 대한 일반적인 접근 방식을 공유하고 있다. 또한, 수백 개의 깊이 있는 경험적 연구는 이 치료 접근법의 유효성을 반복적으로 지지해 왔다(Butler, Chapman, Forman, & Beck, 2006; Hofmann, Asnaani, Vonk, Sawyer, & Fang, 2012).

CBT는 치료 접근과 그 구성 요소에 대한 이론적 근거를 이해하는 데 핵심적인 세 가지 기본 명제로 설명된다(Dozois & Dobson, 2001). 첫째, 인지 활동은 행동에 영향을 미친다. 현재까지 사건에 대한 인지적 평가가 그 사건에 대한 행동 반응에 영향을 미치거나 매개할 수 있다는 주장에 대한 압도적인 증거들이 뒷받침되고 있다. 고양이가 위험하다고 믿는 공포증 내담자는 고양이를 피할 것이다. 한때는 기분 좋았던 즐거운 활동을 다시 시도하면 기분이 좋지 않을 것이라고 예상하는 우울한 내담자는 이러한 활동에 참여하는 것을 피할 것이다.

CBT의 두 번째 기본 명제는 인지 활동이 관찰되고 변경될 수 있다는 것이다. 이 명제는 자기 보고 및 인지 재구성 같은 CBT에서 사용되는 여러 전략에 필수적이다. 인지 활동을 모니터링하고 기록하는 것은 인지 활동을 수정하는 것의 전주곡이다. 자신의 자동적 사고들을 모니터링한 내담자들은 그들이 상황을 융통성 없고 예측 가능한 방식으로 평가하는 경향이 있고, 그들의 예측이 지속적으로 부정확하고 도움이 되지 않는다는 것을 배우게 될 것이다. 예를 들어, 매일의 역기능적 사고 기록(Beck, Rush, Shaw, & Emery, 1979)을 사용하여 모니터링과 자기 기록을 하는 것을 통해 우울증에 빠진 내담자들은 자신이 가장 우울할 때 특정한 방식으로 사건을 보는 경향이 있다는 것을 알게 된다. 즉, 자신의 인지 활동을 모니터링하고 기록하는 내담자는 자신의 인지 과정에 대한 지각을 갖게 되는데, 이 지각은 사고와 신념을 수정하는 과정에 필수적이다. 게다가, 사건에 대한 그들의 정서적 반응에 인지적 활동이 역할을 한다는 점을 이해하는 내담자들은 인지 활동에 영향을 미치는 전략을 더욱 기꺼이 배우고자 하게 된다.

CBT의 세 번째 기본 명제는 첫 번째 명제에 근거하고 있다. 즉, 인지 활동이 행동 변화를 중재하거나 영향을 미친다면, 부적응적인 인지 활동을 바꾸는 것은 부적응 행동을 변화시킬 수 있다. 그러므로 인지행동 치료자의 관점에 따르면, 역기능적 사고 기록(내담자가 역기능적 사고를 식별하고 평가하기 위해 사용하는 형태)이나 심지어 심리교육과 같은 인지 변화 기술의 역할은 행동 변화에 영향을 미치는 것이다. 예를 들어, 집고양이를 두려워하는 내담자는 일련의 사고 기록을 통해 자신의 위험 예측을 수정하여 집고양이가 위험하지 않다는 대안적이고 좀 더 정확한 관점을 개발한다면 집고양이를 피하기보다는 접근하려고 할 수 있다. 또는, 사람들이 자신을 좌절시키거나 무시할 의도

가 있다고 가정하기 때문에 자주 화가 나고 공격적이었던 내담자가 만약 자신의 가정에 오류가 있어서 자주 자신의 분노 반응에 기름을 붓는 것이라는 점을 배우게 된다면, 화를 덜 느낄 수 있고, 따라서 주장이나 갈등 해결과 같은 더 적응적인 행동이나 기술을 기꺼이 시도할 수 있다.

인지가 행동에 영향을 미치고, 인지가 관찰되고 변경될 수 있으며, 행동 변화가 인지적 변화에 의해 매개되거나 영향을 받는다는 기본 명제는 CBT에서 가장 주목할 만한 개입의 목적을 반영하고 있다. 나중에, 우리는 이러한 개입이 성공할 때 정서가 하는 중요하고 핵심적인 역할을 배우게 될 것이다.

인지행동모델

Beck학파의 CBT는 상황과 사건 자체보다는 상황과 사건에 대한 인지적 평가(즉, 지각, 기대, 해석)가 우리의 정서적 반응에 영향을 미친다고 가정하는 인지행동의 모델 또는 개념화에 기초한다. 대부분 사건에 대한 평가는 적응적이어서 정서와 행동 반응에 도움이 되고, 효과적인 기능에 기여한다. 그러나 다른 경우, 사건에 대한 우리의 평가는 부적응적이어서 그 결과 불균형한 정서적 고통과 반복되는 문제 행동을 초래하게 되는데, 불안장애의 경우에는 회피, 우울장애의 경우에는 철수와 같은 것들이 그것이다.

다음의 예는 사건에 대한 정서와 행동 반응에서 인지적 평가의 역할을 보여 준다.

> 전화벨이 울릴 때, '제이슨'은 집에 있다. 그는 전화를 건 사람이 누구인지, 왜 그 사람이 자신에게 전화를 거는지에 대해 세 가지 가능성을 고려한다. '아내가 또 야근을 한다고 전화했을지도 모른다.' '상사가 내가 오늘 제출한 보고서가 마음에 들지 않는다고 전화했을지도 모른다.' '옆집에 사는 이웃이 잔디 깎는 기계를 다시 빌려줄 수 있는지 물어보는 전화일지도 모른다.' 제이

> 슨이 선호하는 가정은 자신과 타인, 그리고 미래에 대한 그의 심리적 배경이나 신념에 의해 형성될 수 있다. 제이슨의 생각이 자신이 사랑스럽지 않다는 개념에 지배당한다면 아내가 자신을 사랑하지 않는다고 결론지은 뒤 슬프거나 실망해서 방에 처박혀 있을 수도 있다. 제이슨의 생각이 미래가 위험하고 예측할 수 없다는 생각에 지배된다면, 그는 상사가 자신을 해고하기 위해 전화한다고 결론지을 수도 있어 불안감을 느끼고 전화 받는 것을 피할 수도 있다. 제이슨의 생각이 남들이 자신만 챙긴다는 신념에 지배당한다면, 그는 이웃이 자신을 이용하고 있다고 결론짓고, 다음에 그를 볼 때 화가 나서 이웃에게 소리를 지를지도 모른다.

인지모델에 따르면, 동일한 초기 사건(즉, 전화벨 소리)은 개인이 사건을 해석하는 방법에 따라 다른 정서를 이끌어 낸다. 벨소리에 대한 해석이 중립적이라면, 전화벨의 울림 자체는 궁금증 외에는 거의 다른 정서를 끌어내지 못한다. 이 예에서 알 수 있듯이 중립적인 사건을 특정한 방식으로 해석하는 경향은 개인의 심리 세트, 즉 자신과 타인, 미래에 대한 개인의 신념에 의해 영향을 받는다. 인지모델에서 이러한 광범위한 심리 세트를 핵심 신념이라고 부른다. 그러나 다른 요인이 사건을 특정한 방식으로 해석하는 경향에 영향을 미칠 수 있다. 사건이 일어나는 현재의 맥락뿐만 아니라 이전 경험도 한 역할을 할 수 있다. 제이슨의 사례에서, 그날 일찍 보고서를 제출하지 않았다면, 상사가 자신을 해고하기 위해 전화했다는 결론을 내리지 않았을 수도 있고, 이전 직장에서 해고되지 않았다면 상사가 자신을 해고하려 한다고 결론짓지 않았을 수도 있다.

인간의 인지는 두 개의 분리된 시스템으로 구성되며, 각각은 심리적인 문제의 인지행동 개념화에 반영된다. 첫 번째 시스템은 빠르게 생성되고 노력을 거의 필요로 하지 않는 평가 또는 인식과 관련이 있다. 이러한 인식은 직관적이고 자발적이며, 그것이 일어나는 맥락과 연결되어 있다. 두 번째 시스

템은 느리게 생성되고 신중한 노력이 필요하며 논리적인 평가 또는 인식을 포함한다(Kahneman, 2011). CBT는 인지 시스템 모두를 대상으로 하며, 첫 번째 시스템을 전환시키기 위해 두 번째 시스템을 사용한다. 즉, CBT는 내담자가 합리적이고 비판적인 사고를 할 수 있도록 돕고 부적응적인 평가를 식별하고 검증하고 수정할 수 있도록 하기 위해 경험주의를 적용하려고 한다.

Beck(1964)의 인지행동모델은 핵심 신념, 중간 신념, 자동적 사고와 이미지라는 세 가지 수준과 관련된 인지 위계를 가정한다. 삶의 사건에 의해 일단 촉발된 핵심 신념은 중간 신념을 이끌어 내며, 둘 다 자동적 사고를 낳는다. CBT의 목표는 내담자들에게 우선 그들의 정서와 행동 반응에서 인지 왜곡의 역할을 인식하도록 가르친 다음, 내담자가 부적응적인 평가를 보다 현실적이고 적응적인 평가로 대체하는 전략을 배우게 하는 것이다. CBT는 다양한 모집단의 여러 문제에 대한 효과에 대해 실질적이고 경험적인 지지를 받고 있다. 게다가, CBT는 기질과 문화의 상호작용에서의 초기 경험이 지속적인 문제를 유지하는 부적응적인 신념과 부적응적인 대처 전략의 형성에 영향을 미친다는 것을 알고 있다. CBT의 초점은 지금 여기에서 내담자에게 만성적인 심리적 장애를 관리하여 성취감 있고 생산적인 삶을 살 수 있는 실용적인 기술을 가르치는 데 있다.

정서 이해하기와 정서와 작업하기

1960년대에 행동치료는 특정 행동과 고전적 및 조작적 학습 모델로 접근하던 독점적인 초점에서 인간 기능에서 인지적 · 정동적 요인의 역할에 초점을 맞추는 신중한 변화가 시작되었다. 기초 인지과학의 발전에 따라, 인지치료나 CBT는 정서장애의 유지요인에 인지를 포함시키는 개념화가 확장되어 개입의 초점이 되었다. 1980년대에 CBT는 변화의 과정에서 정서가 중요한 역할을 한다는 증거가 증가하고 있음을 인정했다(Barlow, 1991, 2002; Bower, 1981; Greenberg & Safran, 1984, 1987; Leventhal, 1979; Zajonc, 1980).

CBT(Jones & Pulos, 1993)를 포함한 다양한 심리치료(Borkovec & Sides, 1979; Jaycox, Foa, & Morral, 1998)에서 내담자의 정서적 연결을 강화하기 위한 적극적인 작업들이 치료 결과를 개선시킬 수 있다는 증거가 증가하고 있다. 또한 노출 중 정서적 각성은 변화를 일으키는 데 매우 중요할 수 있으며, 적절한 수준의 각성이 없으면 노출 절차가 덜 효과적이라는 증거가 있다(Lang, 1979).

심리치료 내에서 정서를 깊게 다루는 것은 보통 정신역동치료나 실존적 인간중심치료(Blagys & Hilsenroth, 2002; Goldfried, 2013)와 더 관련이 있다. 그러나, CBT 역시 변화를 위해 정서를 사용한다. 예를 들어, 정서처리이론은 과도한 공포 반응이나 부적절한 공포 반응을 수정하기 위해서는 근본적인 공포 회로를 활성화해야 한다고 가정한다(Foa & Kozak, 1986). 원래의 공포 자극 요소를 불러일으키는 것은 CBT나 노출 치료를 통해 정서(즉, 불안장애의 경우 두려움)를 활성화해서 근본적인 인지-정동적 정신 구조의 수정을 강화한다. 신경생물학 연구는 현재 사용하고 있는 기존의 학습된 공포 회로가 원래의 공포 자극 요소를 불러일으켜 재활성화될 때, 불안정해져서 수정이 가능하다는 동물 모델의 정서처리이론의 기본적인 가정을 지지했다(Tronson & Taylor, 2007). 근본적인 인지-정동적 정신 구조의 수정을 강화하기 위한 정서의 활성화는 일반적으로 정서장애에 적용되어 왔으며, 정서장애나 정서적 어려움에 대한 다양한 개입의 기초가 되었다(Allen, McHugh, & Barlow, 2008).

그러나 치료에서 정서를 불러일으키는 것 자체만으로는 변화를 일으키기에 불충분한 것으로 보인다. 예를 들어, 노출치료의 경우, 공포 반응의 습관화 또는 약화는 내담자가 부정적인 정동을 견디고 수용할 수 있도록 돕는 것보다 덜 중요할 수 있다(Arch, Wolitzky-Taylor, Eifert, & Craske, 2012; Blueett, Zellner, & Feeny, 2014; Craske et al., 2008). 고통 인내력을 기르는 것은 CBT의

일관된 특징이다. 더욱이, 주의를 기울이고 수용하며 인지적·정동적 경험을 구별하는 것을 통한 정서의 처리는 CBT의 긍정적인 결과와 관련이 있을 뿐만 아니라 정서중심치료와 내담자중심치료와 같이 정서와 더 자주 결부된 치료적 접근과 관련이 있다(Castonguay, Goldfried, Wiser, Raue, & Hayes, 1996; Pos, Greenberg, & Warwar, 2009; Watson & Bedard, 2006).

비록 CBT가 심리적 상태를 유지하는 데 인지적 요인의 역할을 강조하지만, 또한 이 접근법은 심리적 장애의 유지에 있어 생리학적·행동적·정서적 구성 요소의 중요한 역할도 인정한다. 인지행동 심리치료는 정서중심 기술들을 포함하여 이러한 인지적·행동적 요소를 대상으로 하는 다양한 개입을 포함한다(Hofmann, 2011; Hofmann, Asmundson, & Beck, 2013). CBT는 이러한 기술들 중 많은 것을 다른 치료적 접근법에서 빌려 온다. 이러한 기술들의 예로는 역할극, 심상 역할극, 두 의자 대화, 그리고 치료의 순간에 정서를 포착하고 정서 그 자체를 증폭시키기 위해 그것과 연합된 정서와 인지를 탐색하는 것 등이 있다. 또한, CBT에서 정서를 불러일으키고 작업하기 위해 사용되는 기술(나중에 제시됨)은 인지행동 치료자와 내담자에게 또 다른 기회를 제공한다.

정서는 임상적으로 관련된 인지를 알려 준다

치료에서, 인지행동 치료자는 정서의 징후나 변화를 찾는다. 치료자는 내담자에게 질문을 하고, 잠시 멈추어 내담자를 바라본다. 내담자가 과거 사건에 대해 말할 때 내담자의 목소리가 떨리기 시작하거나 눈에 눈물이 고이기 시작한다. 이러한 미묘한 징후들은 보통 임상적으로 관련 있는 인지가 순간적으로 존재한다는 것을 시사하므로, 주의 깊은 인지행동 치료자는 "그 순간 무슨 생각을 했나요?"라고 묻는다. CBT에서 정서는 일반적으로 변화를 위한 목표가 될 수 있는 관련된 인지가 있음을 알려 주는 신호이다. 종종 이러한 인지들은 '아무것도 변하지 않을 것이다.' 또는 '이번에 내가 심각한 병에 걸리면 어떻게 하지?'와 같은 자동적인 사고이다.

하지만 자동적인 사고는 어디에서 생겨날까? 인지모델에서 자동적인 사고는 보다 지속적인 인지 구조, 즉 개인의 핵심 신념에서 나온다고 본다. 정서는 핵심 신념의 활성화를 나타내며, 인지행동 치료자가 그 순간 자동적 사고, 중간 신념 또는 핵심 신념 그 자체를 목표로 결정하든 하지 않든, 치료 시간에 정서는 개입을 위한 중요한 목표가 된다.

놀랍게도, 자동적 사고가 인지모델 내에서 인지에 가장 접근하기 쉬운 것이지만, 내담자들이 그것들에 대해 거의 모르고 있는 것은 드문 일이 아니다.

제시카: (머리를 숙이고 시선은 아래로 향하며) 연락을 드렸어야 했는데…….

치료자: 제시카, 그때 무슨 생각을 했나요?

제시카: 아무 생각도 없었어요. 전 괜찮아요.

치료자: 내 생각엔 감정이 느껴졌던 것 같은데요. 방금 어떤 생각이 들었는지, 어떤 이미지가 떠올랐는지 얘기해 주시겠어요?

제시카: (주저하며) 네. 음, 전 선생님이 더 이상 저와 치료하고 싶어 하지 않는 것처럼 느꼈어요.

치료자: 더 이상 내가 당신과 치료하고 싶어 하지 않는 것처럼 느꼈군요. 그 생각이 당신을 어떻게 느끼게 만들었나요?

제시카: (울기 시작하며) 엉망이에요.

치료자: 슬플 정도로 엉망인가요?

제시카: (더 심하게 울기 시작하면서) 네. 정말 슬퍼요. 내 일생 모든 사람이 그랬던 것처럼 선생님도 날 포기하고 있죠. 선생님은 나에게 신경 쓰지 않잖아요. 누구도 날 신경 쓰지 않아요.

치료자: 당신은 누구도 당신을 신경 쓰지 않는다고 믿기 때문에 너무나 슬

프군요.

제시카: (더욱 눈물을 흘리며) 네. 맞아요.

이 시점에서 인지행동 치료자는 '선생님은 더 이상 나를 치료하고 싶어 하지 않는다.'는 자동적 사고에 대해 질문하고, 내담자가 그 가정에 대한 증거를 탐색하도록 할 수 있다. 또는 인지행동 치료자는 '아무도 나를 신경 쓰지 않는다.'는 태도를 탐색하고 하향 화살표 기법을 사용할 수도 있다(Burns, 1980).

치료자: 제시카, 아무도 당신에게 신경을 쓰지 않는 게 사실이라면, 그게 당신에게 어떤 의미가 있을까요?

제시카: (침묵) 아무도 나에게 신경을 쓰지 않는다면, 그게 나에게 무엇을 의미하는 걸까요?

치료자: 네. 아무도 당신에게 신경을 쓰지 않는 게 사실이라면, 당신에게 어떤 의미가 있을까요?

제시카: (지금 몹시 흐느끼고 있다) 내가 쓸모없다는 뜻일 것 같아요.

두 사례에서 치료자는 먼저 정서의 존재 가능성을 인정한 다음, 정서를 인지와 연결시켜, 그 순간에 내담자의 정서 반응을 두드러지게 만든다. 일단 정서를 알아차리게 되면, 치료자는 내담자에게 자신의 인지가 자신의 정서 반응에서 하는 역할을 가르칠 수 있다. '아무도 당신을 신경 쓰지 않는다고 믿기 때문에 너무나 슬프군요.'와 같이 정서와 인지 모델을 항상 연결시켜 설명함으로써, 내담자가 정서와 그 정서와 관련된 인지를 수용할 수 있도록 초대할 수 있다.

정서는 자기 인식과 정서적 내성을 만든다

세계 최고의 기술도 기술을 언제 써야 할지 모른다면 내담자에게는 소용이 없을 것이다. CBT에서 많은 전략은 치료 시간에 정서적인 자극에 대한 내담자의 인식을 높이는 데 초점을 두고 있다. 치료 시간 밖에서의 자기 기록도 유사한 기능을 한다. 일반적으로, 자기 기록은 목표가 되는 정서(예: 불안, 우울, 분노)를 촉발하는 상황이나 문제가 되는 행동을 기록한 후 그때 촉발된 자동적 사고를 기록하는 것을 포함하고 있다. 이러한 방식으로, 내담자는 자신의 정서 반응과 정서 반응의 특징(즉, 인식, 감정, 행동)을 더 잘 인식하게 된다. 자기 기록은 내담자가 자신의 정서 반응을 좀 거리를 두고 볼 수 있게 해 주기 때문에 정서를 약화시키는 데도 기여할 수 있다. 게다가, 자신의 정서 반응을 관찰하는 내담자들은 정서가 점점 더 강해지기보다는 오르락내리락한다는 중요한 깨달음을 스스로 얻게 된다. 정서는 난데없이 나오는 것이 아니라 인지와 연결되어 있다. 또한, 정서는 견딜 수 있다. 이러한 깨달음은 특히 내담자가 자신의 정서 반응을 두려워할 때, 정서 자체에 대한 약간의 거리도 제공해 준다.

동시에 많은 내담자는 자신이 기록하는 정서의 강도가 증가한다고 보고하는데, 내담자에게 자기 기록을 훈련시킬 때, 이러한 효과가 나타날 수 있다는 것을 예상하게 하는 것이 좋다. 따라서 자기 기록은 내담자의 정서적 각성에 대한 인식을 높일 뿐만 아니라 간접적으로 내담자의 정서에 대한 인내력을 강화시킬 수 있다. 자기 기록은 내담자가 자신의 정서 반응을 피하기보다는 관찰하고 상호작용하도록 유도한다. 그래서 자기 기록을 하는 행동은 내담자의 정서에 대한 인내력을 강화시킬 수 있다.

CBT는 이제 알아차림과 인내를 형성하는 마음챙김과 같은 전략과 접근을 포함하고 있다. **마음챙김**(Mindfulness)은 내담자가 펼쳐지는 경험을 매 순간 판단하지 않고 의도적으로, 현재의 순간에 집중하는 법을 배우는 '순간 순간

마다'의 알아차림이다(Kabat-Zinn, 2003). 명상과 같이 마음챙김은 과정이자 연습이다. 세 가지 형태의 마음챙김은 **초점화된 주의**(focused attention), 열린 관찰 그리고 사랑스러운 친절과 연민과 같은 전형적인 서양식 마음챙김 명상이다(Salzberg, 2011). 초점화된 주의와 열린 관찰은 주의-조절 전략이다. 초점화된 주의는 호흡과 같은 하나의 대상에 주의를 반복적으로 되돌려줌으로써 마음을 진정시키는 것이다. **열린 관찰**(open monitoring)은 신체 감각이나 내담자가 이름을 붙이는 정서와 같은 것이 떠오르는 것에 주의를 돌리는 것이다. **사랑스러운 친절과 연민**(loving-kindness and compassion) 명상은 알아차림에 보살핌, 편안함 그리고 위로하기 요소를 더하는 것이다. 명상의 형태가 어떤 것이든 상관없이, 마음챙김은 내담자들이 연습을 통해 정서를 수용하고 견딜 수 있게 해 준다.

정서는 기술의 효과성에 대한 자신감을 증가시킨다

인지행동 치료자는 내담자에게 지속적인 어려움을 야기시키는 부족한 기술을 확인한 후 내담자와 협력하여 정서를 관리하고 부적응 행동을 변화시키기 위한 새로운 적응 기술을 만든다. 인지 재평가는 내담자가 그들의 정서와 행동 문제를 관리하는 것을 돕기 위해 배우는 핵심 기술이다. 많은 연구들이 재평가 전략의 유효성을 지지하고 있지만(Hofmann et al., 2013), CBT는 의사소통, 문제 해결, 마음챙김과 같은 다양한 기술을 포함하고 있어, 문제 행동이 발생하는 순간이나 그 전에 내담자가 정서를 조절하는 데 도움을 줄 수 있다(Hofmann, 2011).

새로운 기술은 새로운 행동이며, 내담자가 치료자와 함께하는 치료 시간에서뿐만 아니라 강한 부정적인 정서가 존재하는 상태에서 새로운 행동(즉, 기술)을 사용할 수 있다고 믿는 것이 중요하다. 내담자가 원하는 결과를 얻을 수 있는 기술과 지식을 가지고 있다는 신념은 **자기 효능감**(self-efficacy)이 된다(Bandura, 1977, 1982). 자신감은 그 신념의 힘이 된다. 전형적으로, 인지행동 치료자들은 역할극이나 이미지와 같은 전략을 사용하여 내담자가 강한 부정적인 정서 상태에 있는 동안 새로 배운 기술을 연습할 수 있도록 치료 시간에 정서를 불러일으킨다. 예를 들어, 너무 불안해서 상사가 부과하는 업무를 거절할 수 없는 내담자는 주장 기술 훈련을 통해 도움을 얻을 수 있다. 하지만, 일단 배우고 나서 새롭게 습득된 주장 기술의 효과에 대한 진정한 검증은 내담자가 불안감을 느낄 때 주장적이 되는 것을 경험하면서 확인된다. 마찬가지로 격한 분노에 시달리는 내담자는 다양한 대처 기술을 활용해 화를 다스릴 수 있지만, 이러한 기술들의 효과를 제대로 검증하려면 화가 났을 때 그 기술들을 사용하여 도움이 되는 것을 경험하는 것이다.

요약하자면, 정서는 인지-정서-행동이라는 CBT의 세 다리 중에서 가장 중요한 다리이다. 심리장애의 인지 개념화에서 정서는 가장 앞부분이자 중심이며, 인지행동 치료자들은 정서를 깊은 심리적 변화의 동인으로 인식한다. CBT에서 내담자가 배워서 항상 정서를 관리할 수 있는 것으로 보지는 않지만, 효과적으로 관리된다면 정서는 새로운 학습, 기술 습득 그리고 적응 기능을 향상시킬 수 있다.

정서와 학습

인지행동 모델은 학습 모델이며, 따라서 CBT의 목표는 새롭고 더 적응적인 행동을 제공하기 위해 새로운 학습을 촉진하는 것이다. 정서는 내담자의 학습 과정에 중요한데, 특히 깊이 내재되어 있어 대부분 의심받지 않는 신념에 의문을 제기하고, 그것들을 중단하기 위해 적응적인 새로운 신념을 배우는 데 중요한 역할을 한다.

여러 정보처리 이론이 학습과 행동 변화에서 정서의 역할을 지지한다.

이중표상이론(dual representation theory; Brewin, 1996, 2001) 도식, 명제, 유추 및 연합표상체계 모델(schematic, propositional, analogical, and associative representational systems model; Power & Dalgleish, 1997, 1999), 인지-경험적 자기이론(cognitive-experiential self-theory; Epstein, 1994; Epstein & Pacini, 1999), 상호작용 인지하위체계(ICS)모델(Interacting Cognitive Subsystems: ICS model; Teasdale, 1997; Teasdale & Barnard, 1993) 메타인지이론(metacognitive theory; Wells, 2000; Wells & Matthews, 1994).

ICS모델과 메타인지모델은 질적으로 다른 정보 처리체계에 미치는 정서의 영향을 광범위하고 다층적으로 표현한다. 첫 번째 체계는 정서와의 연관성이 없는 이성적이고 언어적이며 논리적이고 명제적인 정보 처리체계이다. 인지 재구성(나중에 설명)과 같은 인지행동 전략은 이 첫 번째 체계를 활성화하는 데 집중한다. 두 번째 체계는 보다 총체적이고 비언어적이며 자동적이고 빠른 정보처리 체계로 정서와 깊고 광범위하게 연결되어 있다. 행동 실험(BEs; 나중에 설명)과 같은 인지행동 전략과 심상 역할극 또는 두 의자 역할극과 같은 다른 전략들은 이 두 번째 체계를 활성화하는 데 집중한다.

비록 내담자들은 그들의 사고 기록으로부터 나온 대안이나 새로운 학습을 그들의 '머리'로 믿는 경향이 있지만, 그들은 정서와 연결된 개입을 통해 도출된 대안적 신념을 '마음'으로 믿게 된다. 내담자들이 그들의 '지적' 신념과 '정서적' 신념 사이에 가지고 있는 경험은 추론 전략과 경험 전략이 접근하는 정보처리의 서로 다른 수준과 각 사례의 인지적 변화를 촉진하는 데 필요한 다양한 종류의 경험을 반영할 수 있다(Teasdale & Barnard, 1993). 동시에 ICS 모델은 경험적 훈련이 함축적 체계에 영향을 미쳐 더 큰 인지적 · 정서적 · 행동적 변화를 일으킨다는 것을 암시하지만, 정서는 두 수준 모두에 영향을 미칠 가능성이 높다. 즉, 사고 기록과 안내된 발견과 같은 **명제적**(propositional, 즉 언어적 · 논리적) 수준을 목표로 하는 개입은 내담자가 정서를 경험하는 상태에서 이런 명제적 과정에 참여할 때 **암묵적**(implicational, 즉 더 깊은) 수준에도 영향을 미칠 수 있다.

기억력에 관한 실험적 연구는 학습 과정에서 정서의 가치를 지지했다. 비록 정확성이 훼손될 수 있지만, 고조된 정서는 보통 기억력을 촉진한다(Heuer & Reisberg, 1992). 또한 상연 효과가 체험학습의 유용성을 뒷받침한다. **상연 효과**(enactment effect) 또는 **자기수행 과제**(self-performed tasks) 효과는 다른 사람이 작업을 수행하는 것을 설명하거나 다른 사람이 작업을 수행하는 것만 관찰할 때보다 개인이 행동을 상연하거나 수행할 때 자신이 상연하거나 수행하고 있는 행동을 설명하는 언어적 구절을 더 잘 기억한다는 점을 보여준다(Engelkamp, 1998). 예를 들어, 개인은 과제를 상연(예: 그들이 양치질을 하는 것처럼 행동)할 때 '양치질'이라는 문구를 더 잘 기억할 수 있다. 상연의 강력한 효과는 정보가 정서적 · 경험적으로 획득되는 것처럼 여러 양식(예: 시각, 청각, 운동감각) 중에서 기억을 부호화함으로써 발생할 수 있다. 이러한 방식으로 습득된 정보는 순수한 언어적 정보보다 인지, 정서, 행동에 더 광범위한 영향을 미칠 수 있다.

메타인지이론은 정서를 통한 깊고 지속적인 학습(Wells, 2000)을 촉진하기 위한 정서적 · 경험적 전략의 가치를 더욱 뒷받침할 수 있다. 실험심리학 문헌은 서술적 기억과 절차적 기억을 구별한다. **서술적 기억**(declarative memory)은 사실적 정보(예: '지구는 태양 주위를 돈다.' 또는 '나는 나의 걱정을 통제할 수 없다.')로 기억되는 지식과 신념들을 담고 있다. 이러한 신념들은 '사고 신념들(thought beliefs)'이라고 불릴 수 있다. **절차적 기억**(procedural memory)은 종종 자동적이고 암묵적인 계획이나 절차에 대한 지식(예: '태양을 보지 마라.' 또는 '걱정을 통제하기 위해 약을 먹어라.')을 보유하고 있다. 이것들은 '체화 신념들(felt beliefs)'이라고 불릴 수 있다.

메타인지이론은 인지적 변화는 새로운 서술적 기억이나 사고 신념(예: '나는 나의 걱정을 통제할 수 있다.')을 발달시키는 것뿐만 아니라 새로운 계획이나 절차의 반복적인 상연을 통해 다른 절차적 기억이나 신념을 발달시키는 것(예: '매일 오후 5시까지 걱정을 미뤄.')에 달려 있다고 하였다. 인지행동모델에 이 함의를 적용하면, 특정 사건이 사회적으로 불안해하는 내담자에게 '나는 무능하다.'는 서술적 신념을 이끌어 낼 수 있다고 가정할 수 있다. 그런 다음 내담자는 사회적 상황을 피하거나 사람들이 질문할 때 개인적 의견을 나누기보다는 질문으로 사람들을 성가시게 하는 것 같은 지나치게 신중한 행동을 하게 된다. 메타인지이론은 효과적인 심리치료가 서술적 사고 신념(declarative thought beliefs)과 절차적 체화 신념(procedural felt beliefs) 모두를 변화시킨다고 주장한다.

인지 재구성과 같은 언어적 전략을 통해 서술적 신념만 바꾸는 것으로는 부족하고 절차적 신념도 바꿀 필요가 있다. 경험적 전략에서와 같이 강한 정서에 직면하여 자신의 행동을 바꾸는 내담자들은 절차적 기억을 직접 목표로 하면서 서술적 신념도 바꿀 가능성이 높다.

그렇다면 절차적 신념과 기억의 활성화를 통해 깊고 지속적인 인지적 변화가 일어난다면, 인지 재구성에서와 같이 서술적 사고와 신념을 확인하고 검증하는 전략이 필요한 이유는 무엇일까? 메타인지이론에서는 명시적이든 은밀하든 서술적 신념은 절차적 기억을 형성하는 자동적이고 암묵적인 지식만큼이나 인지의 한 부분이라고 주장한다. 이러한 자동적이고 암묵적인 절차적 신념은 말로만 하는 전략을 통해 변화하는 것이 쉽지 않을 수 있다. 그러나 서술적 사고와 신념을 확인하고 검증하는 것을 통해 내담자가 새로운 계획과 절차의 반복적인 상연(즉, 새로운 행동)을 수반하는 경험적 전략을 수행하도록 격려할 수 있다. 경험적 전략은 더 깊은 암묵적 수준과 서술적 수준에서 학습을 활성화시킨다. 이러한 정보 처리 수준 모두를 목표로 하는 것은 인지, 정서, 행동의 지속적인 변화를 포함하며 또한 지속적인 변화에 영향을 미친다. 경험적 학습을 통해, 내담자들은 그들이 '머리로' 진실이라고 알고 있는 것과 '내장으로' 진실이라고 알고 있는 것을 결합하는 과정에 참여하게 된다.

학습을 촉진하는 행동 실험

인지 재구성 전략도 유용하지만, 이러한 사고 실험들은 오래된 신념을 느슨하게 해 주고, 사건에 대해 더 많이 탐색하고 대안적 관점을 고려하려는 내담자의 의지를 강화해서 그들의 행동을 변화시키는 과정을 통해 새로운 신념을 검증하게 해 줄 것이다. 대부분의 인지행동 치료자들은 행동 재귀인(behavioral reattribution; Wells, 1997) 또는 행동 실험들(BEs; Clark, 1989)을 통해 CBT의 중요한 변화가 일어날 수 있다고 믿는다. BEs의 경험적 접근법은 인지, 정동 및 행동 시스템들이 더욱 동기화되도록 할 수 있다(Rachman & Hodgson, 1974). 따라서 BEs는 CBT에서 변화를 가져오는 가장 강력한 전략들 중 하나이며(Beck et al., 1979; Clark, 1989; Greenberger & Padsky, 1995; Wells, 1997) 핵심 개입방법이다. BEs의 힘은 새로운 학습을 활성화하고 촉진하기 위해 정서를 어느 정도 사용할 수 있느냐에 달려있다.

BEs는 실험이나 관찰을 기반으로 계획된 체험 활동이며, 내담자가 CBT 치료 시간이나 CBT 치료 시간들 사이에 수행한다(Bennett-Levy et al., 2004). BEs의 주된 목적은 자신, 타인, 세상에 대한 내담자의 기존 신념의 타당성을 검증하고, 보다 적응적인 새로운 신념을 구축 또는 검증하는 데 도움이 될 수 있는 새로운 정보를 얻는 것이다.

BEs는 행동을 변화시키는 것과 행동치료 공식을 따르는 데 중점을 두지만, 인지에 초점을 두면서 다르게 행동해 보는 것이 인지와 정동 모두를 변화시키는 강력한 수단이라는 점을 재인지하는 데 집중한다. 정서적 · 행동적 반응을 변화시키기 위해 행동을 바꾸는 것은 치료 시간 내 대화를 변화의 방법으로 주로 사용하거나 배타적으로 사용하던 이전의 심리치료에서의 많은 부분과 중요한 차별점이 되었다.

인지를 검증할 수 있는 가정으로 보는 Beck(1964)의 인지 개념화는 BEs를 통해 인지들을 검증하면서 치료자와 내담자에게 인지를 검증할 수 있는 가정이나 예측인자로 볼 수 있게 해 주었다. 그래서 BEs 지향성은 인지행동 치료자가 경험적인 과학적 접근을 내담자의 경험(즉, 신념들, 정서들 그리고 행동들)에 적용하는 것을 통해, CBT 자체의 경험적 토대를 정교하게 만들 수 있게 했다. 과학에서 실험은 과학 이론을 검증하는 데 중요한 역할을 한다. CBT에서 검증할 이론은 과학적 법칙이나 이론이라기보다는 내담자의 신념이지만 철학적 접근은 비슷하다.

과학에서의 실험에는 두 가지 광범위한 접근이 있다. 첫 번째—일부 사람들이 유일하게 진정한 형태의 실험이라고 생각하는—는 과학자가 의도적으로 세상의 어떤 측면을 조작하는 것을 포함한다. 예를 들어, Isaac Newton은 빛을 직사각형 스펙트럼으로 확산시키는 프리즘을 통해 햇빛을 유도함으로써 백색 빛이 순수하고 기초적이라는 당대의 지배적인 이론을 검증하기 위한 실험을 고안했다. 이 단순하고 우아한 실험에서 Newton은 빛이 순수하지 않고 다른 광선이나 빛의 파장의 조합이라는 것을 증명했다.

행동 실험의 설계와 실행

인지행동 치료자들은 이와 같은 방법으로 BEs를 설계할 수 있다. 치료자와 내담자는 가설이나 신념, 사고, 인식의 타당성을 검증하기 위해 환경을 조작할 수 있다. 예를 들어, 공황장애를 가진 신체 건강한 내담자가 심장이 뛰면 심장마비가 올 것이라고 믿어서 운동을 피한다면, 계단을 뛰어 올라가 심장 박동을 증가시킨 다음 심장마비 여부를 관찰하는 것을 통해 이 신념의 예측을 검증할 수 있다.

두 번째 실험 방법은 관찰 실험이다. 천문학, 진화학, 고고학, 인류학과 같은 많은 과학에서는 이론이나 가설을 검증하기 위해 환경을 조작하는 것은 불가능하다. 그 과학자는 새로운 조건하에서 행성 궤도에 무슨 일이 일어나는지 관찰하기 위해 태양의 중력장을 바꿀 수는 없다. 대신, 과학자들은 사람, 사회체계, 문화가 어떻게 작용하는지에 대한 일관된 이론을 구축하기 위한 노력으로 데이터를 수집하고 세상을 관찰할 수 있다. 예를 들어, 고고학자들은 고대 마을의 유적에서 발굴된 질그릇 조각들을 모아 분석하여 그곳에 살았던 사람들의 일상적인 삶에 대한 이론을 발전시킬 수 있다.

인지행동 치료자들도 이러한 발견 지향적 접근법에 BEs를 사용할 수 있다. 치료자는 환경을 조작하기보다는 내담자의 특정 신념이나 이론과 관련된 증거를 내담자가 관찰하고 수집하는 계획을 개발할 수 있도록 돕는다. 예를 들어, 사회적 상황에서 사람들이 내담자가 땀 흘리는 것을 보면 이상하다고 생각할 것이라는 내담자의 믿음을 검증하기 위해, 내담자는 친구들과 가족들에게 파티에서 땀 흘리는 사람을 보면 어떤 생각을 할지에 대해 설문조사를 할 수 있다. 비슷하게, 여성들이 거칠고 잘생긴 남성들에게만 끌린다고 믿는 남성에게 설문지를 작성하게 하고 익명으로 여성에게 이 '매력'에 대한 설문지를 하도록 권유할 수도 있다.

학습은 개인 경험이 지닌 가치를 오랫동안 인정해 왔다(Kemmis & McTaggart, 2000; Kolb, 1984; Lewin, 1946; Shon, 1983). 행동 실험들은 인지적 변화를 위해 경험적 학습을 사용한다. BEs를 설계하고 실행하는 과정은 경험적 학습 모델(Kolb, 1984; Lewin, 1946)을 따르며 계획, 경험, 관찰 및 반영의 네 단계를 통해 진행된다.

문제의 개념화(반영)를 근거로 해서, 내담자와 치료자는 검증할 서술적 신념을 명확히 하고 이를 검증하기 위한 적절한 실험을 계획한다(계획). 그런 다음 내담자는 내담자의 일반적인 경험이나 행동(예: 얼굴을 붉히면 사람들이 자신을 이상하게 생각할 것을 두려워하는 내담자는 빨간 옷을 입는 것을 피한다. BEs를 위해, 내담자는 빨간 스카프를 두르는 것에 동의한다)의 특징을 바꾸면서 실험을 수행하고(경험) 실험 결과를 관찰한다(관찰). 그러고 나서 내담자와 치료자는 신념에 대한 함의를 탐색하고 난 후 다른 실험을 계획한다(계획). 이러한 순환은 새로운 신념이 형성되고 굳어질 때까지 치료 과정 내내 계속

된다. 내담자와 치료자는 경험 학습 순환의 어떤 단계에서든 BEs 과정을 시작할 수 있다.

인지행동 치료자들이 어떻게 BEs를 계획하고 실행하는지 설명하기 위해서, 땀 흘리는 것에 대해 과도하게 걱정했던 '존'을 생각해 보자. 그가 치료자를 만났을 때, 그는 만약 그가 정당한 이유(즉, 운동하는 것) 없이 땀을 흘리는 것을 사람들이 본다면 그를 이상하게 생각하거나 범죄자처럼 생각할까 봐 걱정이 된다고 말했었다. 존은 식당에 가는 것과 영화를 보러 가는 것을 피하고 자신이 잘 알지 못하는 사람들과 교류하는 것을 피했다. 존은 집을 나설 때 사회적 상황에서 땀이 나기 시작하면 겨드랑이의 땀을 숨기기 위해 재킷을 입었다.

치료자: 존, 네가 땀이 날 때 사람들이 널 이상하게 볼까 봐 너무나 많이 걱정하는 것처럼 보이는데.

존: 정당한 이유 없이 땀이 나면, 사람들이 저를 이상하다고 생각할까 봐 두려워요.

치료자: 땀이 날 수 있는 정당한 이유가 어떤 게 있는데?

존: 운동을 하거나 날씨가 너무 덥다면요. 그런 게 정당한 이유가 될 거예요.

치료자: 그래서 넌 정당한 이유 없이 땀을 흘린다면 사람들이 너를 이상하게 생각할 거라고 두려워하고 있구나. 내가 잘 이해하고 있니?

존: 네. 박사님이 그렇게 말하니 바보 같긴 한데. 하지만 음, 그게 제가 믿고 있는 거예요.

치료자: 네가 완벽하게 믿고 있는 게 100%라고 할 때, 0%에서 100% 척도로 표현한다면, 네가 믿고 예측하고 있는 믿음은 얼마나 강한 것 같아?

존: 잘 모르겠어요. 아마 80%?

치료자: 좋아. 80%. 그러면 그 예측이 맞는다고 생각하면, 넌 얼마나 불안

을 느끼는 것 같아? 척도로 하면?

존: 아마 그것도 80%일 것 같아요.

치료자: 그럼, 어떻게 네 예상을 시험해 볼 수 있을까? 사람들이 네가 이유 없이 땀을 흘리는 걸 본다면 이상하다고 생각할 거라는 네 예측을 어떻게 검증해 볼 수 있을까?

존: 네? 모르겠는데요. 이런 걸 검증해 볼 수 있을까요?

치료자: 그럼. 나한테 한 가지 생각이 있는데, 네가 확인할 수 있도록 우선 그것을 해 볼게. 내가 땀 흘리는 것처럼 보이게 만들어서, 우리가 길 아래 서점에 가서 점원 중 한 명과 얘기하면 어떨까? 그렇게 하면 네 예측을 검증해 볼 수 있을 것 같은데. 어떻게 생각해?

존: 좋아요. 그렇게 할 수 있을 것 같아요. 박사님이 실험하는 거 맞죠?

치료자: 물론이지!

그러고 나서 존과 그의 치료자는 그 실험을 설계했다(계획). 먼저, 치료자와 내담자는 그 사람이 치료자가 이상하다고 생각하는지를 어떻게 알 수 있는지에 대해 명확히 했다. 그들은 점원의 얼굴에 나타나는 특정한 표정(즉, 혐오감이나 충격)에 동의했고, 치료자는 존이 그 표정을 알아차릴 수 있도록 존과 함께 그 얼굴들을 연습했다. 존과 치료자는 점원이 치료자가 이상하다고 생각하면 대화를 짧게 끊고, 빨리 자리를 떠날 수 있는 핑계를 대기로 합의했다. BEs를 설계할 때, 예측이 맞거나 틀리다는 객관적인 증거를 확인하기 위해서 치료자와 내담자가 함께 작업하는 것은 매우 중요하다. BEs가 내담자의 학습에 미치는 영향은 주로 치료자가 실험 결과가 모호해지지 않도록 오염변수나 교란변수를 얼마나 잘 통제하느냐에 달려 있다.

일단 치료자가 실험을 계획했고, 그것을 수행할 시간이 되었다. 존은 치료자가 겨드랑이에 스프레이로 물을 뿌려 눈에 띄게 큰 자국을 만드는 것을 지켜보았다. 존은 치료자와 함께 서점에 갔다. 치료자는 특히 점원이 치료자가 이상하다고 생각하는 증거를 찾기 위해 존에게 실험 결과를 관찰하라고 지시했다. 치료자는 존이 지켜보는 가운데 서점으로 걸어 들어가 점원에게 여행을 위한 좋은 책을 추천해 달라고 부탁했다(경험). 점원이 웃으며 그를 서점의 한 구역으로 데려갔다. 그녀는 작가와 그 책에 대해 길게 그에게 말했다. 그녀는 고개를 끄덕였다. 그녀는 웃었다. 그녀는 치료자가 양해를 구할 때까지 치료자에게 말을 계속했다(관찰). "좋은 책인 것 같네요. 저를 위해서 챙겨놓아 주시겠어요? 나중에 다시 와서 사겠습니다."라고 말했다.

존과 치료자는 상담실로 돌아와서 존이 관찰한 것을 논의했다(반영). 존은 점원이 치료자가 이상하다고 생각했었다는 점을 알 수 있는 표정을 보았나? 점원이 말을 자르고 가 버렸나? 존은 그의 예측이 맞다는 어떤 증거도 관찰할 수 없었다는 점을 인정했다.

치료자: 지금은 너의 예상을 0에서 100% 척도로 하면 얼마나 강하게 믿고 있니?

존: 네. 꽤 인상적이었어요, 박사님. 지금은 50% 정도인 것 같아요.

치료자: 왜 25%가 아니지, 존?

존: 음. 그 여자가 겨드랑이 밑의 젖은 부분을 보지 못했던 것 같아요. 젖은 부분이 너무 작아서가 아닐까요?

치료자: 그렇구나. 그럼 어떻게 할 수 있을까?

존: (웃으면서) 물을 더 많이?

치료자는 고개를 끄덕이고 젖어 있는 부분이 직경 8~10인치 정도로 커질 때까지 겨드랑이 아래에 물을 더 뿌렸다(계획). 치료자와 존은 같은 증거를 보고, 같은 결과를 관찰하면서(관찰) 실험을 반복했다(경험). 점원이 젖은 곳을 알아채지 못했을지도 모른다는 존의 우려를 해소하기 위해, 치료자는 팔을 들어 서점의 여러 곳을 가리키고, 두 손을 머리 뒤에 모으고 서서 점원과 이야기를 나누었다. 존은 점원이 치료자의 팔 아래 젖은 곳을 본 것 같아 만족했다.

치료자: 존, 자 너의 예측을 얼마나 강하게 믿을 수 있지?

존: 와우, 정말로 낮아졌어요. 20%라고 말할 수 있어요.

치료자: 그러면 불안은 어때? 몇% 정도라고 할 수 있어?

존: 오, 아마 25%요. 예상은 여전히 날 꽤 불안하게 해요.

치료자: 존, 지금 널 도울 수 있는 이 실험을 통해 어떤 것을 배웠니?

존: 글쎄요, 제 예상이 틀릴 수도 있다는 걸 깨달은 것 같아요. 박사님이 실험하는 걸 보면서 분명히 박사님을 이상하게 생각할 것 같았어요.

치료자: 존, 점원이 내가 땀 흘리는 걸 봤지만 신경도 안 쓴다는 대안적 믿음에 대한 증거를 봤어?

존: 오, 그래요. 그녀는 박사님을 보고 웃었고, 박사님과 이야기하는 것이 즐거워 보였어요. 박사님 겨드랑이가 젖은 것도 전혀 신경 쓰지 않는 것 같더라구요.

치료자: 그래, 대안적 예측이 더 가능성이 높아 보이지? 사람들이 땀 흘리는 모습을 봐도 크게 신경 쓰지 않고 이상하다고 생각하지 않을 가능성이 높아.

존: 네, 멋지네요. 하지만 그녀는 박사님이 이상하다고 생각하지 않았을 수 있어요. 왜냐면 박사님은 어른이고 전 10대니까요. 아마 10대 청소년이 정당한 이유 없이 땀을 흘린다면 이상하다고 생각했을 거예요.

치료자: 음. 존, 우리가 그걸 어떻게 검증할 수 있지?

존: (웃으면서) 박사님이 저더러 그걸 하라고 할 거라는 걸 알아요.

그러자 존은 같은 실험을 반복했다. 그는 매우 불안했지만 자신과 치료자가 계획한 대로 실험을 완료했다. 존은 추가적인 BEs를 완료할 수 있기 위해서 다른 안전 행동을 중단하는 것을 통해 성공적인 BEs를 했다.

요약하자면, 정서는 사고 신념과 체화 신념의 수준 모두를 학습하는 데 중요한 역할을 한다. 인지 재구성은 인지를 바꾸기 위해 이성을 활성화시키고, 보통 "그때는 무슨 생각을 하셨나요?"라고 묻는 방식으로 인지를 포착해서 재구성하는 것으로 시작한다. 이런 순수하게 언어적이고 논리적인 활동은 새로운 학습을 하게 하고, 내담자가 부정적인 정동을 경험하고 있을 때 인지적 변화를 지속시키는 결과를 만들 수 있다. 논리적인 수준에서 인지를 변화시키는 것은 종종 내담자가 주로 BEs와 같은 경험적 전략을 지향하도록 만드는 선구자 역할을 하며, "우리가 어떻게 그것을 검증할 수 있을까요?"라고 하면서 인지를 검증해 볼 수 있도록 초대하는 것으로 시작한다. 경험적 전략의 힘은 일부분 깊고 지속적인 인지, 정서, 행동 변화를 초래하는 깊고 자동적이며 직관적인 정서 학습의 활성화에 달려 있다. 인지행동 치료자들은 논리적이고 경험적인 전략을 모두 사용하는데, 그 이유는 이성이 우리에게 많은 것을 가르쳐 줄 수 있지만, 경험은 더 많은 것을 가르쳐 줄 수 있기 때문이다.

정서와 동기

동기와 동기 경향성은 모든 정서의 일부분이다. 우리가 불안할 때, 우리는 불안을 일으키는 상황을 피하거나 떠나려는 경향이 있다. 우리가 슬픔을 느낄 때, 우리는 속도를 늦추고 즐거운 활동에서 철수하는 경향이 있다. 우리가 짜증이 나거나 화가 날 때는 비난하는 경향이 있다. 동기와 정서의 연관성은 기분장애, 특히 우울증, 중독 또는 섭식장애와 같은 심리적 장애의 경우와 같이 특정 정서에서 다른 정서보다 더 분명하고, 정서 반응이 극단적일 때 더 두드러진다.

동기 경향성의 목표는 보상과 기쁨을 얻거나 처벌과 고통을 피하는 것이다

(Carver & Scheier, 1998; Gray & McNaughton, 2000; Mower, 1960). 초기 행동주의자들은 추동 감소를 통해 동기가 시작되고 유지된다고 보았다(Hull, 1943; Spence, 1956). 예를 들어, 우리는 목마름의 추동을 줄일 수 있기 때문에 물을 마시고 싶은 동기가 생기고, 배고픔의 추동을 줄일 수 있기 때문에 음식을 먹고 싶은 동기가 생긴다. 그러나 동기이론가들은 동기에 대한 이해를 보상 기대를 포함하는 것으로 확대하였다(Bindra, 1974; Boles, 1972; Paffmann, 1960; Toates, 1986). 그러므로 동기화된 행동은 생물학적 욕구를 만족시킬 뿐만 아니라 자극과 보상 또는 긍정적인 경험 사이의 학습된 연관성에 의해 만족시키는 기능을 한다. 예를 들어, 우리는 맛있는 음식을 먹고 싶거나, 매력적인 성적 파트너를 찾으려고 하거나, 또는 불법 약물을 사용하려는 동기가 생길 수 있다. 왜냐하면 생물학적 욕구도 만족시키고 이러한 자극들과 보상 경험을 연합시키기(학습을 통해) 때문에 동기가 생긴다. 그러므로 보상 경험과 관련된 장면, 후각, 감각은 보상 경험의 가능성을 예측하고, 따라서 우리가 보상 경험을 추구할 가능성에 기여한다.

그러므로 생물학적 필요가 많은 동기를 이끌어 낸다. 다른 동기들은 주로 인센티브나 보상에 의해 움직인다. 여전히 다른 동기들은 두 가지 모두의 조합에 의해 움직인다. 예를 들어, 우리가 배고픔을 경험할 때, 우리는 먹고자 하는 강한 욕구를 끌어내는 동기를 갖게 되고, 따라서 배고픔의 추동을 감소시킨다. 반대로, 배부른 식사 후에 구운 애플파이를 먹으려는 동기는 욕구가 이끌기보다는 좀 더 보상에 의해 이끌어 내진다. 사회적 행동과 같이 복잡한 행동일수록, 이러한 행동들은 수많은 욕구와 보상 경험에 의해 동기화될 가능성이 높아진다. 예를 들면, 데이트를 지속하는 것은 성적 욕구뿐 아니라 친밀감, 사회적 소속감의 필요성과 관련이 있을 수 있다.

정서와 동기는 밀접하게 연관되어 있다. 정서장애의 경우, 동기 경향성은 일반적으로 회피 동기를 통해 장애의 유지에 기여한다. 기분 좋은 긍정적인 정동은 바람직한 상태나 대상에 접근하는 것과 관련이 있다. 불쾌한 부정적

정동을 줄이거나 피하는 것은 바람직하지 않은 대상이나 상황과 관련이 있다. 예를 들어, 우울과 분노는 불쾌한 상황을 피하거나 즐거운 상황이나 경험을 하고 싶은 욕구를 달성하기 어렵거나 불가능할 때 발생한다. 다른 유기체와 달리 인간의 정서적 반응은 특히 미래의 사건을 예측하고 예측하는 능력 때문에 이 메커니즘과 관련이 있다. 따라서 특정 행동에 관여하는 결정은 동기화된 행동과 관련된 즐거움 또는 안도감에 대한 기대와 밀접한 관련이 있다(Cox & Klinger, 1988).

CBT의 많은 전략은 내담자들이 그들이 느끼는 방식과 반대되는 방식으로 행동하려는 의지와 동기를 증가시키는 기능을 한다. 예를 들어, 우울한 내담자는 한때 즐거웠던 일을 하거나 내담자가 주인의식을 느낄 수 있는 일을 하려는 의욕이나 동기를 거의 보이지 않을 수 있다. 대신, 내담자는 우울함을 덜 느끼기 위해 친구들과 자전거를 타거나 동료와 함께 점심을 먹기 위해 기다린다. 지나치게 불안해하는 내담자는 불안하게 만드는 상황에 접근하려는 의지나 동기를 거의 보이지 않을 수 있으며, 대신 이러한 상황을 피하거나 빠르게 떠나려고 할 수 있다.

우리를 불안하게 만드는 것과 같은 불쾌한 경험을 피하는 경향은 그 정서 상태에 대한 직관적인 행동 반응이다. 이러한 행동 반응은 직관적이고, 수백만 년 동안 인간의 생존 가치 때문에 지속되어 와서 종종 자동적으로 하게 된다. 그러나 정서장애가 있는 내담자들은 이러한 직관적인 방식으로 그들의 정서 반응을 관리하는 주기에 갇히게 된다. 즉, 불안하거나 두려울 때, 불안장애를 가진 내담자들은 회피한다. 우울증에 걸린 내담자는 우울증에 걸리거나 포기할 것이다. CBT의 목적은 내담자들이 그들의 정서적인 반응의 행동 경향성에 반하는 행동을 하도록 돕는 것이다. 직관에 반하는 행동을 함으로써, 내담자들은 그들의 직관적인 대응으로 인해 배울 수 없었던 중요한 것을 배울 수 있게 된다. 예를 들어, 개가 위험하다고 믿기 때문에 개를 두려워하는 내담자는 만약 내담자가 계속해서 개를 피한다면 개에 대해 새로운 것

(즉, 대부분의 개는 위험하지 않음)을 배우지 못할 것이다. 또는 부정적인 정동을 피하는 것은 내담자가 부정적인 정동을 견디고 관리할 수 있다는 것을 배우는 데 방해가 된다. 부정적인 정동에 맞서고, 받아들이고, 견디려는 의지는 정서장애가 있는 내담자가 배울 수 있는 가장 효과적인 기술이 될 수 있는데, 특히 불안장애의 경우가 그렇다(Wirtz, Hofmann, Riper, & Berking, 2014).

마찬가지로, 인지행동 치료자는 내담자가 정서적인 반응을 피하기보다는 불안감을 유발하는 상황에 머물러서 관찰하려는 의지를 높이도록 내담자에게 마음챙김을 가르칠 수 있다. 심지어 노출위계도 의지 전략이다. **노출위계**(exposure hierarchy)는 노출과제 목록인데, 불안을 유발하는 가장 낮은 단계에서부터 가장 높은 단계까지 순위를 매긴 것으로, 내담자의 내적·외적 공포의 단서가 되는 열쇠이다. 그래서 노출 치료는 단계별로 나뉘거나 등급이 매겨진다. 즉, 내담자는 상대적으로 낮은 공포 반응을 유발하는 노출 작업부터 시작하여 한 번에 하나씩 노출 과정을 이동한다. 단계적 노출은 내담자가 상당 기간 동안 공포를 유발하는 상황에 있는 한, 단일 단계 노출(즉, 한 단계에서 가장 높은 수준의 공포를 유발)보다 더 효과적이지 않다. 그러나 단일 단계 노출 과제를 수행하고자 하는 내담자는 거의 없다. 따라서 인지행동 치료자와 내담자는 함께 노출 단계를 개발한다. 이 단계는 내담자에게 앞으로 나아갈 경로와 노출 과정에 대한 어느 정도의 '통제감'을 제공한다. 지각된 통제력은 내담자의 정서 반응에 대한 호기심 있는 자세와 더불어 내담자가 두려워하는 상황을 피하기보다는 접근하려는 의지를 증가시킨다.

요약하자면, 동기는 정서와 밀접하게 연관되어 있다. 모든 정서는 동기화된 행동이나 행동 경향성을 포함하므로 적응적이고 도움이 된다. 일반적으로, 우리는 이러한 행동 경향성에 따라 또는 직관적으로 행동한다. 우리는 불안할 때 신중해진다. 우리가 슬플 때, 우리는 속도를 줄이고 덜 행동한다. 하지만, 정서장애가 있는 내담자들은 그들의 동기 경향성에 대해 반직관적으로 반응하는 것의 중요성을 배우는 것이 필수적이다. 직관적으로 대응하는 것

은 문제의 특징이지 해결책이 아니다. CBT는 내담자의 정서 반응에 반하는 행동을 하려는 의지와 동기를 높이기 위한 다양한 전략을 포함한다. 일단 내담자들이 이 전략들을 배우게 되면, 그들은 그들의 삶의 상황과 문제들에 대해 적응적인 반응이 나타날 때 보이는 정서 체계와 동기를 회복할 수 있다.

정서와 정서 변화

CBT를 찾는 대부분의 내담자들은 그들의 기분을 바꾸고 싶어 한다. 그들이 덜 우울해지기를 원하든, 덜 화가 나길 원하든, 덜 불안해지길 원하든, 덜 죄책감을 느끼길 원하든, CBT는 이런 정서들이 문제가 될 때 이러한 정서적 반응을 목표로 한다. 동시에, CBT는 사건에 대한 내담자의 정서적 반응을 변화시키기 위해 정서를 사용한다. 내담자의 정서 반응을 불러일으킴으로써, 인지행동 치료자는 내담자에게 문제가 되는 정서와 행동 반응을 유지하는 인지, 행동, 정동 그리고 신체 경험의 부적응적 연결망에 도전하고 동요하게 하는 새롭고 신선한 정보를 소개한다(Foa & Kozak, 1986; Lang, 1977). 오래된 학습(즉, 내담자가 믿는 것)과 새로운 정보 사이의 불일치는 정서 처리의 기회를 만들게 되고, 이는 자극과 삶의 사건들과 관점과 의미의 변화에 대한 새로운 정서 반응으로 해석된다(Foa, Huppert, & Cahill, 2006). 불안장애에 대한 노출 치료의 경우, 노출을 통해 내담자는 조건화된 공포 반응으로부터 거리를 두는(혹은 분산하는) 법을 배우며, 그렇게 함으로써 고통에 대한 내성이 증가하게 된다(Arch et al., 2012).

연구자들은 정동적 관여가 치료적 변화의 중요한 조건이라고 주장했다(Foa & Kozak, 1986; Foa et al., 2006). **정동적 관여**(affective engagement)는 오래된 학습을 다시 활성화해서 더 불안정하게 만들어 변형되기 쉽게 만들며, 정서적 관여 동안 참신하고 예상치 못했던 정보가 제시되면 옛 기억이 이 새로운 정보를 포함하도록 업데이트된다(Nadel, Hupbach, Gomez, & Newman-Smith, 2012). 새로운 학습이 시간이 지남에 따라 그리고 다른 맥락 안에서 강화되기 때문에, 새로운 학습은 불안 네트워크 내에서 자리 잡고 있던 이전 학습과 경쟁하거나 이전 학습을 억제한다(Bouton, 2002). 더 건강하거나 적응적으로 연합된 공포 네트워크를 개발하면 내담자는 오래된 학습을 억제하거나 도전할 수 있게 된다. 이 과정에서 정서가 중요한 역할을 한다.

연구자들은 정동적 관여의 개념을 우울장애에 적용했고 이러한 장애를 유지하게 하는 가설화된 몇 가지 일반적인 과정을 확인했다. 예를 들면, 정서장애를 가진 내담자들에게는 경험 회피(즉, 정서 반응과 관련된 사고, 정서, 기타 내부 자극을 피하는 것)와 그들의 정서와 연합되어 있는 다른 내적 자극이 발생(Hayes, Wilson, Gifford, Follette, & Strosahl, 1996)할 뿐만 아니라, 미래나 과거 사건에 대한 부적응적 신념과 반추(즉, 비생산적인 반복 처리)가 나타난다. 우울장애와 불안장애를 가진 내담자들은 비슷한 부적응적 정서 조절 스타일(즉, 경험 회피, 사고 억제, 단절, 정서적 둔감, 절망감; Hayes et al., 1996; Trew, 2011)을 가지고 있다. CBT의 중심 목표는 그것이 불안장애의 치료이든, 심각한 우울증이든 건강한 정서 처리를 촉진하기 위한 접근법과 일련의 전략을 사용하는 것이다. CBT의 많은 전략은 내담자에게 문제가 되는 정서 반응에 기여하고 있는 오래된 의미와 인지를 처리하고 보다 효과적인 삶에 기여할 새로운 학습을 촉진하기 위해서 정서를 불러일으킨다. 새로운 학습에 정서를 사용하는 두 가지 전략—심상 다시 만들기(imagery rescripting)와 심상 대화(imagery dialogues)—을 제시하고자 한다.

정서 변화를 위한 심상 다시 만들기

심상 다시 만들기(imagery rescripting)는 불쾌한 기억의 변화에 초점을 맞춘 일련의 임상 전략이다(Stopa, 2009). 연구자들과 임상가들은 경계선 성격

장애(Giesen-Bluo et al., 2006), 폭식증(Cooper, Todd, & Turner, 2007), 아동 성학대로 인한 외상 후 스트레스 장애(Smucker & Niedere, 1995), 외상 후 악몽(Long, 2011) 등 다양한 임상 문제에 심상 다시 만들기 전략을 적용해 왔다. 전형적으로, 심상 다시 만들기 절차는 인지 재구성 구성 요소를 포함하고, 이어서 세 가지 심상 관련 단계—심상 재현(imaginal reliving), 숙달 심상(mastery imagery) 그리고 자기 진정 심상(self-calming imagery)—가 뒤따른다(Smucker, Dancu, Foa & Niederee, 1995; Smucker & Niederee, 1994).

최근 인지행동 치료자들은 사회 공포증이 있는 내담자의 치료에 심상 만들기를 적용했다(Wild & Clark, 2011; Wild, Hackmann, & Clark, 2008). 사회불안장애를 가진 많은 내담자들은 확인 가능한 과거 사회적 또는 대인관계적 사건과 관련된 부정적인 심상을 보고한다(Hackmann, Clark, & McManus, 2000). 그런데 이러한 내담자들의 경우, 부정적인 심상은 확인할 수 있는 과거 사건과 관련되어 있지 않다. 이러한 내담자들을 위해서는 BEs와 비디오 피드백과 같은 표준 현재 중심적 심상 수정 기법이면 충분히 도움이 되는 것 같다. 그러나 현재 중심적 기법에 적절하게 반응하지 않고, 내담자의 부정적인 자기 이미지가 파생된 과거 사회적 외상 사건과 관련이 있는 부정적인 심상과 기억들이 반복된다고 보고하는 내담자들은 장애를 위한 표준 CBT에서 하는 심상 다시 만들기가 도움이 될 수 있다.

첫 번째 단계는 내담자의 반복되는 심상과 연결된 기억, 그리고 두 가지 모두의 의미를 저장하고 있는 압축된 신념을 확인하는 것이다. 다음에 나오는 임상사례에서, 치료자는 32세 소프트웨어 엔지니어인 '월트'에게 "사회적인 상황에서 불안감을 느낄 때 당신의 마음에 어떤 일이 일어나나요? 사회적 상황에서 불안할 때 자동적으로 떠오르는 장면이나 이미지가 있나요?"라고 물었다.

월트: 모르겠는데요. 사람들이 나한테 손가락질하고 비웃는 것 같아요.

치료자: 네. 이제 눈을 감아 보시겠어요? 윌트, 자신에 대해 떠오르는 모든 이미지를 말해 주세요. 당신이 할 수 있다면 현재형으로 말해 보세요.

월트: 아마 열두 살이었어요.

치료자: 자, 난 열두 살이에요.

월트: 네. 난 열두 살이에요. 난 학교 운동장에 서 있어요. 수돗가에서 물을 마시고 있어요. 물이 튀어서 내 바지가 다 젖었어요. 내가 뒤돌았는데 너무 많은 아이가 나한테 손가락질하며 비웃어요. 걔네들이 내가 오줌을 쌌다고 하고 있어요. 난 창피해요. 난 눈을 감고 교실로 뛰어가요. 난 엄마를 부르고 엄마가 나를 데려가요. 공포스러워요.

치료자: 그 순간 어떤 것이 가장 나쁜 일인가요, 윌트? 그게 당신에 대해 무엇을 의미하나요?

윌트: 난 쓸모없어요. 난 수돗가에서 물을 마실 수 없어요. 모두들 날 싫어해요.

치료자: 윌트, 당신이 중학생 때 애들이 손가락질하고 비웃는 이미지와 이 사건에 대한 기억을 한두 문장으로 짧게 말해 볼 수 있겠어요?

윌트: 네. 좋아요, 그럼…… 나는 멍청이고 앞으로도 그럴 거예요. 나는 아무것도 제대로 할 수 없기 때문에 모두가 나를 거부하고 비웃을 거예요.

일단 치료자가 심상과 기억을 압축하는 신념을 확인하면, 치료자는 윌트와 치료자가 이 신념을 긍정하거나 부정하는 증거를 검토하는 인지 재구성 전략을 사용하여 윌트를 안내한다. 초기의 인지 재구성 및 행동 실험들은 신념의 부당성을 증명하는 몇 가지 증거를 제공할 수 있다. 심상 다시 만들기의 인지 재구성 단계는 윌트가 어렸을 때 신념을 압축하는 증거와 압축된 신념을 뒷받침하는 증거라고 받아들이고 있는 것에 대해 새로운 정보를 가진 대안을 고려할 수 있도록 해 준다(〈표 3-1〉 참조).

〈표 3-1〉 그때와 지금에 대한 월터의 증거

압축된 신념: 난 쓸모없다.	
그때	지금
압축된 신념에 대한 증거	새로운 정보를 가진 대안들
난 어설픈 아이였다.	나는 나이에 비해 키가 커서 어설펐다. 내 키는 어쩔 수 없는 거였다. 키가 큰 많은 아이들은 나처럼 좀 어설펐다. 나는 잘 성장했고, 키가 큰 것은 좋은 것이 되었다. 나는 꽤 잘하는 농구선수가 되었다. 그래서 애들이 날 좋아했다. 어설픈 때가 있었어도 내가 쓸모없지는 않았다.
어떤 애들은 나를 좋아하지 않았다.	특히 중학교에서 많은 아이들이 못되게 굴었다. 나도 가끔 못되게 굴었다. 몇몇 아이들은 내가 학교에서 꽤 잘했기 때문에 나를 좋아하지 않았다. 내가 키가 크고 농구를 꽤 잘해서 어떤 아이들은 나를 좋아하지 않았다. 솔직히 말하면, 나도 어떤 아이들은 마음에 들지 않았다. 어떤 아이들이 나를 좋아하지 않는다고 해서 내가 쓸모없다는 뜻은 아니다. 나는 많은 면에서 쓸모가 있었다. 코치님과 선생님들을 도와드렸는데, 아이들이 싫어할 때도 있었다.
나는 바지에 오줌을 쌌다.	애들이 몇 분 동안만 날 비웃더니 잊어버렸다. 다음 날 한두 명의 아이들이 나를 비웃었지만, 그 후로는 아무도 아무 말 하지 않았다. 그렇다. 아이들이 웃으면서 나에게 손가락질한 건 못된 짓이었지만, 아이들은 못되게 굴 수도 있다. 화가 났지만, 이것이 내가 공부를 열심히 하고, 선생님과 친구들을 돕는 것을 막지는 못했다. 수돗가에서 일어난 사건 후에도 나는 쓸모 있는 사람이었다.

인지 재구성 단계에 이어, 월트와 치료자는 심상 다시 만들기 절차로 이동한다. 치료자는 사회적 상황에서 월트가 불안감을 덜 느끼도록 도울 수 있는 과정과 방법을 설명하는 근거에서 시작한다.

> 월트, 수돗가 사건은 당신 자신에 대한 어떤 신념을 갖게 하고 불안감을 느끼도록 만들었어요. 왜냐하면 사람들이 과거에 당신을 대했던 것처럼 오늘날

에도 당신을 그렇게 대할 것이라고 생각하기 때문이에요. 어떤 의미에서는, 당신은 과거의 제한된 렌즈를 통해 오늘날 경험하는 일들을 봐 온 거죠. 그것은 당신이 어른으로서 가지고 있는 모든 새로운 정보가 포함되어 있지 않기 때문이에요. 도움이 되지 않기도 하고 심지어 정확한 렌즈도 아니에요. 우리는 사람들이 당신을 거부할 가능성을 과대평가하는 당신의 경향을 살펴봤는데, 이제 당신은 그것이 거의 사실이 아니며, 세상은 당신이 완벽할 것이라고 기대하지 않는다는 것을 알게 되었죠. 다시는 수돗가 같은 사건은 일어나지 않을 거예요.

그럼에도 불구하고, 이 기억이 오늘날 사회적 상황에서 떠오를 때마다, 당신은 어렸을 때 느꼈던 고통을 느낄 거예요. 사람들과의 관계에서 불안감을 덜 느끼기 위해서는 지난 몇 주 동안 알아낸 새로운 정보로 그 기억을 업데이트하는 것이 중요해요.

이 기억을 처리하는 가장 좋은 방법은 다시 찾아보는 겁니다. 잠시 후 눈을 감고, 1인칭 현재 시점으로 기억을 다시 한번 말해 보시겠어요? 다시 열두 살 월트가 된 것처럼. 그리고 서른두 살의 월트라는 새로운 정보를 가져오세요. 이것은 서른두 살의 월트가 그 고통스러운 몇 분 동안 열두 살의 월트에게 말을 건다는 것을 의미할 수 있습니다. 당신은 열두 살의 월트에게 당신이 지금 알고 있는 것을 말하거나 웃으면서 당신을 가리킨 다른 아이들에게 말을 걸 것입니다.

이 과정의 목표는 기억을 업데이트해서, 그때의 기억이 더 이상 현재를 색칠하는 사건이 되지 않도록 함으로써 실제로 일어나는 대로 현재를 정확하게 처리할 수 있도록 하는 것입니다. 시작할 준비가 되었나요?

그런 다음 치료자는 월트에게 눈을 감고 수돗가 사건이 일어났을 때의 기억을 치료자에게 이야기해 달라고 요청한다. 이 단계는 외상 후 스트레스 장애에 대한 CBT의 외상 후 기억 심상 재현과 유사하다(Ellers & Clark, 2000; Foa

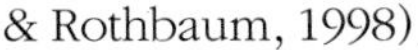
& Rothbaum, 1998).

치료자: 당신은 열두 살입니다, 월트. 바지에 물이 튀었는데, 지금 무슨 일이 일어나고 있는지 말해 줄래요? 지금 일어나고 있는 것처럼 설명해 주세요.

월트: 네. 내가 물을 마시려고 허리를 숙이고, 수도꼭지 손잡이를 돌렸는데, 물이 사방으로 튀었어요. 그래서 완전히 젖었어요. 내 무릎 위가 다 젖어서 얼룩졌어요. 난 면바지를 입어서 오줌을 싼 것 같아 보여요. 내가 얼어붙어서 서 있는데, 뒤에서 애들이 웃는 소리가 들려요. 걔들은 나를 멍청이라고 부르고 있어요. 뒤돌아보니 다들 내 가랑이를 가리키며 웃고 있어요. 애들 몇 명은 숨이 넘어갈 듯이 웃고 있어요. 걔들은 다른 아이들에게 소리치고 있어요. "월트가 바지에 오줌 쌌어!" 지금 걔네들은 소리를 지르고, 다른 애들은 날 쳐다보려고 돌아서고 있어요. 너무 힘들어요. 진짜 싫어! 너무 창피해요.

치료자: 잘하고 있어요, 월트. 힘드시겠지만 잘하고 있어요. 무슨 일이 일어나고 있는지 그 상황에 머물러서 나에게 그다음 무슨 일이 일어나고 있는지 말해 주세요.

월트: (목소리를 가다듬고 눈물을 닦는다) 난 애들을 쳐다보며 이건 사고였다고 말해요. 걔네들을 계속 웃고 있어요. 난 얼굴이 빨개지는 걸 느껴요. 난 눈물이 나는데 걔네들에게 우는 모습을 보여 주고 싶지 않아요. 한 애가 나에게 애기라고 소리쳐요. 난 아무것도 할 수 없는 쓸모없는 애기여서 운다고 그래요. 난 교실로 뛰기 시작해요. 여전히 애들이 소리치는 소리가 들려요. "애기! 애기! 애기!" 난 사라지고 싶어요. 난 다른 사람이 되고 싶어요. 다른 사람. (흐느끼며)

심상 다시 만들기 절차의 다음 단계는 내담자가 사회적 외상 사건을 다시 경험하도록 유도하는 것이지만, 이때, 나이 든 내담자가 어린 자기 자신에게 관찰한 사건을 설명한다.

치료자: 잘하고 있어요, 월트. 계속 눈을 감고 다음 단계로 갑시다. 자, 이제 수돗가 사건을 나에게 다시 말해 주길 바라요. 그런데 이제는 무슨 일이 일어나고 있는지 당신이 관찰하는 것처럼 말해 주면 좋겠어요. 당신이 학교 운동장에서 열두 살짜리 월트에게 무슨 일이 일어났는지 관찰하고 서 있는 것처럼요. 지금은 당신이 제3자의 입장에서 그 사건을 나에게 설명해 주는 거예요. "난 월트가 수돗가에 서 있는 게 보여요. 월트는 물이 튀어서 셔츠와 바지가 다 젖은 상태로 얼어붙어 있어요." 자, 계속하세요.

월트: 음, 네. 월트는 물로 뒤덮여 있어요. 난 걔가 천천히 일어서는 것을 보고 있어요. 걔는 아이들이 걔한테 소리치고 있어서 뒤돌아서지 못하고 있어요. 애들은 월트를 멍청이라고 부르면서 바지에 오줌을 쌌다고 하고 있어요. 결국 월트는 돌아섰는데 아이들이 손가락질하며 애기라고 부르고 있어요. 애들은 월트한테 애기라고 하면서 수돗가에서 물도 못 마신다고 해요. 월트가 주변을 돌아보고 나서 학교로 뛰어가는 게 보여요. 애들이 월트 이름을 부르고 있어요. 애들이 월트한테 못되게 굴어요.

치료자: 네. 아이들이 월트에게 너무 못되게 굴고 있군요. 그다음엔 무슨 일이 일어나나요? 다음에 무슨 일이 일어나는 것을 보고 있나요?

월트: 한 아이가 월트를 따라오고 다른 아이들도 우르르 몰려와요. 걔가 월트의 가랑이를 가리키며 오줌을 쌌다고 소리치고 있어요. 아이들은 소리치고 손가락질을 해요. 월트가 교실에 들어갈 때까지요. 이건 정말 잘못된 거야. 얘네들은 꼬마 멍청이들이야! (주먹을 쥐고 허벅지를 치며)

심상 다시 만들기 절차의 마지막 단계는 내담자가 사회적 외상 사건을 그 나이에서 다시 경험하도록 초대하는 것이지만, 이때는 더 지혜롭고 어른이 된 자신과 내담자가 함께하며 연민과 새로운 정보와 지지를 제공한다.

치료자: 너무나 잘했어요, 월트. 우리 거의 다 왔어요. 마지막 단계는 더 나이 든 월트가 더 어린 월트를 도울 수 있는 기회를 주는 거예요. 눈을 다시 감고, 한 번 더 그 사건으로 갑시다. 당신이 열두 살인 것처럼 다시 한번 더 얘기해 주세요. 지금 당장 그 일이 일어난 것처럼요. 하지만 이번엔, 지혜로운 서른두 살의 월트가 학교 운동장에 있고, 옆에 서 있어요. 어른이 된 월트는 이전 시간에 배운 모든 정보를 가지고 있어서, 당신이 원한다면 어른인 월트가 도와줄 수 있어요. 월트는 다른 아이들에게 말할 수도 있고, 당신에게 말할 수도 있고, 이 상황에서 도움이 되고 옳다고 느끼는 어떤 것이든 무엇이든 할 수 있어요. 준비됐나요? …… 네. 자신을 학교 운동장과 수돗가로 데리고 가세요.

월트: 난 월트와 수돗가에 서 있어요. 우리는 목이 마르고, 월트가 먼저 물을 마셔요. 월트가 수도꼭지를 돌리자 물이 사방으로 튀어요. 월트도 나도 다 젖었어요. 많이는 아니지만 꽤 젖었고요. 아이들이 웃으면서 나와 월트를 애기라고 비웃고 놀려요. 걔네들이 우리가 바지에 오줌을 쌌다고 해요. 걔네들이 우리 가랑이를 가리키며 고개를 끄덕이고 있어요. 난 걔네들에게 입 닥치라고 해요. (조금씩 울기 시작한다)

치료자: 네. 맞아요. 뭘 더 하고 싶나요?

월트: 난 걔네들에게 똑바로 살라고 말하고 싶어요. 철 좀 들어라.

치료자: 더 나이 든 월트가 더 어린 월트에게 그렇게 말하라고 해 보세요.

월트: 그래서 나이 든 월트가 어린 월트 앞으로 걸어가요. 그가 애들에게 말해요. "야, 너희가 멍청이들이야. 너희들 알아? 월트는 오줌을 싸지

않았어. 수도꼭지가 그런 거야. 너희는 월트를 깔아뭉개면서 너희가 대단한 줄 알지? 멍청이는 지금 월트가 아니고 너희라고!"

치료자: 애들은 지금 뭘 하고 있나요?

월트: 몇몇 애들은 웃고 있지만, 어떤 애들은 자리를 떠나고 있어요.

치료자: 그다음엔 무슨 일이 일어나고 있나요?

월트: 난 머리를 들고 월트에게 너도 똑같이 하라고 말해요. 우리는 머리를 들고, 걔네들을 가리키며 웃어요. (눈물을 그친다)

치료자: 그래서 당신과 어린 월트는 머리를 들고 다른 애들을 쳐다보고 있군요. 그다음엔 무슨 일이 일어나고 있나요?

월트: 아이들이 자리를 떠나고 있어요. 걔네들은 고개를 숙이고 있고, 우리는 고개를 들고 있고요.

치료자: 어린 월트는 무엇을 보고 있나요?

월트: 월트는 많은 애들이 그냥 애들이었다는 것을 보고 있어요. 모든 애들은 괴롭힘을 당하고 비웃음을 당해요. 오늘은 월트 차례였다는 것을 알아요.

치료자: 어린 월트가 말하고 싶어 하는 게 있나요?

월트: 네. 월트는 오늘은 자기가 괴롭힘을 당하는 날이지만 걔네들이 자기에게 상처 줄 수 없다는 것을 보여 주고, 자기는 멍청이가 아니고, 쓸모없는 애도 아니라고 말하고 싶어 해요.

치료자: 어린 월트는 어떻게 느끼고 있나요, 지금?

월트: (한 문장 한 문장 말할 때마다 허벅지를 때린다) 월트는 강해요. 월트는 자신 있어요. 월트는 멍청이가 아니에요. 월트는 쓸모없는 애가 아니에요.

치료자: 어린 월트가 알아야 할 게 또 있나요?

월트: 네. 월트는 모든 게 잘될 것이라는 것을 알 필요가 있어요. 아이들은 가끔 못되게 굴지만, 대부분의 어른들은 그렇지 않다는 걸요. 심지

어 못된 어른과 마주친다고 해도 더 이상 열두 살이 아니거든요. 월트는 스스로를 보호할 수 있어요.

치료자: 지금 어린 월트에게 말해 줄 수 있나요?

월트: 네. "넌 강한 아이야, 월트. 넌 쓸모없는 애가 아니야. 많은 사람들이 너한테 배울 수 있어. 넌 훌륭한 선생님이란다."

치료자: 네. 준비가 되면 이 방으로 돌아오고, 눈을 뜨세요.

정서를 변화시키기 위한 심상 대화

심상 대화(imagery dialogue)는 인지행동 치료자들이 상황과 사건에 대한 강한 정서를 유발하는 부적응적인 핵심 신념과 작업할 때 사용하는 강력한 경험적 기법이다(Young, Klosko, & Weishaar, 2003). 전형적으로, 심상 대화는 그들의 부적응적인 핵심 신념의 발달에 기여한 사람들이나 그들의 현재 삶에서 부적응적인 핵심 신념을 강화하는 사람들과의 대화에서 내담자에게 초점을 맞춘다. 그다음 목표는 내담자가 적응적인 핵심 신념을 개발하고 강화할 수 있도록 돕는 것이며, 이러한 깊은 변화는 적어도 원래의 부적응적인 신념이 발달될 때 경험한 부정적인 정동만큼 강한 부정적 정동이 존재하는 곳에서 일어나야 한다.

대부분의 경우 심상 대화 작업은 내담자가 부모나 할아버지나 형제와 같은 어린 시절의 다른 중요한 인물들과 대화하는 것을 상상하는 것으로 시작한다. 인지행동 치료자는 내담자가 눈을 감고 과거나 최근 화가 난 상황에서 부모(또는 다른 중요한 타인)와 함께 있는 자신을 그려 보도록 요청함으로써 시작된다. 그런 다음 치료자는 내담자가 내담자의 근본적인 욕구를 충족시키지 못한 부모에게 보통 분노, 즉 강한 정동을 표현하도록 돕는다. 이것은 종종 내담자에게 새로운 영역이 된다. 내담자는 부모에 대한 분노를 표출하는 것은 상상조차 하지 못했을 수 있어서, 그 자체로도 가치가 있을 수 있다.

그러나 상상 대화는 내담자에게 훨씬 더 많은 것을 제공한다. 부모와 맞서서 그들의 권리를 주장하는 것과 같은 상상 대화를 통해 그들은 다른 결과를 상상할 수 있게 된다. 예를 들어, "내가 원한 것은 엄마(아빠)가 나를 사랑하는 것이었는데 그렇게 해 주지 않았죠." "나는 나를 돌볼 권리가 있어요. 나는 더 이상 엄마(아빠)를 돌보는 것을 하지 않을 거예요." "아니, 나는 더 이상 나를 학대하도록 내버려 두지 않을 거예요." "아니, 더 이상 나를 비난하지 마세요." 상상 대화는 또한 내담자들이 그들의 부적응적인 핵심 신념에 반대하거나 거리를 둘 수 있는 힘을 줄 수 있다. 전형적으로, 내담자들은 자신들과 다른 사람들에 대해 깊게 자리 잡고 있는 신념에 대해 무력감을 느낀다. 상상 대화는 목적의식과 자기 효능감을 만들 수 있고, 대안적이고 더 적응적인 핵심 신념을 발달시킬 수 있다. 상상 대화를 통해, 자신이 결함이 있다고 믿는 내담자는 모든 아이가 사랑과 존경을 받을 권리가 있고, 이것이 내담자에게도 진실이라고 '느낄' 수 있다는 것을 배울 수 있다. 자신이 투명인간이라고 믿는 내담자는 모든 아이가 자신을 표현할 권리가 있다는 것을 배울 수 있고, 상상 대화를 통해 이것이 내담자에게도 사실이라고 '느끼기' 시작할 수 있다.

내담자들은 종종 화를 표현하는 것이 어렵기 때문에, 인지행동 치료자가 이러한 종류의 경험적인 작업을 하지 않도록 설득하려고 할 것이다. 그들은 이제 지난 일이고 그들이 품고 있는 분노를 이미 처리했다고 주장할지도 모른다. 그들은 분노를 느끼는 것이 중요한지에 의문을 제기할 수도 있고, 그들이 과거에 대해 어떻게 느끼는지가 아닌, 그들이 과거에 대해 생각하는 방식을 바꾸고 싶어서 CBT를 찾았다고 주장할 수 있다. 때때로, 내담자들은 자신들을 괴롭히는 정서를 경험하는 것을 피하기 위해 CBT를 찾기도 하고, 치료자가 그들이 이러한 경험들과 상호작용하도록 제안하는 것에 당황하기도 한다. 다른 내담자들은 부모님을 용서했다고 설명할 수도 있는데, 만약 그들이 부당한 대우를 받은 것에 대한 분노를 넘어서지 않았다면 용서를 하지 못

했을 것 같다고 설득할 수도 있다. 부모의 한계를 받아들이고 용서할 수 있지만, 이 단계에서 대부분의 내담자들은 수년간 억압하거나 설명하려고 해 왔던 것들을 표현하게 되고 느끼게 된다.

때때로, 내담자들은 부모에게 그렇게 강렬한 분노를 느끼는 것이 잘못되었다고 믿어서, 죄책감을 느낀다. 그들은 부모가 최선을 다했다고 믿을 수도 있고, 그것은 사실일 수도 있지만, 이것은 부모가 한 실수가 내담자에게 상처를 주지 않았다는 것을 의미하지는 않는다. 게다가, 내담자가 부모에게 너무 죄책감을 느끼고 분노를 표출하지 못하는 한, 내담자는 있었을지도 모를 일에 대해 충분히 슬퍼할 수가 없다. 어린 시절에 잃은 것에 대해 슬퍼하는 것은 내담자들이 부모를 바꾸려는 시도는 더 이상 하지 않고, 마침내 어른이 된 오늘의 그들 자신에게 어렸을 때 원하던 것을 얻을 수 있게 해 준다.

'팸'은 두 명의 어린 자녀를 둔 58세의 기혼 여성이다. 그녀는 청소년기에 시작된 우울증에 대한 도움을 받기 위해 CBT를 찾았다. 팸이 어렸을 때, 그녀의 오빠는 몇 년 동안 그녀를 성추행했었다. 한 유치원 교사가 아동보호센터에 학대를 신고했고, 아동보호단체는 이 사건을 조사하고 오빠를 집에서 내보냈다. 팸의 어머니는 팸이 학대를 당하고, 오빠가 집에서 쫓겨나고, 그녀가 굴욕감을 느낀 것에 대해 팸을 비난했다. 팸은 냉정하고 거리감이 있는 그녀의 어머니와 긴장된 관계를 맺고 있었다. 팸의 어머니는 작은 실수에도 계속해서 팸을 비난하고 탓하며, 종종 다른 가족 구성원이나 심지어 낯선 사람들 앞에서도 그녀를 수치스럽게 만들었다. 팸은 어머니에게 자신의 주장을 펼치지 못했고, 그녀가 그때나 지금이나 어머니에게 느끼는 분노를 결코 인정하지 않았다.

치료자: 팸, 눈을 감고, 당신이 집에 혼자 있었던 순간을 떠올려 보세요. 지금 그 순간을 떠올려 볼 수 있나요? 지금 어린 팸이 무얼 느끼고 있나요? 어른 팸이 어린 팸에게 어떤 걸 느끼는지 물어볼 수 있겠어요?

"팸 지금 기분이 어때?"

팸: 외롭다고 해요.

치료자: 그렇군요. 팸이 왜 그렇게 외로운지 물어볼 수 있겠어요?

팸: 주변에 아무도 없어요. 놀 사람이 없어요. 아이들은 나보다 나이가 많거나 너무 어려서요. 내 나이 또래가 없어요.

치료자: 네. 이해가 되네요. 그 상상 속으로 엄마를 데려와 보세요. 엄마가 당신에게 화가 나 있는 걸 상상해 보세요. 엄마가 어떤 것에 대해 당신을 비난하는 상상이요. 엄마가 그렇게 하는 것 같은 상상을 해 볼 수 있나요? 나에게 당신이 보고 있는 걸 말해 주세요. 엄마의 얼굴표정이 어떤가요?

팸: 화나 보여요. 엄마는 그곳에 서서 나를 내려다보고 있는 것 같아요. 신발에 긁힌 자국이 있어서 싫은 것 같아요.

치료자: 네. 자, 지금은 당신이 엄마예요. 엄마가 어린 팸에게 신발에 난 긁힌 자국에 대해 뭐라고 말할 것 같은지 말해 보세요. 엄마는 긁힌 자국 때문에 당신에게 화가 나 있어요. 엄마가 되어 보세요. 팸에게 어떻게 들렸을지 나도 들을 수 있게요.

팸: "너 좀 조심할 수 없어?" 소음처럼 들려요. 난 아무 말도 할 수가 없어요. 엄마는 불행해요. 내가 엄마를 그렇게 만들었어요.

치료자: 그래서 당신 잘못이군요. 또 잘못하고 있군요. 지금 어린 팸이 어떻게 느끼고 있나요?

팸: (눈물을 참으며) 울고 싶어 해요.

치료자: 조금 다르더라도 나를 그 장면으로 데려가 주세요. 확실히, 나는 거기에 잘 맞지 않지만, 한번 해 주시겠어요?

팸: 네. 이제 선생님을 좀 볼 수 있을 것 같아요.

치료자: 좋아요. 그 상상 속에서 내가 당신 엄마에게 말을 할 거예요. 상상 속에 벽이 있다면 안전하게 느낄 수 있을까요? 한쪽엔 나와 당신이

있고, 다른 한쪽엔 엄마가 있는 그런 벽이요.

팸: 벽은 필요 없어요. 난 선생님 뒤에 서 있을 거예요. 괜찮죠?

치료자: 네. 내 뒤에 서세요. 좋아요. 그럼 엄마 역할을 하면서 나에게 말해 보세요. 나는 엄마랑 얘기하려고 합니다. 자, 난 어린 팸인 당신에게 말하는 게 아니에요. 난 엄마랑 얘기하는 거예요. 지금 상상해 보세요.

치료자: ('팻'은 팸의 엄마 이름이다) "팻, 팸은 아이예요. 아이들은 신발을 긁힐 수 있죠. 팸은 어린아이라고요."

팸: (팻으로서) "걔는 끔찍한 애에요. 걔는 이기적이고 자기 것도 제대로 못챙기는 애에요. 나쁜 애라구요."

치료자: (팻에게) "팸은 나쁜 애가 아니에요, 팻. 당신은 걔가 어른처럼 행동하기를 기대하네요. 걔는 아이라고요. 너무 많은 것을 기대하고 있어요. 걔는 나쁜 애가 아니에요. 걔는 끔직한 애도 아니고요. 어른은 당신이에요. 팸을 사랑하는 것이 당신 일이고, 팸을 돌봐야 한다고요. 걔는 아이일 뿐이고, 당신이 기대하는 것들을 아직 배우지 못했다고요."

(이제 팸은 심하게 울고 있다. 그녀는 흐느낌을 참아 보려고 하지만 어깨가 들썩거리면서 바닥을 보고 있다)

치료자: (팸에게) 이제 제가 가르쳐 줄게요. 당신이 무슨 말을 해야 할지 생각하기 힘들 수 있으니, 할 말을 알려 주겠습니다. 내가 '나는 나쁜 아이야, 끔찍한 아이야.'라고 말하는 어린 팸이 될 거에요. 당신은 당신이 원하는 자상한 엄마가 되는 거예요. 난 당신이 당신의 아이들에게 말하는 것처럼 엄마로서 말하기를 바라요. 당신의 엄마가 어린 팸에게 말했던 것처럼이 아니고요.

팸: 네.

치료자: (어린 팸으로서) "난 끔찍한 여자애예요. 난 내 신발을 엉망으로 만들었어요. 엄마가 나한테 그러면 안 된다고 말했거든요. 난 끔찍

해! 내 잘못이야."

팸: (자상한 엄마로서) "아니야. 넌 끔찍한 여자애가 아니야. 넌 어린 소녀일 뿐이지. 그건 사고였어. 그저 신발일 뿐이야. 별일이 아니야."

치료자: (어린 팸으로서) "더 잘 알았어야 했는데. 내 신발을 망가뜨렸어요. 난 더 조심성이 많았어야 했어요. 난 나쁜 애예요. 끔찍한 여자애예요."

팸: (자상한 엄마로서) "그건 큰일이 아니야. 그건 신발일 뿐인걸. 정말 큰일이 아니야. 널 상처 주지 마. 아무것도 아니야. 그건 신발일 뿐이야."

팸: (자상한 엄마로서) "넌 나쁘지 않아. 넌 나쁜 애가 아니야."

치료자: (어린 팸처럼) "하지만 난 엄마를 믿어야만 해요. 엄마는 항상 옳거든요."

치료자: (자상한 엄마에게) "팻에게 그녀가 항상 옳지 않다고 말해요."

팸: (자상한 엄마로서) "당신은 항상 옳지 않아요. 당신은 실수를 했어요. 당신도 때때로 잘못을 했어요."

치료자: 이 장면에서 하나 더 포함시키면 좋겠어요, 팸. 이건 좀 민감한 것이긴 해요. 이 얘기를 다시 꺼내는 것이 괜찮았으면 좋겠어요. 내가 다시 팻이 될 거예요. 그리고 당신에게 오빠에 대해 말하려고 해요. 괜찮겠어요?

팸: 네. 계속하세요.

치료자: (어린 팸에게 말하는 팻으로서) "난 네가 네 오빠에 대해 말하지 않았으면 좋겠다. 넌 내가 바쁜 걸 알잖니. 넌 이런 건 너 스스로 해결해야 해. 오빠에 대해 말하는 걸 그만둬. 넌 왜 이 일에 나를 끌어들이는 거니?"

팸: (팻에게 말하는 팸으로서) "당신이 내 엄마잖아요. 그러니까 당신이 날 보호해야 했어요."

치료자: 너무 잘하고 있어요. 대단한데요. 팻에게 다시 말해 보시겠어요?

팸: (팻에게) "당신은 엄마예요. 날 보호했어야 했다고요."

치료자: (어린 팸에게 말하는 팻으로서) "아니. 내가 너한테 울지 말라고 했지? 입 다물고 불평 좀 그만하라고 했지? 넌 항상 불평만 늘어놓잖아. 그게 뭐가 대수야? 오빠가 너를 성적으로 학대한다는 게 뭔데? 그것 때문에 그렇게 화가 났어?"

팸: (팻에게 말하는 어린 팸으로서) "상처받았기 때문에요. 그건 잘못된 거예요. 난 좋아하지 않는다고요."

치료자: (어린 팸에게) 팻에게 좋은 엄마라면 그만두게 할 거라고 말하세요. 좋은 엄마는 아이에게 스스로 그만두라고 말하지 않을 거예요. 엄마가 그만두게 할 거예요.

팸: (팻에게 말하는 어린 팸으로서) "좋은 엄마는 나를 보호할 거예요. 좋은 엄마는 날 안전하게 보호해 줄 거예요. 좋은 엄마는 오빠한테 그만두라고 말할 거예요."

치료자: (팸에게) 팻에게 자상한 엄마로서 지금 말하세요. 엄마한테 당신 아이들에게 절대로 이런 일이 일어나게 해서는 안 된다고 말하세요. 이와 같은 일에서 아이들을 보호해야 한다고 말하세요.

팸: (팻에게 말하는 자상한 엄마로서) "난 내 아이에게 절대로 그런 일이 일어나지 않도록 할 거예요. 그런 일이 일어난다면 그만두게 할 거예요. 계속되지 않게 할 거예요. 그런 일이 일어나지 않게 할 거예요. 난 내 아이가 그런 식으로 상처받게 하지 않을 거예요.

치료자: 잘했어요. 팻에게 당신을 보호하는 건 이제 끝이라고 말하세요.

팸: (팻에게) "당신을 보호하는 건 이제 끝났어요. 당신이 그것을 했어야 했어요. 당신 일이에요."

치료자: 엄마에게 그건 당신 잘못이 아니라고 말하세요.

팸: (팻에게) "내 잘못이 아니에요. 난 잘못된 일을 하지 않았어요. 난 잘못하지 않았어요."

치료자: 좋아요, 팸. 이제 눈을 뜨고 지금 당신이 어떻게 느끼고 있는지 말

해 주시겠어요?

팸: 화가, 너무 화가 나요.

치료자: 네. 엄마에게 어떻게 화가 나나요? 당신 자신에게 화가 나던 것보다 나은 느낌인가요, 아니면 둘 다 비슷한가요?

팸: 내 안에 있는 게 아니고 내 밖에 있는 거여서 화를 내는 게 더 낫게 느껴져요.

치료자: 네. 당신이 잘못한 것이 아니라고 진심으로 믿는 것 같네요. 그건 머리에서 나온 게 아니었죠. 당신은 잘못된 것에 분노를 느꼈고, 당신이 느끼고 있는 분노를 말할 수 있었어요. 분노가 터져 나왔어요. 그런 일들을 엄마에게 말하는 것이 힘들었나요, 아니면 자동적으로 터져 나왔나요?

팸: 잘 모르겠어요. 그게 어떻게 터져 나왔는지는. 그냥 나왔어요. 그냥 터져 나왔어요.

치료자: 터져 나온 건 당신이 갖고 있는 자상한 엄마로서의 측면이에요. 자상한 엄마는 어떤 것으로부터 아이들을 보호하려고 하죠. 당신 엄마가 당신을 보호하는 것에 실패한 것처럼 당신은 당신 아이들을 돌보는 것에 실패하지 않을 거예요.

팸: 네. 엄마는 날 보호하지 않았어요. 엄마 잘못이에요. 내 잘못이 아니고. 이제야 알겠어요. 머릿속으로는 알고 있었지만 여전히 엄마에게 화를 내는 건 어려웠어요. 여전히 엄마에게 화를 내는 건 힘들지만, 지금은 모든 것이 다르게 느껴져요.

요약하자면, CBT는 내담자가 그들에게 문제가 되는 정서 반응을 억제할 수 있도록 하기 위해 정서를 불러일으키는 많은 전략을 포함하고 있다. 이러한 정서 유발 전략을 통해, 내담자들은 부정적인 정동을 참는 법을 배우는데, 이것은 내담자들이 그들이 수년간 억압해 왔거나 아마도 결코 가지고 있다고 인정하지 않았던 정서들을 받아들일 수 있게 해 준다.

심상은 정서를 변화시킬 수 있는 정서를 유발하기 위한 강력한 개입방법이다. 심상 다시 만들기와 심상 대화는 단지 두 가지 전략을 제시한 것이고, CBT는 다양한 문제의 치료에 적용되는 다른 많은 전략(Hackmann, Bennett-Levy, & Holmes, 2011)을 가지고 있다.

정서와 대인관계

많은 내담자는 다른 사람과의 관계에 문제를 가지고 있어서, CBT를 찾는다. 대체로 관계의 고통은 내담자의 부족한 정서 조절 능력 때문이다. 정서 반응을 효과적으로 관리할 수 있는 능력이 없는 내담자는 화가 났을 때 상대방에게 비난을 하거나 불안할 때 타인에게 지나치게 의존할 수 있다. CBT는 대인관계를 개선하기 위해 내담자의 정서 반응을 관리하는 기술을 가르친다.

동시에 대인관계 문제는 정서를 회피하는 것 자체에서 야기된다. 불안한 내담자는 종종 그들이 걱정하는 행동으로 인한 대인관계 결과를 알아채지 못한다(Erickson & Newman, 2007). 예를 들어, 친밀한 관계의 상실을 두려워하는 내담자는 아내로부터 반복적으로 안심시키는 말을 듣고자 할 수 있는데, 그렇게 되면, 수 년 동안 계속해서 남편을 안심시킬 수 없는 아내는 남편이 느끼는 괴로움에 대처하기 위해 남편과 거리를 두게 된다. 일반화된 불안장애와 같은 만성 불안장애를 가진 내담자들은 더 큰 대인관계 문제들(Przeworski et al., 2011)을 호소하는데, 친밀한 친구들이 거의 없고 (Whisman, Sheldon, & Goering, 2000), 이혼이나 별거의 가능성이 크거나 낮은 결혼 만족도(Whisman, 2007; Whisman et al., 2000)를 보고하였다. 이러한 대인관계 어려움은 타인과의 관계에서 자신의 정서적 반응을 경험하고, 받아들이고, 표현하는 것을 회피하는 불안한 내담자들의 경향성을 보여 주는 것일 수 있다

(Newman, Castonguay, Borkovec, & Molnar, 2004).

CBT는 내담자들이 정서 경험들을 피하는 것이 그들에게 문제를 만들어 낼 때, 부적응적인 정서 반응을 조절하는 기술과 정서 반응을 충분히 경험하는 기술을 가르치려고 노력한다. 개입, 조절, 수용의 초점과 상관없이, 정서는 대인관계의 변화 과정에 필수적이다.

부적응적인 대인관계 패턴을 깨기 위한 심상

대인관계에 어려움을 겪는 내담자들은 종종 다른 사람들과의 관계에서 회피나 과잉 보상으로 대처한다. 예를 들어, '나는 무능하다.'는 핵심 신념을 가진 내담자는 상사에게 도움을 청하는 것을 피했다가 결국 상사의 기대에 부응하지 못해 자신이 무능하다는 내담자의 신념을 강화시킬 수 있다. '나는 결함이 있다.'라는 핵심 신념을 가진 내담자는 동료나 친구들에게 우월한 입장을 취함으로써 과잉 보상할 수 있어서, 동료들은 내담자를 '건방진 애'라고 부르게 되고, 그래서 내담자는 자신이 결함이 있다는 신념을 강화하게 된다.

인지행동 치료자는 정서를 불러일으키기 위해 심상 기법을 사용할 수 있으며, 이를 통해 내담자들은 그들의 전형적인 대처 스타일을 밀어내고 다른 사람들과 관계를 맺는 새로운 방법을 발견할 수 있다. 심상의 목표는 내담자가 자신의 전형적인 부적응적인 대처 전략으로 후퇴하기보다는 발생하는 정서에 직면하여 적응적인 방식으로 행동하는 것을 상상하도록 돕는 것이다. 예를 들어, 자신이 실패자라고 믿어서 평소 자기변호를 회피하는 내담자는 상사에게 월급을 올려 달라고 요구하는 상상을 하게 할 것이다. 다음 임상 사례에서는 인지행동 치료자가 심상을 사용하여 '리사'가 친밀한 관계에서 평생 동안 회피하던 패턴을 깨트리도록 돕는다. 리사의 아버지는 알코올중독자였는데, 아버지는 리사를 반복적으로 비하했다. 그는 그녀를 멍청하다고 하고, 패배자라고 불렀으며, 그녀가 자신을 발전시키려고 할 때마다 계속해서 비웃었다. 훌륭한 대학에 리사가 합격했을 때, 아버지는 리사가 대학에 가는 것을 허락하지 않았다. 그는 그녀에게 그녀가 대학에 갈 만큼 똑똑하지 않으며, 그것은 돈 낭비라고 말했다. 리사는 지역 전문대학에 다닐 수 있었지만, 그녀의 아버지는 그녀의 등록금을 조금도 내주지 않아, 그녀는 교육을 마칠 수 없었다. 리사는 이제 자신이 패배자라고 믿고, 친밀한 관계를 맺고 싶어 하지만, 늘 그렇듯이 데이트하는 것을 회피하고 있다. 그녀가 과거에 가졌던 관계는 성관계를 맺기 위해 그녀를 이용하고 그녀를 떠난 남자들과의 관계뿐이었다.

인지행동 치료자는 리사에게 눈을 감고 그녀가 아마도 정비사나 학교 선생님으로 보수가 좋은 직장을 다니는 매우 멋진 남자와 저녁식사하는 장면을 상상해 보라고 하며 시작한다. 그런 다음 치료자는 리사에게 데이트를 끝내고 집으로 돌아가라고 압박하는 '나는 패배자'라는 핵심 신념을 말하게 하고, 리사의 건강한 성인 목소리로는 피하지 말고 머물러서 이런 상황에서 자신에게 일어나는 정서를 극복할 수 있도록 격려한다.

치료자: 리사, 이제 눈을 감고, 좋은 직장을 가진 멋진 남자와 저녁식사 자리에 있는 당신을 상상해 보면 좋겠습니다. 그런 상황에 있는 자신을 그려 볼 수 있겠어요?

리사: 네. 전 그 사람과 식탁에 있어요. 그는 매우 멋지고, 자기 직업과 무슨 일을 하는지 얘기하고 있어요. 너무나 불편해요. 평상시 하던 것처럼 어떤 이유를 대고 나가고 싶지만, 제 자신에게 나가지 말고 그와 얘기를 하라고 강요하고 있어요.

치료자: 리사, 지금 당장 밖으로 나가서 떠나고 싶은 이유를 말해 주겠어요? 왜 지금 당장 떠나고 싶은가요?

리사: 전 정말 두려워요. 그 사람이 제가 뭘 하는지 물어볼까 봐 무서워요. 전 아무것도 하지 않는다고 말하게 될 거예요. 그러면 그 사람은

절 안 좋아할 거고요. 그렇게 될 거예요. 그 사람은 멋진 남자이니 저를 차 버릴 거예요.

치료자: 왜 그 사람이 당신을 좋아하지 않을까요?

리사: 그 사람은 제가 대학도 못 다녔다는 것을 안 순간, 절 바보라고 생각할 거예요. 전 똑똑하지 않아요. 그 사람은 아마도 똑똑한 여자친구를 원하겠죠. 재미있고, 대화가 잘 될 수 있는. 전 아니에요.

리사는 피하고 싶은 충동을 느끼고 있다. 그녀는 매우 불안하고 불편함을 느끼고 있다. 만약 그녀가 멋진 남자와 실제 데이트를 한다면, 그녀는 말을 많이 하지 않을 것이고, 그래서 그 남자는 그녀가 매우 똑똑하지 않다고 결론을 내리게 되거나, 그녀가 핑계를 대고 식당을 떠나게 될 수도 있다. 치료자는 리사가 회피하려는 자신의 경향성을 깨트리거나 반대로 밀어붙이는 상상을 하도록 격려하여, 대신 남자와 이야기하게 한다.

치료자: 리사, 이제 그 사람과 얘기하는 것을 상상해 보세요. 그 사람에게 당신의 흥밋거리들을 말하세요. 당신이 좋아하는 읽을거리와 당신이 재미를 위해 하고 있는 것에 대해서요. 아마 당신은 그 사람에게 미술 수업에 대한 것을 말하는 상상을 할 수도 있겠네요. 자, 지금 그 남자에게 말하는 상상을 해 보고, 나에게 무슨 일이 일어나고 있는지 보이는 것을 말해 주세요.

리사: 전 그 남자에게 제가 다니는 미술 수업에 대해 말하기 시작했어요. 그 사람이 저한테 질문을 해요. 그것에 대해 얘기하는데, 그 사람이 흥미를 보이는 것 같아요. 우리는 음악과 예술에 대해 이야기하고 있어요.

치료자: 대화가 어떻게 진행되고 있나요?

리사: 지금까지는 그 남자가 저에게 관심이 있는 것처럼 보여요. 전 아직

도 긴장되고, 정말 겁이 나지만, 제가 좋아하는 일에 대해 그 사람에게 말하려고 하고 있어요. 어렵긴 해요. 즐거운 시간이긴 하지만 정말로 긴장되네요.

치료자: 그 사람에게 그걸 말해 보세요. 당신이 즐겁지만, 너무나 긴장이 된다고.

리사: (남자에게) "정말 긴장이 되네요. 즐거운데, 당신이 나처럼 즐겁지 않을까 봐 좀 걱정이 돼요."

치료자: 그 사람이 뭐라고 하나요?

리사: 그 사람이 자기도 역시 긴장이 된다고 해요. 그 사람도 즐거운데 긴장이 된다고 말해요.

치료자: 그 사람의 말을 들으니 어떻게 느껴지나요?

리사: 좀 더 편안해지는 것 같아요.

치료자: 당신이 그에게 보여 줄 수 없는 당신에 대해, 그가 알게 될까 봐 걱정하는 것에 대해 그에게 말하세요. 그가 알게 될까 봐 부끄럽거나 두려워하는 것에 대해 그에게 말하세요.

리사: (남자에게) "이런 말하기가 겁나지만, 당신이 내가 똑똑하지 않다고 생각 할까봐 걱정돼요. 난 내가 똑똑한지는 모르겠어요. 하지만 당신이 나를 바보로 생각하고 다시 연락하지 않을까 봐 걱정돼요."

치료자: 그 사람이 뭐라고 하나요?

리사: (이제 울면서) 그 사람이 자신도 제가 자기를 좋아하지 않을까 봐 두렵다고 말해요. 그 사람도 역시 가끔 자신이 충분히 똑똑하지 않을까 봐 걱정을 한다고 말해요. 그 사람이 그건 그렇게 큰 문제라고 생각하지 않는다고 말해요. 우리 모두 불안해하는 걸 가지고 있다고 말해요.

치료자: 지금 어떻게 느껴지나요?

리사: 그 사람이 저에게 솔직해서 좀 더 편안해요. 그 사람은 절 판단하지

않아요. 그 사람은 저와 자신의 불안전함에 대해 나누고 있어요. 그게 저를 덜 두렵게 해요.

인지행동 치료자는 리사에게 그녀의 정서 패턴에 반하는 행동을 상상하라고 요청하고 있다. 그것은 리사가 상상했던 남자에게 할 말에 대한 것이 아니라 그녀의 회피적인 대처 패턴에 대항하는 것이다. 리사는 평소 하던 것처럼 마음을 닫고 자기 자신 속으로 빠져드는 대신, 진실하고 수용적인 태도로 자신의 불안감을 한 남자와 나누는 상상을 한다. 리사가 자신의 관심사를 남자와 나누는 것이 더 편해질수록, 남자는 그녀가 흥미롭고 똑똑하다는 것을 알게 될 가능성이 커진다. 심상을 통해, 인지행동 치료자는 리사가 대화에서 자신의 것을 유지할 수 있고, 자상하고 사려 깊은 남자를 찾을 수 있을 만큼 충분히 똑똑하다는 적응적인 신념을 강화하기 위한 작업을 한다.

대인관계 기술을 연습하기 위한 대인관계 역할극

대인관계 역할극(interpersonal role plays)은 인지행동 치료자와의 치료에서 내담자가 새롭게 습득한 대인관계 기술을 연습할 수 있도록 하는 강력한 전략이다. 대인관계 역할극은 부정적인 정동이 있을 때 기술을 적용할 수 있다는 내담자의 자신감을 높일 때 특히 효과적이다.

자기 효능감(self-efficacy)은 과제를 성공적으로 완수할 수 있는 자신의 능력에 대한 믿음이다(Bandura, 1982, 1994). 자기 효능감 이론은 사람들이 일반적으로 자신이 성취할 수 있다고 믿는 일들만 시도한다고 한다. 이 신념의 강점은 자신감이고, 강한 자기 효능 신념을 가진 사람들은 어려운 일이라도 해낼 수 있다고 믿는다. 종종 어려운 과제의 특징은 부정적인 정동을 불러일으키고, 개인은 불편한 부정적인 정서와 맞닥뜨리면서 과제를 수행해야 한다는 것이다. 스트레스, 불안, 걱정, 두려움은 모두 자기 효능감에 부정적인 영향을 미쳐서, 불안감을 유발하는 작업을 시작하거나 수행할 수 없게 만들 수 있다(Bandura & Adams, 1977). 그렇기 때문에 새로운 대인관계 기술을 배우는 내담자들은 강한 정서 상태에서도 이러한 기술을 수행할 수 있다고 믿는 것이 필수적이다.

'나단'은 37세의 카피 에디터로, 사생활과 직업 생활에서 압도되는 감정과 불안감 때문에 CBT를 찾아왔다. 나단은 다른 사람들, 특히 매일 나단이 해야 할 일의 목록을 추가하는 다른 사람들, 특히 상사에게 자기주장을 하는 데 어려움을 갖고 있다. 나단은 갈등이 심한 가정에서 자랐다. 그의 어머니와 아버지는 작은 실수에도 아이들에게 소리를 질렀고, 나단은 친구들과 동료들과의 관계에서 갈등의 기미가 보일까 봐 두려워했다. 인지행동 치료자는 나단과 함께 그의 불안 유발 사고를 확인했다. 인지 재구성을 통해, 나단은 다른 사람들과 적극적으로 지내는 것에 대해 생각할 때 훨씬 덜 불안하다고 보고했다. 그러나 상사가 그에게 다른 일을 하라고 요구할 때, 그의 상사에게 "아니요."라고 거절을 말할 수 있을 '만큼 강하다'고는 믿지 못하고 있었다. 인지행동 치료자는 나단에게 적극적 의사소통 네 단계를 가르쳤고, 나단은 그 단계들을 쉽게 떠올릴 수 있었으며, 치료자와 함께 그것들을 연습했다. 하지만, 나단은 특별히 불안감을 느끼지 않았기 때문에 이 연습이 쉬웠다고 보고했다. 인지행동 치료자는 나단이 불안감을 느낄 때도 적극적일 수 있다는 자신감을 높이기 위해 일련의 대인관계 역할극을 시도할 것을 제안했다.

치료자: 나단, 당신이 자기주장 4단계를 기억하는 것으로 시작했으면 해요. 첫째, 객관적이고 중립적인 용어로 상황을 기술하기. 둘째, 그 상황이 당신을 어떻게 느끼게 만드는지 공유하기. 셋째, 변화를 요청하기. 넷째, "나를 위해 그렇게 해 줄 수 있으세요?"와 같이 말해서 합의를 얻기. 이 단계들이 생각나나요?

나단: 네. 우리가 연습을 많이 해서 기억할 수 있을 것 같아요.

치료자: 좋습니다. 자, 그럼 당신에게 많이 발생하는 상황으로 연습을 해 보는 건 어떨까요? 당신의 상사가 퇴근 시간이 다 된 시간에, 당신의 책상 앞으로 와서 더 해야 할 업무가 있다고 하면서, 당신이 늦게까지 그 일을 마치기를 기대하는 상황이 좋을 것 같네요. 당신이 일에 대한 부담으로 압도되고 있다는 것을 알기 때문에 우리는 당신이 직장에서 스트레스를 관리할 수 있는 최선의 방법이 해야 할 업무량을 언제든 조절하는 것이라는 데 합의했어요. 자기주장은 당신이 그것을 할 수 있도록 돕는 전략이라는 것도 합의했고요.

나단: 네. 친구 마크가 나에게 말한 것도 비슷해요. "너 내가 너한테 말했던 거 기억해, 알았지?"라구요. 마크는 "똑똑하고 능력 있는 작가가 되는 것의 저주는 사람들이 네가 할 수 있는 것보다 더 많은 일을 너에게 줄 거라는 거야."라고 했어요. 그게 세상의 방식이라고.

치료자: 맞아요. 나단. 당신은 일을 잘하고 있고, 사람들은 당신이 어떤 일이든 할 수 있다고 생각하고 있죠. 동시에 당신은 그들이 요구하는 것에 항상 "네."라고 대답해서 큰 대가를 치르게 되고요. 그래서 당신 상사, 조안과의 상황으로 역할극을 해 봅시다. 내가 당신의 책상으로 가서 당신이 해야 할 일 목록에 또 다른 일을 추가하는 걸 요청할게요. 그러면 당신은 거절하는 연습을 하게 될 거예요. 4단계에 맞추어 해 보세요. 그러고 나면, 내가 역할극에서 당신을 점점 더 몰아붙이겠습니다. 당신이 불안하거나 스트레스를 받을 때 이걸 연습할 기회가 될 거예요. 어때요? 또 상사가 계속 그렇게 하는 것처럼, 깨진 기록 전략(broken record strategy)을 연습하는 걸 기억하세요. 그것도 도움이 될 거예요. 시작하기 전에, 0%에서 100%로 표현한다면 얼마나 자신 있나요? 당신 상사가 일을 더 하라고 요구할 때 자기주장을 할 수 있다는 자신감이요.

나단: 20% 정도요.

치료자: 좋아요. 나단. 해 봅시다.

치료자: (상사 조안으로서) "안녕! 나단, 할 말이 있어요. 바쁜 거 아는데, 마케팅팀에서 이번 주까지 나와야 하는 새로운 카피를 검토해 달라고 요청이 왔어요. 시간이 오래 걸리지 않을 거예요. 중요한 일인데. 이 일 좀 맡아서 해 보는 거 어때요?"

나단: (조안에게) "오늘 저한테 주시는 세 번째 일이에요. 전 제가 할 수 있는 한 최대한 빨리 일하고 있고요. 제가 할 일에 일을 더 할수록, 점점 더 부담스러워 죽겠어요. 그리고 오늘 집에 가기 전에 이 모든 것을 끝내지 못할까 봐 걱정이 돼요. 제가 이 일을 하기를 원하시면, 오늘 저한테 주신 다른 일들을 보시고, 그 일들 중에서 하나를 빼 주세요. 그렇게 해 주실 수 있으세요?"

치료자: (조안으로서) "네. 나단, 바쁜 거 알지만, 이건 시간이 오래 걸리지 않을 거예요. 오늘은 조금 야근해야 할 수도 있겠지만, 그건 뭐 별것 아니죠?"

나단: (조안에게) "조안, 전 오늘 늦게까지 일하지 않을 거예요. 이건 오늘 저한테 주신 세 번째 일이에요. 최대한 빨리 하고 있는데, 오늘 모든 일을 다 마칠 수 없을 것 같아 걱정이 돼요. 오늘 이 일을 제가 하길 원한다면, 제가 해야 할 일들 중에서 어떤 것이든 빼 주세요. 그러면 이걸 할 수 있을 거예요. 어때요?"

치료자: (조안으로서) "나단, 난 당신이 회사를 위하는 사람인 줄 알았어요. 우리 모두를 실망시키고 있네요. 쉽게 가려고 해서 다른 팀원들이 싫어할 것 같은데. 징징대지 말고 이 일을 더 하세요. 시간 걸리지 않을 거예요, 거참."

나단: 전 정말 스트레스 받아요. 그 여자는 정말 그런 식으로 말해요.

치료자: 나단, 정말 잘하고 있어요. 기운내요. 대처 반응들을 사용하세요. 조안이 해고하지 않을 모든 이유를 살펴보시고, 만약 당신이 지금 그

말을 제대로 하지 못해서 지금처럼 계속 뒤처진다면, 그저 당신 팀을 실망시키고 조안에게 해고당할 이유를 줄 수도 있다는 것 사실을 상기해 보세요.

나단: 네. 도움이 되네요. 알겠습니다.

나단: (조안에게) "전 오늘 야근 안 한다고 말씀드렸고, 저는 진정으로 회사를 위하는 사람이에요. 여기 있는 다른 사람들은 거절을 해도 전 당신이 준 일을 거절하는 경우가 거의 없죠. 제가 이 일을 하기를 원하시면, 제 할 일을 빼 주세요. 그러면 제가 이것을 하겠습니다. 그렇게 해 주시겠어요?"

치료자: (조안으로서) "나단, 농담하는 거 아니에요. 내가 이렇게 하라고 했잖아요. 이걸 하길 바라요. 우린 일하라고 돈을 주고, 이건 내가 주는 일이고요."

나단: 와, 상사가 그렇게까지 할 것 같진 않아요. 그 상사가 못되게 굴거나 하진 않아요.

치료자: 알아요, 나단. 하지만 누군가가 말도 안 되는 말을 하는 상황까지 연습하는 게 중요해요. 그렇게 하면, 거의 대부분을 다룰 수 있다는 것을 알게 될 거예요.

나단: (조안에게) "네. 맞아요. 조안. 전 일을 하지 않겠다는 게 아니에요. 더 현명하게 일을 하려고 하는 거예요. 전 당신이 제가 할 일들 중에 어떤 것이든 빼 주면 이 일을 즐겁게 할 거예요. 결정해 주세요. 할 일 중에서 빼 주시면 이 일을 할게요. 어때요?"

치료자: 나단, 대단한데요. 잘했어요! 어땠어요?

나단: 음. 스트레스를 많이 받았어요. 당신이 점점 짜증이 나는 걸 보니까 불안이 점점 심해졌어요. 계속할 수 있을 것 같진 않았지만, 해냈어요.

치료자: 이제 다음번에 조안이 당신이 퇴근하기 전에 한 가지만 더 해달라고 하면 조안에게 단호하게 행동할 수 있는 자신이 있어요?

나단: 지금은 80% 정도요. 정말로 이렇게 할 수 있다고 생각해요. 또, 선생님이 내가 대처 반응을 사용할 수 있다는 것을 생각나게 해 줬을 때 좋았어요. 그것도 도움이 됐어요.

요약하자면, 정서는 타인과의 관계를 증진시키며 열린 정서 표현은 친밀감의 기초가 된다. 대인관계에 어려움을 겪는 내담자들은 전형적으로 그들의 정서 반응에 대해 종종 회피하거나 과잉 보상을 통해 부적응적인 방식으로 대처한다. CBT는 부적응적인 대인관계 패턴을 교정하는 과정에서 정서를 불러일으키는 많은 전략을 포함하고 있다. 심상 대화와 역할극 두 가지는 유사한 전략이다. 이러한 전략의 목표는 오래된 학습을 억제할 수 있는 새로운 학습을 발달시키는 과정에서 정서를 불러일으키는 것이다. 이 새로운 학습은 오래된 학습이 발생하는 상황에서 나타나는 정서 반응이 있을 때 가능하며, 심상 대화와 역할극은 인지행동 치료자가 이 과정을 촉진하게 할 수 있게 한다.

정서와 치료적 관계

임상가들 사이에서는 CBT에서의 관계를 변화의 능동적이고 비판적인 메커니즘과는 독립적인 요인으로 보는 경향이 있다(Castonguay, Constantino, McAlvey, & Goldfried, 2010). 많은 연구자는 이러한 관점에 도전했고, 치료적 관계가 변화의 매개 변수이자 변화의 중요한 메커니즘이라고 주장했다(Safran & Muran, 2000; Safran & Segal, 1996).

인지행동치료를 포함한 심리치료는 내담자에게 많은 것을 요구한다. 내담자들은 깊은 개인적인 것을 기꺼이 공개해야 해서 치료자에게 상처받기 쉬워진다. 내담자는 두려운 정서를 기꺼이 경험하고 치료자의 피드백에 열려 있어야만 한다. 내담자들은 또한 치료 관계 자체에 대해 논의하는 것을 기꺼이 견뎌야 한다. 동시에, 내담자들은 종종 다른 사람들과 관련된 어려움 때문에 치료를 받는다. 그들은 다수의 인지 및 대인관계 전략을 통해 자신의 정서적 경험을 처리하거나 받아들이는 것을 피할 수 있다. 치료실 밖에서 발생하든 내부에서 발생하든 이러한 전략이 CBT의 초점이다.

인지행동 치료자들은 치료 관계를 내담자들이 자신의 삶에 가지고 있는 문제에 기여하는 생각과 믿음을 촉발시킬 수 있는 많은 사건 중 하나로 본다. 따라서 치료 관계는 이러한 인지와 행동을 직접적으로 연구할 수 있는 충분한 기회를 제공한다. 자신이 무능하다고 믿는 내담자는 CBT 기술을 잘 구현하지 못할까 두려워서 CBT 기술을 시도하지 않을 수 있다. 다른 사람들이 자신을 평가하고 비난할 수 있다고 믿는 내담자는 치료자에게 자신을 괴롭히고 있는 진짜 어려움을 나누지 않을 수 있다. 따라서 인지행동 치료자는 치료 회기의 주제를 설정하든, 문제가 되는 인지를 확인하고 수정하기 위한 사고 기록을 사용하든, 치료 밖 과제(예: 과제)를 완료하든, 개인이 발생하는 대인관계와 치료관계를 분리할 수 없다.

CBT는 관계 형성과 기술 형성의 균형을 찾기 위해 노력한다. 내담자들은 그들의 정서 반응과 그들의 삶에서 발생하는 문제들을 관리하는 기술로부터 이익을 얻는다. 그러나 이러한 기술을 배우고 실행하려는 내담자의 의지는 치료 시간과 치료 과정 이외에서 발생하는 미묘한 정서와 행동 변화에 효과적으로 조율할 수 있는 인지행동 치료자의 능력에 달려 있다. 이러한 조율은 인지행동 치료자들에게 이러한 대인관계와 대인관계 내 과정에 대해 알아차리고, 내담자가 모를 수도 있고 또는 알 수도 있는 미묘한 논의거리들을 끄집어내는 데 능숙해야 할 것을 요구한다(Safran & Muran, 2000; Safran & Segal, 1996).

내담자들이 표준 인지행동 개입을 잘 따라올 때도 인지행동 치료자는 발생하는 미묘한 대인관계 패턴이나 치료 동맹이 깨지지는 않지만 멍이 드는

미묘한 순간에 주의를 기울이는 것이 중요하다. 내담자가 치료에 참여하여 CBT의 작업을 따르지 못하는 경우, 치료자는 표준 CBT 개입을 제쳐 두고, 이런 행동에 대한 자신의 기여를 탐색하고, 치료 관계의 맥락에서 내담자와 함께 떠오르는 정서를 탐색하기를 원할 수 있다.

CBT의 많은 특징은 내담자와 치료자 사이의 협력—개입이나 치료 시간이나 치료자에 관한 내담자의 피드백 요청, 그리고 적응적인 대인관계 반응을 모델링하고 내담자의 신뢰와 공개를 격려하기 위한 신중한 자기 공개의 사용—과 같은 공고한 치료적 작업동맹에 기여한다. 동시에 인지행동 치료자는 임상적으로 관계와 관련된 행동과 마주쳤을 때 CBT를 포기하지 않는다. 치료자는 여전히 "지금 마음에서 무엇이 지나갔나요?"라고 물을 수도 있다.

인지행동 치료자는 또한 치료자가 치료의 기초가 되는 인지행동 사례개념화를 포기하지 않는다. 인지행동 사례개념화는 치료 관계에서 임상적으로 관련된 정서나 행동을 구성하는 것이 무엇인지를 확인하는 데 필수적이다. 이러한 정서와 행동 표식은 핵심 신념이 활성화되었다는 것을 반영하며, 앞에서 설명한 것처럼, 정서적 표식들을 확인하고 효과적으로 작업하는 것은 치료의 지속성과 반응을 향상시킬 수 있다(Safran, Muran, & Eubanks-Carter, 2011).

인지행동 치료자는 이러한 관찰에 대해 내담자에게 능숙하게 잠정적으로 말하는 방법과 치료자의 경험과 관찰이 정확하거나 부정확할 수 있다는 것을 아는 것이 중요하다. 예를 들어, 치료자가 치료 밖에서 할 치료 과제(예: 숙제)를 내담자와 논의할 때, 자신이 무능하다고 믿는 내담자가 불안해하는 것으로 보인다면, 치료자는 먼저 주의 깊게 관찰하고 나서 잠정적으로 (내담자를 위한 인지행동 사례개념화에 기초하여) 설명할 수 있다.

> 우리가 이 숙제에 대해 논의하고 있을 때, 당신이 목을 가다듬고 손을 비비기 시작한 것을 봤어요. 어쩌면 내가 잘못 생각하는지도 모르지만, 당신이 과제에 대해 불안해하는 것 같았어요. 과제를 하는 것에 당신을 긴장하게 만드는 게 있었던 것 같았어요. 혹시 과제를 제대로 하지 못할까 봐 좀 걱정되는 게 있었나요? 다시 말씀드리지만, 만약 그렇다면, 제게 말씀해 주셨으면 합니다. 제가 관찰한 것이 당신이 지금 느끼는 것과 관련이 있는지 궁금합니다.

다음 임상 사례는 CBT 심리치료자가 과도한 사회적 불안감, 특히 여성들이 자신을 거부할 것이라는 두려움 때문에 치료를 받으려고 했던 20세 대학생 '스콧'과 함께 작업한 것이다. 스콧은 비판적인 어머니와 일 중독자였던 아버지 사이에서 자랐다. 스콧의 어머니는 그에게 대단히 비판적이었고, 그러면서도 그에게 남편으로부터 받지 못한 정서적 지지를 받고자 매우 의존적이었다. 스콧은 여성들과 수년간 여러 차례 관계를 맺었지만, 자기가 좋아하는 여성들과도 3~4개월 이상 관계를 지속하지 못했다. 스콧은 관계들이 점점 '지치게 되었다.'고 했지만, 무슨 일이 일어났는지는 기억하지 못했다.

인지행동 치료자는 여성이었는데, 스콧이 치료를 잠시 쉬려고 한다고 말했을 때 혼란스러웠다. 그녀는 스콧의 치료의 진전을 칭찬했고 스콧이 '훌륭한 잠재력을 가진 멋진 남자'라고 생각한다고 말했다. 그녀는 그가 계속 함께 치료 작업을 하도록 격려했다.

> **치료자:** 스콧, 전 당신이 치료를 쉬는 것에 대해 분명히 존중합니다. 당신은 지난 두 달 동안 많은 진전이 있었어요. 그런데 치료를 중단하는 시기에 대해서는 좀 의아합니다. 혹시 제가 당신을 힘들게 하는 말이나 행동을 한 게 있나 해서요. 혹시 그런 게 있다면 편안하게 말씀해 주시겠어요?

스콧: (불안해 보인다) 아, 아니에요. 그런 건 아무것도 없어요. 선생님은 너무 훌륭하셨어요. 제가 문제죠. 전 선생님을 좋아해요. 그게 아니라, 우리 만남을 끝내야 할 시간이 됐다고 생각해요. 괜찮죠?

치료자: 물론이에요. 괜찮아요, 스콧. 동시에, 제가 말씀드린 것처럼, 그 시점에 대해 궁금한게 있어요. 제가 당신의 치료 경과를 칭찬하고, 당신이 멋지고 괜찮은 남자라고 생각했다고 말한 후라서요. 오늘 당신이 치료를 끝내려고 하는 것에 제가 조금 당황스럽다는 것을 이해해 주기를 바라요. 오늘은 평소보다 조금 더 긴장되시나요? 만약 그렇다면, 오늘 치료에서 당신이 조금 긴장하기 시작한 때를 기억할 수 있나요?

스콧: 네. 더 긴장이 되는 것 같아요. 선생님이 절 칭찬하셨을 때 그랬던 것 같아요. 전 기대하지 않았거든요.

치료자: 그게 당신을 불편하게 느끼게 했나요? 칭찬과 긴장감 사이에 당신 마음에 뭐가 지나갔나요? 나에게 그걸 말하는 게 괜찮다면, 그건 당신과 오늘 치료 작업에 정말로 중요할 수 있을 것 같다고 생각해요. 당신 마음에 무엇이 떠올랐나요, 스콧?

스콧: (떨리는 목소리로) 음, 전(제 의미는) 선생님이 저와 끝낼 준비를 하는 것 같다고 생각한 것 같아요. 선생님이 저를 더 이상 만나기를 원치 않는다고 추측했었던 것 같아요.

치료자: 그랬군요. 그건 제가 치료를 끝낼까 봐 두려웠다는 소리로 들리네요. 만일 제가 그랬다면, 당신이 그것을 거절로 받아들일지 궁금합니다.

스콧: 아, 네. 아마 그럴 거 같아요.

치료자는 상호작용과 그 상호작용의 영향력(즉, 스콧을 싫어하게 만든 말이나 행동을 했는지에 대한 그녀의 혼란)에 대해 묻고, 그런 생각이 드는 이유(즉, 치료자가 그를 거부할 것이라는 스콧의 두려움)에 대해 추측(스콧을 위한 인지행동 개념화)하려는 의지가 칭찬과 찬사를 받는 것에 대한 스콧의 정서적 반응에 대해 확장된 탐색을 가능하게 하고 있다.

스콧: 저에겐 정말 힘든 일이에요. 누군가가 저를 좋아한다고 알아차렸을 때 참고 있는 게요. 제가 잠깐 동안 데이트했던 여자들 중 한 명인 줄리아가 저에게 말했던 거예요. 줄리아가 저를 좋아하고, 저를 좋아한다는 것을 제가 깨닫자마자 멀어지기 시작했다고 말했어요. 우리가 얘기했던, 저는 비호감이라고 하는 그 핵심 신념이 어떻게 저에게 영향을 미치는지가 마음속 깊이 점점 더 깨달아지네요. 전 제가 멀어지는 것도 몰라요. 그것은 자동으로 일어나는 것처럼 느껴져요.

치료자: 네.

스콧: 제 생각엔…… 제 생각엔 제가 여자들이 절 거절할까 봐 너무 무서워서, 여자들이 달아나기 전에 제가 달아나는 것 같아요. 최선의 방어가 최선의 공격인 것처럼요.

다음 치료 시간에, 스콧과 치료자는 거절에 대한 스콧의 두려움을 더 살펴보고, 거절이 임박했다고 생각한다면 여성과의 친밀감에 벽을 세우고 관계를 떠나는 것과 같은 두려움에 대해 대처하는 방법에 대해 탐색했다.

스콧: 전 거절이 끔찍하다고 생각하는 것 같아요. 누군가를 많이 좋아한다는 걸 깨달으면 뒤로 물러나요.

치료자: 네. 지금은 훨씬 더 분명하게 이해가 돼요, 스콧. 그래서 당신이 뒤로 물러났을 때, 여자가 그것을 감지하고 나서 당신이 자기를 안 좋아한다고 생각한 거네요. 그래서 여자가 떠나거나 당신이 떠나거나 했구요. 그래서 당신은 여성과 친밀한 관계를 원하지만 여성이 당신을 거절하는 것이 너무 두려워서 관계를 충분히 할 수가 없었네요. 제

가 당신을 떠난 적이 있나요, 스콧? 우리 관계를 떠난 적이?

스콧: 아니요. 없어요. 선생님은 저에게 많은 도움을 주셨고, 제가 지금 떠난다면, 여성과 친밀하고 오래 지속하는 관계에서 얻고 싶은 많은 것을 얻지 못할 거예요. 하지만 선생님이 어느 날 저와의 관계를 끝내지 않는다는 확신을 할 수 없다면, 선생님과 만남을 계속하는 것이 너무 무서워요.

치료자: 네, 스콧. 무섭다, 그건 당신이 관계가 잘돼서 사람들이 당신 주변에 머무를 것이라는 충분한 믿음이 없다는 소리로 들리네요.

스콧: (고개를 떨구고 눈물을 흘린다) 어떤 식으로든 여자들을 믿는 것이 너무 어려워요. 동시에 제가 원하는 종류를 관계를 맺고 싶다면, 여자들을 충분히 신뢰했어야 했다는 것도 알아요.

치료자: 우리의 관계와 이 치료에 대해 생각해 보면서, 당신이 원하는 여자와의 관계를 찾기 위해 함께 작업할 수 있도록 여기에서 나를 충분히 믿어 주실 수 있는지 궁금합니다. 이제 이해가 돼요. 당신이 이걸 기꺼이 말해 준 덕분에 당신에게 이것이 얼마나 무서운 일인지를요. 이 치료와 이 관계는 언젠가 끝날 것이기 때문에 특히 그렇네요.

스콧: 네. 저도 알아요. 지금은 정말 무섭게 느껴져요. 너무 무서워서 땀이 나요. 이게 끝날 수 있다는 것도 이게 계속될 수 있다는 생각도 너무 무서워요.

치료자: 네, 스콧. 이것은 당신에겐 미지의 영역이지만, 만약 당신이 그 불확실성을 견디는 법을 배울 수 있다면, 당신이 끝날 준비가 되어 있지 않은 상태에서 관계가 끝날 수 있는 위험을 견딜 수 있다면, 저는 언젠가 당신이 원하는 종류의 관계를 가질 수 있다고 믿습니다. 전 당신이 정말 희망적이라고 여겨요, 스콧.

요약하자면, 강력한 치료적 동맹은 모든 심리치료 작업이 의지하고 있는 기반이다. CBT의 많은 특징들은 내담자와 치료자 사이의 협력—개입이나 치료 회기나 치료자에 대한 내담자의 피드백의 요청 그리고 적응적인 대인관계 반응을 모델링하고 내담자의 신뢰와 공개를 격려하기 위한 신중한 자기 공개의 사용—과 같은 공고한 치료적 작업동맹에 기여한다. 동시에 치료 관계는 하나의 관계이며, 대부분의 내담자들은 그들의 삶에서 다른 사람들에게 반응하는 것과 같은 방식으로 인지행동 치료자에게 반응한다. 내담자들은 다른 사람과 관련된 이러한 자동적이고 이미 형성된 정서와 행동 패턴에 대해 거의 인식하지 못할 수 있다. 효과적인 CBT 심리치료자는 치료적 동맹의 붕괴나 파열을 나타내는 미묘한 대인관계 패턴에 주의를 기울인다. 내담자가 치료에 참여하여 CBT의 작업을 따르지 못하는 경우, 치료자는 표준 CBT 개입을 제쳐 두고, 치료 관계의 맥락에서 그 또는 그녀에게 떠오르는 정서와 사고를 내담자와 함께 탐색한다.

결론

이 장은 인지행동치료와 그것이 근거하고 있는 이론적 모델에 대해 설명하였다. CBT는 정서 반응에서 인지의 역할을 강조하고, 자신들의 정서 반응들에 영향을 미치는 인지를 확인하고 수정하는 것을 내담자들이 배우게 된다면 그들이 치료자를 찾아오게 했을 수 있는 부적응적 감정과 행동 패턴을 바꿀 수 있다고 가정한다. 정서를 유발하는 것은 내담자에게 그들이 느끼고 있는 것을 느끼도록 할 때, 그들이 배운 기술들을 연습할 기회를 준다. 이런 기술들이 불안감을 느낄 때, 상사에게 자기주장을 하든지, 가족에게 화가 났을 때 갈등을 해결하든지 하는 연습의 기회가 된다.

그러나 CBT의 목표는 단지 내담자들에게 그들의 정서와 행동 반응을 조절하는 기술들만 가르치는 것은 아니다. 인지행동 치료자는 학습과 변화를 촉

진하기 위해 정서를 유발시키고 강화하는 기법들을 사용한다. 그들은 사이코드라마, 게슈탈트 치료, 정신역동치료들을 포함한 다른 치료 접근법에서 많은 실험적 기법들을 빌려 왔다. 1970년대에 시작해서, 인지행동 치료자들은 심상, 대인관계 역할극, 행동 실험들 그리고 두 의자 기법 등을 사용하여 내담자의 정서를 심리치료 시간으로 가져왔다.

인지행동치료는 계속 발전해 가고 있다. 매년, 임상 연구자들은 종종 새로운 전략들을 사용하는 모델과 접근을 새로운 문제들에 적용하고 있다. 그러나 접근 방식의 변화에도 불구하고, 항상 정서는 깊이 있고 지속적인 심리적 변화에 필수적인 파트너가 될 것이다.

참고문헌

Allen, L. B., McHugh, R. K., & Barlow, D. H. (2008). Emotional disorders: A unified protocol. In D. H. Barlow (Ed.), *Clinical handbook of psychological disorders: A step-by-step treatment manual* (pp. 216-249). New York, NY: Guilford Press.

Arch, J. J., Wolitzky-Taylor, K. B., Eifert, G. H., & Craske, M. G. (2012). Longitudinal treatment mediation of traditional cognitive behavioral therapy and acceptance and commitment therapy for anxiety disorders. *Bhaviour Research and Therapy, 50*, 469-478. http://dx.doi.org/10.1016/ j.brat.2012.04.007

Bandura, A. (1977). Self-efficacy: Toward a unifying theory of behavioral change. *Psychological Review, 84,* 191-215. http://dx.doi.org/10.1037/0033-295X.84.2.191

Bandura, A. (1982). Self-efficacy mechanism in human agency. *American Psychologist, 37*, 122-147. http://dx.doi.org/10.1037/0003-066X.37.2.122

Bandura, A. (1994). Self-efficacy. In V. S. Ramachandran (Ed.), *Encyclopedia of human behavior* (pp. 71-81). New York, NY: Academic Press.

Bandura, A., & Adams, N. (1977). Analysis of self-efficacy theory of behavior change. *Cognitive Therapy and Research, 1*, 287-310. http://dx.doi.org/

10.1007/BF01663995

Barlow, D. H. (1991). Disorders of emotion. *Psychological Inquiry, 2*, 58-71. http:// dx.doi.org/10.1207/s15327965pli0201_15

Barlow, D. H. (2002). *Anxiety and its disorders: The nature and treatment of anxiety and panic* (2nd ed.). New York, NY: Guilford Press.

Barlow, D. H. (2014). *Clinical handbook of psychological disorders* (5th ed.). New York, NY: Guilford Press.

Beck, A. T. (1964). Thinking and depression: II. Theory and therapy. *Archives of General Psychiatry, 10,* 561-571. http://dx.doi.org/10.1001/archpsyc.1964.01720240015003

Beck, A. T., Rush, J. A., Shaw, B. F., & Emery, G. (1979). *Cognitive therapy for depression*. New York, NY: Guilford Press.

Bennett-Levy, J., Butler, G., Fennell, M., Hackmann, A., Meuller, M., Westbrook, D., & Rouf, K. (Eds.) (2004). *Oxford guide to behavioural experiments in cognitive therapy*. New York, NY: Oxford University Press. http://dx.doi.org/10.1093/med:psych/9780198529163.001.0001

Bindra, D. (1974). A motivational view of learning, performance, and behavior modification. *Psychological Review, 81*, 199-213. http://dx.doi.org/10.1037/h0036330

Blagys, M. D., & Hilsenroth, M. J. (2002). Distinctive activities of cognitive-behavioral therapy: A review of the comparative psychotherapy process literature. *Clinical Psychology Review, 22*, 671-706. http://dx.doi.org/10.1016/S0272-7358(01)00117-9

Bluett, E. J., Zoellner, L. A., & Feeny, N. C. (2014). Does change in distress matter? Mechanisms of change in prolonged exposure for PTSD. *Journal of Behavior Therapy and Experimental Psychiatry, 45*, 97-104. http://dx.doi.org/10.1016/j.jbtep.2013.09.003

Bolles, R. C. (1972). Reinforcement, expectancy, and learning. *Psychological Review, 79*, 394-409. http://dx.doi.org/10.1037/h0033120

Borkovec, T. D., & Sides, J. K. (1979). The contribution of relaxation and expectancy to fear reduction via graded, imaginal exposure to feared stimuli. *Behaviour Research and Therapy, 17*, 529–540. http://dx.doi.org/10.1016/0005-7967(79)90096-2

Bouton, M. E. (2002). Context, ambiguity, and unlearning: Sources of relapse after behavioral extinction. *Biological Psychiatry, 52*, 976–986. http://dx.doi.org/10.1016/S0006-3223(02)01546-9

Bower, G. H. (1981). Mood and memory. *American Psychologist, 36*, 129–148. http:// dx.doi.org/10.1037/0003-066X.36.2.129

Brewin, C. R. (1996). Theoretical foundations of cognitive-behavior therapy for anxiety and depression. *Annual Review of Psychology, 47*, 33–57. http://dx.doi.org/10.1146/annurev.psych.47.1.33

Brewin, C. R. (2001). A cognitive neuroscience account of posttraumatic stress disorder and its treatment. *Behaviour Research and Therapy, 39*, 373–393. http://dx.doi.org/10.1016/S0005-7967(00)00087-5

Burns, D. D. (1980). *Feeling good: The new mood therapy*. New York, NY: Morrow.

Butler, A. C., Chapman, J. E., Forman, E. M., & Beck, A. T. (2006). The empirical status of cognitive-behavioral therapy: A review of meta-analyses. *Clinical Psychology Review, 26*, 17–31. http://dx.doi.org/10.1016/j.cpr.2005.07.003

Carver, C. S., & Scheier, M. F. (1998). *On the self-regulation of behavior*. New York, NY: Cambridge University Press. http://dx.doi.org/10.1017/CBO9781139174794

Castonguay, L. G., Constantino, M. J., McAleavey, A. A., & Goldfried, M. R. (2010). The therapeutic alliance in cognitive-behavioral therapy. In J. C. Muran & . P. Barber (Eds.), *The therapeutic alliance in cognitive-behavioral therapy: An evidence-based guide to practice* (pp. 150–171). New York, NY: Guilford Press.

Castonguay, L. G., Goldfried, M. R., Wiser, S., Raue, P. J., & Hayes, A. M. (1996). Predicting the effect of cognitive therapy for depression: A study of unique and common factors. *Journal of Consulting and Clinical Psychology, 64*, 497–504.

http://dx.doi.org/10.1037/0022-006X.64.3.497

Clark, D. M. (1989). A cognitive approach to panic. In K. Hawton, P. M. Salkovskis, J. Kirk, & D. M. Clark (Eds.), *Cognitive behaviour therapy for psychiatric problems* (pp. 52-96). Oxford, England: Oxford Medical.

Cooper, M. J., Todd, G., & Turner, H. (2007). The effects of using imagery to modify core emotional beliefs in bulimia nervosa: An experimental pilot study. *Journal of Cognitive Psychotherapy, 21*, 117-122. http://dx.doi.org/10.1891/088983907780851577

Cox, W. M., & Klinger, E. (1988). A motivational model of alcohol use. *Journal of Abnormal Psychology, 97*, 168-180. http://dx.doi.org/10.1037/0021-843X.97.2.168

Craske, M. G., Kircanski, K., Zelikowsky, M., Mystkowski, J., Chowdhury, N., & Baker, A. (2008). Optimizing inhibitory learning during exposure therapy. *Behaviour Research and Therapy, 46*, 5-27. http://dx.doi.org/10.1016/j.brat.2007.10.003

Di Giulio, G. (2010). *Therapist, client factors, and efficacy in cognitive behavioural therapy: A meta-analytic exploration of factors that contribute to positive outcome*. Ottawa, Canada: University of Ottawa.

Dobson, K. S. (Ed.) (2001). *Handbook of cognitive-behavioral therapies* (2nd ed.). New York, NY: Guilford Press.

Dozois, D. J. A., & Dobson, K. S. (2001). Historical and philosophical bases of the cognitive-behavioral therapies. In K. S. Dobson (Ed.), *Handbook of cognitive-behavioral therapies* (2nd ed., pp. 3-39). New York, NY: Guilford Press.

Fedoroff, I. C., & Taylor, S. (2001). Psychological and pharmacological treatments of social phobia: A meta-analysis. *Journal of Clinical Psychopharmacology, 21*, 311-324. http://dx.doi.org/10.1097/00004714-200106000-00011

Foa, E. B., Huppert, J. D., & Cahill, S. P. (2006). Emotional processing theory: An update. In B. O. Rothbaum (Ed.), *pathological anxieth: Emotional processing in etiology and treatment* (pp. 3-24). New York, NY: Guilford Press.

Foa, E. B., & Kozak, M. J. (1986). Emotional processing of fear: Exposure to corrective information. *Psychological Bulletin, 99*, 20-35. http://dx.doi.org/10.1037/ 0033-2909.99.1.20

Foa, E. B., & Rothbaum, B. O. (1998). *Treating the trauma of rape: Cognitive-behavioral therapy of PTSD*. New York, NY: Guilford Press.

García-Vera, M. P., & Sanz, J. (2006). Analysis of the situation of treatments for smoking cessation based on cognitive-behavioral therapy and nicotine patches. *Psicooncología, 3*, 269-289.

Giesen-Bloo, J., van Dyck, R., Spinhoven, P., van Tilburg, W., Dirksen, C., van Asselt, T., … Arntz, A. (2006). Outpatient psychotherapy for borderline personality disorder: Randomized trial of schema-focused therapy vs transference-focused psychotherapy. *Archives of General Psychiatry, 63*, 649-658. http://dx.doi.org/10.1001/archpsyc.63.6.649

Goldfried, M. R. (2013). Evidence-based treatment and cognitive-affective-relational-behavior-therapy. *Psychotherapy, 50*, 376-380. http://dx.doi.org/10.1037/a0032158

Gould, R. A., Mueser, K. T., Bolton, E., Mays, V., & Goff, D. (2001). Cognitive therapy for psychosis in schizophrenia: An effect size analysis. *Schizophrenia Research, 48*, 335-342. http://dx.doi.org/10.1016/S0920-9964(00)00145-6

Gray, J. A., & McNaughton, N. (2000). *The neuropsychology of anxiety* (2nd ed.). Oxford, England: Oxford University Press.

Greenberg, L. S., & Safran, J. D. (1984). Integrating affect and cognition: A perspective on the process of therapeutic change. *Cognitive Therapy and Research, 8*, 559-578. http://dx.doi.org/10.1007/BF01173254

Greenberg, L. S., & Safran, J. D. (1987). *Emotion in psychotherapy: Affect, cognition, and the process of change*. New York, NY: Guilford Press.

Greenberger, D., & Padesky, C. A. (1995). *Mind over mood: A cognitive therapy treatment manual for clients*. New York, NY: Guilford Press.

Hackmann, A., Bennett-Levy, J., & Holmes, E. A. (Eds.) (2011). *Oxford guide to imagery in cognitive therapy*. New York, NY: Oxford University Press. http://dx.doi.org/10.1093/med:psych/9780199234028.001.0001

Hackmann, A., Clark, D. M., & McManus, F. (2000). Recurrent images and early memories in social phobia. *Behaviour Research and Therapy, 38*, 601-610. http://dx.doi.org/10.1016/S0005-7967(99)00161-8

Hayes, S. C., Wilson, K. G., Gifford, E. V., Follette, V. M., & Strosahl, K. (1996). Experimental avoidance and behavioral disorders: A functional dimensional approach to diagnosis and treatment. *Journal of Consulting and Clinical Psychology, 64,* 1152-1168. http://dx.doi.org/10.1037/0022-006X.64.6.1152

Heuer, F., & Reisberg, D. (1992). Emotion, arousal, and memory for detail. In S. A. Christianson (Ed.), *The handbook of emotion and memory: Research and theory* (pp. 151-180). Hillsdale, NJ: Erlbaum.

Hofmann, S. G. (2011). *An introduction to modern CBT: Psychological solutions to mental health problems*. Oxford, England: Wiley-Blackwell.

Hofmann, S. G., Asmundson, G. J. G., & Beck, A. T. (2013). The science of cognitive therapy. *Behavior Therapy, 44,* 199-212. cog://dx.doi.org/10.1016/j.beth.2009.01.007

Hofmann, S. G., Asnaani, A., Vonk, I. J. J., Sawyer, A. T., & Fang, A. (2012). The efficacy of cognitive behavioral therapy: A review of meta-analyses. *Cognitive Therapy and Research, 36*, 427-440. http://dx.doi.org/10.1007/ s10608-012-9476-1 (Erratum published 2014, Cognitive Therapy and Research, 38, 18, p. 368. http://dx.doi.org/10.1007/s10608-013-9595-3)

Hofmann, S. G., & Smits, J. A. J. (2008). Cognitive-behavioral therapy for adult anxiety disorders: A meta-analysis of randomized placebo-controlled trials. *Journal of Clinical Psychiatry, 69*, 621-632. http://dx.doi.org/10.4088/JCP.v69n0415

Hull, C. L. (1943). *Principles of behavior: An introduction to behavior therapy*. New York, NY: Appleton-Century.

Irwin, M. R., Cole, J. C., & Nicassio, P. M. (2006). Comparative meta-analysis of

behavioral interventions for insomnia and their efficacy in middle-aged adults and in older adults 55+ years of age. *Health Psychology, 25*, 3-14. http://dx.doi.org/10.1037/0278-6133.25.1.3

Jaycox, L. H., Foa, E. B., & Morral, A. R. (1998). Influence of emotional engagement and habituation on exposure therapy for PTSD. *Journal of Consulting and Clinical Psychology, 66*, 185-192. http://dx.doi.org/10.1037/0022-006X.66.1.185

Jones, E. E., & Pulos, S. M. (1993). Comparing the process in psychodynamic and cognitive-behavioral therapies. *Journal of Consulting and Clinical Psychology, 61*, 306-316. http://dx.doi.org/10.1037/0022-006X.61.2.306

Jorm, A. F., Morgan, A. J., & Hetrick, S. E. (2008). Relaxation for depression. *Cochrane Database of Systematic Reviews, 4*, CD007142.

Kabat-Zinn, J. (2003). Mindfulness-based interventions in context: Past, present, and future. *Clinical Psychology: Science and Practice, 10*, 144-156. http://dx.doi.org/10.1093/clipsy.bpg016

Kahneman, D. (2011). Thinking fast and slow. New York, NY: Farrar, Straus & Giroux. Kemmis, S., & McTaggart, R. (2000). Participatory action research. In N. K. Denzin & Y. S. Lincoln (Eds.), *Handbook of quantitative research* (2nd ed., pp. 567-605). Thousand Oaks, CA: Sage.

Kolb, D. (1984). *Experiential learning: Experience as the source of learning and development*. Englewood Cliffs, NJ: Prentice Hall.

Lang, P. J. (1977). Imagery in therapy: An information processing analysis of fear. *Behavior Therapy, 8*, 862-886. http://dx.doi.org/10.1016/S0005-7894(77)80157-3

Lang, P. J. (1979). A bio-informational theory of emotional imagery [Presidential address, 1978]. *Psychophysiology, 16*, 495-512. http://dx.doi.org/10.1111/j.1469-8986.1979.tb01511.x

Lazarus, A. (1976). *Multimodal behavior therapy*. New York, NY: Springer.

Leung, K. S., & Cottler, L. B. (2009). Treatment of pathological gambling.

Current Opinion in Psychiatry, 22, 69–74. http://dx.doi.org/10.1097/YCO.0b013e32831575d9

Leventhal, H. (1979). A perceptual-motor processing model of emotion. In P. Pilner, K. R. Blankstein, & I. M. Spiegel (Eds.), *Perception of emotion in self and others* (pp. 1–46). New York, NY: Plenum Press. http://dx.doi.org/10.1007/978-1-4684-3548-1_1

Lewin, K. (1946). Action research and minority problems. *Journal of Social Issues, 2*, 34–46. http://dx.doi.org/10.1111/j.1540-4560.1946.tb02295.x

Long, M. E., Davis, J. L., Springer, J. R., Elhai, J. D., Rhudy, J. L., Teng, E. J., & Frueh, B. C. (2011). The role of cognitions in imagery rescripting for posttraumatic nightmares. *Journal of Clinical Psychology, 67*, 1008–1016. http://dx.doi.org/10.1002/jclp.20804

Meichenbaum, D. (1977). *Cognitive-behavior modification*. New York, NY: Plenum Press. http://dx.doi.org/10.1007/978-1-4757-9739-8

Mowrer, O. (1960). *Learning theory and behavior*. New York, NY: Wiley. http://dx.doi.org/10.1037/10802-000

Nadel, L., Hupbach, A., Gomez, R., & Newman-Smith, K. (2012). Memory formation, consolidation and transformation. *Neuroscience and Biobehavioral Reviews, 36*, 1640–1645. http://dx.doi.org/10.1016/j.neubiorev.2012.03.001

Newman, M. G., Castonguay, L. G., Borkovec, T. D., & Molnar, C. (2004). Integrative psychotherapy. In R. G. Heimberg, C. L. Turk, & D. S. Mennin (Eds.), *Generalized anxiety disorder: Advances in research and practice* (pp. 320–350). New York, NY: Guilford Press.

Okajima, I., Komada, Y., & Inoue, Y. (2011). A meta-analysis on the treatment effectiveness of cognitive behavioral therapy for primary insomnia. *Sleep and Biological Rhythms, 9*, 24–34. http://dx.doi.org/10.1111/j.1479-8425.2010.00481.x

Pfaffmann, C. (1960). The pleasures of sensation. *Psychological Review, 67*, 253–268. http://dx.doi.org/10.1037/h0045838

Pos, A. E., Greenberg, L. S., & Warwar, S. H. (2009). Testing a model of change in the experiential treatment of depression. *Journal of Consulting and Clinical Psychology, 77*, 1055-1066. http://dx.doi.org/10.1037/a0017059

Power, M. J., & Dalgleish, T. (1997). *Cognition and emotion: From order to disorder*. Hove, England: Psychology Press.

Power, M. J., & Dalgleish, T. (1999). Two routes to emotion: Some implications of multi-level theories of emotion for therapeutic practice. *Behavioural and Cognitive Psychotherapy, 27*, 129-141.

Przeworski, A., Newman, M. G., Pincus, A. L., Kasoff, M. B., Yamasaki, A. S., Castonguay, L. G., & Berlin, K. S. (2011). Interpersonal pathoplasticity in individuals with generalized anxiety disorder. *Journal of Abnormal Psychology, 120, 286-298*. http://dx.doi.org/10.1037/a0023334

Rachman, S., & Hodgson, R. (1974). I. Synchrony and desynchrony in fear and avoidance. *Behaviour Research and Therapy, 12*, 311-318. http://dx.doi.org/10.1016/0005-7967(74)90005-9

Rector, N. A., & Beck, A. T. (2001). Cognitive behavioral therapy for schizophrenia: An empirical review. *Journal of Nervous and Mental Disease, 189*, 278-287. http://dx.doi.org/10.1097/00005053-200105000-00002

Safran, J. D., & Muran, J. C. (2000). *Negotiating the therapeutic alliance: A relational treatment guide*. New York, NY: Guilford Press.

Safran, J. D., Muran, J. C., & Eubanks-Carter, C. (2011). Repairing alliance ruptures. *Psychotherapy, 48*, 80-87. http://dx.doi.org/10.1037/a0022140

Safran, J. D., & Segal, Z. V. (1996). *Interpersonal process in cognitive therapy*. New York, NY: Basic Books.

Salzberg, S. (2011). *Real happiness: The power of meditation*. New York, NY: Workman.

Schon, D. A. (1983). *The reflective practitioner*. New York, NY: Basic Books.

Smucker, M. R., Dancu, C. V., Foa, E. B., & Niederee, J. (1995). Imagery rescripting: A new treatment for survivors of childhood sexual abuse suffering from posttraumatic stress. *Journal of Cognitive Psychotherapy, 9*, 3-17.

Smucker, M. R., & Niederee, J. (1994). Imagery rescripting: A multifaceted treatment for childhood sexual abuse survivors experiencing posttraumatic stress. In L. VandeCreek, S. Knapp, & T. L. Jackson (Eds.), *Innovations in clinical practice: A source book* (Vol. 13, pp. 96-98). Sarasota, FL: Professional Resource Press.

Smucker, M. R., & Niederee, J. (1995). Treating incest-related PTSD and pathogenic schemas through imaginal exposure and rescripting. *Cognitive and Behavioral Practice, 2*, 63-92. http://dx.doi.org/10.1016/S1077-7229(05)80005-7

Spence, K. W. (1956). *Behavior theory and conditioning.* New Haven, CT: Yale University Press. http://dx.doi.org/10.1037/10029-000

Stopa, L. (2009). How to use imagery in cognitive-behavioural therapy. In L. Stopa (Ed.), *Imagery and the threatened self* (pp. 65-93). New York, NY: Routledge. http://dx.doi.org/10.4324/9780203878644

Teasdale, J. D. (1997). The relationship between cognition and emotion: The mindin-place in mood disorders. In D. M. Clark & C. G. Fairburn (Eds.), *The science and practice of cognitive behavioural therapy* (pp. 67-93). Oxford, England: Oxford University Press.

Teasdale, J. D., & Barnard, P. J. (1993). *Affect, cognition and change: Re-modeling depressive thought*. Hove, England: Erlbaum.

Toates, F. (1986). *Motivational systems*. New York, NY: Cambridge University Press.

Tolin, D. F. (2010). Is cognitive-behavioral therapy more effective than other therapies? A meta-analytic review. *Clinical Psychology Review, 30*, 710-720. http://dx.doi.org/10.1016/j.cpr.2010.05.003

Trew, J. L. (2011). Exploring the roles of approach and avoidance in depression: An integrative model. *Clinical Psychology Review, 31*, 1156-1168. http://dx.doi.org/10.1016/j.cpr.2011.07.007

Tronson, N. C., & Taylor, J. R. (2007). Molecular mechanisms of memory reconsolidation. *Nature Reviews Neuroscience, 8*, 262-275. http://dx.doi.

org/10.1038/nrn2090

Watson, J. C., & Bedard, D. L. (2006). Clients' emotional processing in psychotherapy: A comparison between cognitive-behavioral and process-experiential therapies. *Journal of Consulting and Clinical Psychology, 74*, 152-159. http://dx.doi.org/10.1037/0022-006X.74.1.152

Wells, A. (1997). *Cognitive therapy of anxiety disorders: A practice manual and conceptual guide*. Chichester, England: Wiley.

Wells, A. (2000). *Emotional disorders and metacognition*. Chichester, England: Wiley.

Wells, A., & Matthews, G. (1994). *Attention and emotion: A clinical perspective.* Hillsdale, NJ: Erlbaum.

Whisman, M. A. (2007). Marital distress and DSM−IV psychiatric disorders in a population-based national survey. *Journal of Abnormal Psychology, 116*, 638-643. http://dx.doi.org/10.1037/0021-843X.116.3.638

Whisman, M. A., Sheldon, C. T., & Goering, P. (2000). Psychiatric disorders and dissatisfaction with social relationships: Does type of relationship matter? *Journal of Abnormal Psychology, 109*, 803-808. http://dx.doi.org/10.1037/0021-843X.109.4.803

Wild, J., & Clark, D. M. (2011). Imagery rescripting of early traumatic memories in social phobia. *Cognitive and Behavioral Practice, 18*, 433-443. http://dx.doi.org/10.1016/j.cbpra.2011.03.002

Wild, J., Hackmann, A., & Clark, D. M. (2008). Rescripting early memories linked to negative images in social phobia: A pilot study. *Behavior Therapy, 39*, 47-56. http://dx.doi.org/10.1016/j.beth.2007.04.003

Wirtz, C. M., Hofmann, S. G., Riper, H., & Berking, M. (2014). Emotion regulation predicts anxiety over a five-year interval: A cross-lagged panel analysis. *Depression and Anxiety, 31*, 87-95. http://dx.doi.org/10.1002/da.22198

Young, J. E., Klosko, J. S., & Weishaar, M. E. (2003). *Schema therapy: A practitioner's guide*. New York, NY: Guilford Press.

Zajonc, R. B. (1980). Feeling and thinking: Preferences need no inferences. *American Psychologist, 35*, 151-175. http://dx.doi.org/10.1037/0003-066X.35.2.151

제**4**장

정서중심 심리치료

LESLIE S. GREENBERG

정서중심치료(Emotion Focused Therapy: EFT, 이하 EFT)는 정서가 인지와 행동에 영향을 미치고, 그것을 변화시키기 위해 정서와 직접적으로 작업할 수 있으며, 그 후에 사고와 행동들이 변화될 것이라는 전제에서 시작한다. EFT(Greenberg, 2017)는 치료에서 살아 있는 정서 경험, 특히 두렵고 소유되지 않은 정서의 수용에 초점을 맞추고 탐색하도록 권장한다. EFT는 내담자가 정서에 주의를 기울이고, 의식 속에서 상징화하며, 적절하게 표현하고, 이것들을 수용하고, 감정들의 주체라는 느낌을 갖고, 감정을 조절하고 구분함으로써, 감정을 이해할 수 있도록 돕는다(Auszra, Greenberg, & Hermann, 2013). 이 치료는 우선 도움이 되지 않고 증상적인 정서들을 바꾸어 내담자들이 보다 유익하고 일차적인 정서에 도달하고 새로운 정서 기반 이야기를 개발함으로써 정서를 처리할 수 있도록 돕기 위해 고안되었다(Angus & Greenberg, 2011; Greenberg, 2015, 2017; Hermann, Greenberg, & Auszra, 2016). Spinoza(1677/1967)는 수동적인 정서는 그것에 대한 명확하고 뚜렷한 생각을 형성하는 순간 수동적이 되는 것을 멈춘다고 주장했다. 이러한 이유로 EFT는 사람들이 그들의 정서와 관련된 주체감을 발달시키는 것을 돕기 위해 정서에 인지를 가져온다.

EFT는 신인간주의적인 치료(neohumanistic therapy)이다. 처음에 개인치료에 대한 접근은 경험적 성격과 순간-순간의 과정에 대한 초점을 두는 것 모두를 강조하기 위해 **과정 경험적 치료**(process experiential therapy; Greenberg, Rice, & Elliott, 1993; Rice & Greenberg, 1984)라고 불렀다. 최초의 커플 치료는 상호작용과 의사소통에서 정서의 중요성을 강조했기 때문에 **정서 초점 커플 치료**(emotionally focused couple therapy; Greenberg & Johnson, 1988)라고 불렀다. 이후에, 변화에서 정서의 중요성에 대한 이해가 증가하고, 일반적으로 북미 언어 사용과 일치하도록 하기 위해 심리학 대처 문헌(psychological coping literature)에서 보다 일반적으로 사용되었던 **정서적 초점**(emotionally focused)이 **정서중심치료**(emotion-focused therapy)로 바뀌었다. 이 접근법은 저자가 내담자 중심적 경험치료와 게슈탈트 치료에 대한 훈련과 체계론적 치료에 대한 훈련을 통합한 것에서 비롯되었다. 그 통합은 모두 정서이론과 정동신경과학의 개념으로 구성되었고, 심리치료 과정 연구에 의해서 소개되었다.

이 장은 EFT 체계 내에서 본 정서와 기능에 대한 설명으로 시작한다. 다음 두 부분은 이론적인데 학습 이론 기반과 기능에 대한 동기적 관점에 대한 대안으로서 인간의 기능에 대한 정서 기반 설명을 제공한다. 실제에 좀 더 관심이 있는 독자들은 이 두 부분을 건너뛸지도 모르겠는데, 관심이 있다면 나중에 되돌아올 수 있을 것이다. 이어지는 부분들은 본질적으로 좀 더 실제적이다. 이 부분들은 변화와 상호 대인관계와 치료 관계에서 정서의 역할에 초점이 맞추어져 있다. EFT 치료의 사례연구는 실제에 근거한 아이디어를 토대로 제시되었다.

정서란 무엇인가

비록 정서 과학자들 사이에서 여전히 정서가 무엇인지에 대한 합의가 분명하게 이루어지고 있지 않지만(Ekman, 1993; Ekman & Davidson, 1994; Frijda, 1986, 2016; Scherer, 2015), EFT에서는 **정서들**(emotions)을 사람들을 환경에 적응시키고 그들의 생존과 안녕을 촉진하는 정보 처리와 행동 준비의 적응적 형태라고 가정한다. 정서는 우리의 가장 본질적인 욕구와의 연결을 보여 준다(Frijda, 1986). 재빨리 우리에게 우리의 안녕에 중요한 환경을 알려 주기 위해서, 정서는 우리에게 무엇이 좋은 것이고 나쁜 것인지에 대한 정보를 제공하는데, 어떤 것이 진실인지 거짓인지를 평가하는 인지(cognition)와는 구별되어야만 한다. 본질적으로, 정서는 우리가 적응적으로 반응하도록 조직화하고, 우리에게 일이 우리 뜻대로 진행되는지를 우리에게 알려 준다.

정서는 개인의 관심사와 관련 있는 대상이나 사건에 대한 평가로 발생한다. 그러므로 그것들은 개인의 현재 욕구, 목표, 민감성, 관심사 그리고 가치에 의해 강력하게 영향을 받고 형성된다. 이는 단순히 정서를 활성화시키는 평가가 아니라 걱정과 관련된 평가이다. 한 번 활성화되면, 정서는 생존을 돕기 위해 진화적으로 발달된 기본적인 행동 경향성을 제공한다(Izard, 1991; LeDoux, 2012). 정서적 행동 경향성은 개인의 관심사에 대한 상황의 즉각적인 영향력과 결과에 대해 언어로 생각하기 전에 뇌에 의해 신속하고 자동적으로 이루어지는 평가를 수반한다.

기능이론

EFT의 주요 전제는 정서가 인간 경험의 기본 정보자료이고, 자기 구성의 기초이며, 자기 조직의 핵심 결정요소라는 것이다. EFT는 "나는 생각한다. 고로 존재한다."라기보다는 "나는 느낀다. 고로 존재한다."라는 생각에 기반해서, 어떤 의미 있는 개인적 경험에서도 우리가 느끼는 만큼만 생각한다고 본다. 일상생활에서, 정서가 발생하면, 정서는 상황에 적응적으로 반응할 수 있고, 정서가 제공하는 정보를 사용하여 생생하고 적응적으로 살아갈 수 있도록 사람들의 능력을 증가시킨다. 우리의 살아 있는 정서 경험은 인지, 기억, 동기, 행동 등을 포함한 수많은 과정들의 복잡한 통합의 산물이다.

EFT는 정서를 근본적으로 적응적인 것으로 본다. 정서는 공포나 수치심 혹은 슬픔이나 기쁨에 대한 대처에 신속하고 자동적으로 반응할 수 있도록 정보 처리 과정의 기본 모델을 우리에게 제공한다. 이런 종류의 정서 처리의 도움으로, 사람들은 소리, 광경, 냄새의 패턴에 대한 그들의 이해와 수 세기 동안 그리고 개인에게 수년 동안 도움이 되어 온 방식으로 사람들의 의도를 보여 주는 서로 다른 신호들에 자동적으로 반응한다. 공포를 유발하는 비행은 안전을 낳고, 혐오감은 유해한 침입을 내쫓으며, 슬픔에 잠긴 사람들은 잃어버린 대상을 불러낸다. 사람들은 새로움, 편안함, 상실감 또는 굴욕을 나타내는 환경의 단서 패턴에 자동으로 정서 반응을 한다. 정서는 또한 안녕을 유지하거나 목표를 달성하는 것과 즉각적인 관련이 있는 것처럼 보이는 정보에 주의를 기울이게 해 준다.

그러나 자동적인 사고와 의식적인 성찰적 평가 또한 정서를 만들어 낼 수 있다. 예를 들어, 우리는 두려움을 느낀다고 생각하면 방어적인 동기 상태를 활성화할 수 있다. 그러나 이러한 좀 더 의식적이고 언어적인, 안와전두엽 피질 과정에 의해 생성되는 정서들은 우리의 변연계와 다른 것들에 의해 생성되는 더 많은 일차적인 정서만큼 중요하지는 않다. 자동적 처리 과정은 언어나 사고가 아닌 유기체의 욕구나 관심사와 상황과의 관련성을 평가한다. 적절성, 목표 일치성, 참신성, 위험성 및 통제에 대한 이러한 비언어적 평가들은 논리적으로 더 이해하기 어렵고, 변화하기도 어렵다.

Frijda(2016)는 정서를 '기본적인 것'으로 생각하기보다는, 주어진 자기-대상 관계를 설정하고 수정하며, 유지하거나 끝내는 것을 목표로 하는 행동 준비 방식을 기본적인 것이라고 주장했다. 그렇다면 보편적일 수 있는 것은 감정으로서의 정서가 아니라 정서에 기초한 동기 상태로 작용하는 다양한 형태의 행동 준비를 위한 기질으로서의 정서라고 할 수 있다. 예를 들어, 얼굴 및 기타 표현은 개인의 행동 경향을 구현하는 것이며 근본적인 관심사와 관련하여 자동으로 발생한다. 행동 경향에는 목표가 있는데, 그중 가장 기본적인 것은 생존하는 것이다. 현재 상황이 그것에 도움이 된다면, 준비 상태는 관계를 수정하거나 유지하는 목표를 달성할 수 있는 것으로 보이는 개인의 레퍼토리에서 행동이나 일련의 행동을 활성화시킬 것이다. 실제 행동은 반응을 일으키기에는 불완전한 활성화 상태가 완전한 동작으로 전환될 때 나타난다. 이러한 관점에서 보면, 감정은 행동 경향에 수반되는 의식의 반영이다.

EFT에서, 정서 발생에는 두 가지 기본적인 단계가 있다. 한 가지는 **경험적 처리 단계**(experiential level of processing)인데, 여기에는 자동적 지각 평가에 따른 일차적 감정 반응을 생성하는 자동적 과정이 포함된다. 또 다른 하나는 **개념적 처리 단계**(conceptual level of processing)로 자동적 경험을 이해하는 처리 과정에 대한 의식적인 내러티브 단계이다(Gazzaniga, 1988).

개인이 더 많은 경험을 쌓고 더 많은 인지적 언어 능력이 발달함에 따라, 그들의 초기 자동적 정서 반응은 더 복잡한 과정으로 발전하여 감각과 기억 안에 정서 도식을 형성하며, 관념적 정보는 내적 관계 기반 구조를 형성하기 위해 결합된다. 이것이 몸으로 느껴진 정서 경험(bodily felt emotional experience)을 생성하는 도식들의 활성화이다. 반면에, 의식적인 의미는 경험을 이해하게 만드는 지속적인 순환 과정을 거쳐 이성과 정서 언어와 신체 경험의 통합에 의해 창조된다. 개인은 의식에서 몸으로 느껴진 감각을 상징화하고, 언어로 표현하여 새로운 경험과 궁극적으로는 새로운 이야기를 구성한다(Greenberg & Angus, 2004; Greenberg & Pascual-Leone, 1995; Greenberg et al., 1993). 이 변증법적 구성주의 관점(Greenberg, 2017; Greenberg & Pascual-Leone, 2001; Greenberg & Watson, 2006)에서 보면, 세상에서 온 일련의 감각(즉, 신호)은 주로 행동 경향과 감각을 구성하는 일련의 내부 신체 반응(즉, 내부 수용 감각)과 통합되고, 자신이 경험하고 있는 것에 개념적 위치를 제공하기 위해 분노, 슬픔 또는 두려움과 같은 이름을 붙이게 된다(즉, 상징화). EFT에서 변증법은 진화적으로 기반을 둔 신체 감각 경험을 생성하는 정동 운동 프로그램과 우리가 감정을 어떻게 분류하는지에 영향을 미치는 문화적·사회적 학습 과정 사이에 있다. 따라서 정서는 생물학, 문화, 감정, 언어를 통합하는 복잡한 구성 과정이다. 행동은 우리가 의식적으로 허용하지 않기 때문에 종종 우리의 뇌에 의해 생성되는 것으로 보인다. 그러고 나서 우리는 우리의 과거와 미래의 관점에서 이해가 되는 우리의 현재 경험에 대한 일관성 있는 이야기를 만드는 방식으로 우리의 행동을 해석한다. 우리의 이야기는 우리 스스로 우리 자신을 설명하고 자기 이해를 제공하지만(Gazzaniga, 1988) 내적으로나 외적으로 살아 있는 경험을 어느 정도 대표한다. EFT는 경험 체계에 의해 자동적으로 생성된 정서와 개념 체계에 의해 이루어지는 경험에 대한 반영적인 이야기 의미 구성이라는 두 가지 기본 시스템과 이들 사이의 상호작용과 함께 작업한다.

비록 EFT가 정서의 인식과 수용에 초점을 맞추고 있지만, 인간의 구별되는 특징은 자신의 욕망, 감정, 욕구를 평가하는 능력이다(Taylor, 1985). 자신이 되고 싶은 자기를 결정할 때, 사람은 자신의 일차적 감정과 욕구를 열망하거나 원하지 않을 수 있는 능력을 가지고 있다. 두 번째로, 더 높은 수준의 평가에서, 사람은 그 사람이 열망하는 이상이나 기준과 비교하여 욕구의 가치를 평가한다. 자기가 된다는 것은 자기 평가가 반영되고, 더 높은 수준의 욕구, 즉, 감정과 욕구에 대한 감정과 욕구를 발달시키는 것을 포함한다. 정서 체계에서 평가는 단순히 "나에게 좋은가 나쁜가?"이지만, 자기 반영적인 평가는 정서의 가치와 그에 수반되는 욕구에 대한 더 강력한 평가이기도 하다. 사람

들은 그들의 정서와 욕구가 좋은지 나쁜지, 용기가 있는지 비겁한지, 또는 유용한지 파괴적인지를 평가하여, 그들 자신들의 욕구 상태와 행동 절차의 가치에 대한 주관적인 판단을 한다(Taylor, 1985). 정서적 자극에 대한 사려 깊은 성찰(의식적인 사고가 필수적인 역할을 하는 곳)은 EFT의 결정적인 부분이다. 사고는 정서적인 자극이 사람들이 자신과 다른 사람들을 위해 가치 있는 것으로 여기는 것과 일치하는지 여부를 판단하는 데 사용된다. 그래서 감정을 인식하는 것은 단순히 기분이 좋은 일을 하는 것을 의미하지 않는다.

정서 도식

정서 도식(emotion schemes)은 조직화된 내적 구조나 연결망인데, 이것은 성인 정서 반응 체계에 토대가 된다. 그것들은 동기적 · 인지적 및 행동적 요소를 가진 정동적 경험을 의식하지 않고 빠르게 활성화되는 내부 조직으로 통합한다. 우리는 분노, 슬픔, 두려움, 수치심과 같은 정서에 대한 행동 경향성을 가진 정서에 대한 기본적인 심리정동 운동 프로그램(psychoaffective motor programs)을 가지고 세상에 나온다. 우리는 화나고, 슬프고, 두려워하고, 부끄러워하는 법을 배우지 않는다. 하지만 경험은 곧 우리가 화가 나고, 슬퍼하고, 두려워하거나 부끄러워하는 것에 영향을 미친다. 정서 도식은 우리가 살아온 경험의 내적 표현이다.

정서 도식은 언어에 대한 믿음보다는 주로 절차적이고, 전언어적이며, 정동적 요소(예: 신체적 감각, 행동 경향성, 시각적 이미지, 냄새)로 구성된다. 활성화되면 경험과 행동이 생성되고, 다른 도식들과 통합될 때, 무가치감이나 사랑스럽지 못한 느낌이나 자신감 또는 바람직하다고 느끼는 것과 같은 경험의 상위 조직으로 형성된다(Greenberg, 2015, 2017).

도식은 어떻게 작동하는가? 도식은 도식의 입력 특징이나 신경망의 접점과 일치하는 단서에 의해 활성화된다. 활성화되면 정서 도식은 경험과 반응을 만들어 낸다. 신념으로서의 도식이 아닌 경험과 행동 절차로서의 도식의 개념은 Piaget(1954년)에 의해 개발되었고, 신피아제학파(J. Pascual-Leone, 1987, 1991; J. Pascual-Leone & Johnson, 1991, 2011)에 의해 정교화되었다. 이런 관점은 학습의 단순한 조건화 관점의 대안을 제공한다.

이전에 활성화된 정서 반응으로 인해 의미 있게 된 중요한 삶의 경험은 정서 도식적인 기억으로 암호화된다. 일단 정서 반응이 경험되었다면, 그것들은 다양한 수준에서의 정보를 통합하는 도식적 체계로 조직화되는데, 이곳에 감각운동 자극, 지각, 동기, 행동 및 개념적 수준의 정보가 종합된다. 이렇게 새롭게 획득된 더 복잡한 정서 반응들은 그것들이 통합한 생물학적으로 연결된 적응적 반응들만큼이나 자동적이 된다. 활성화되면 주의와 실행 과정과 같은 상위 수준의 과정들과 통합되며(J. Pascual-Leone & Johnson, 1991, 2011) 우리의 삶을 인도하는 기본적인 처리 방식을 실행한다. 인지 도식과 대조적으로, 정서 도식은 개념적 지식과 반대로 행동 경향성과 경험을 생산하는 망이 된다.

정서 도식의 발달

핵심 정서 도식은 초기 상호작용에서 발달하여 전 생애 동안 발달을 지속한다. 예를 들어, 인간과 접촉할 때 내적으로 연결된 기쁨과 평온함에 기반한 정서 도식은 유아기에 접촉이나 편안함과 친밀함을 추구하는 중요한 목표로 발달할 것이다. 처음에 이런 도식은 엄마와 젖 냄새, 엄마의 목소리, 젖을 빠는 특정한 리듬, 접촉에서 느끼는 만족감과 편안함으로 생기는 기쁨 등의 구성요소들을 포함할 것이다. 이런 도식은 곧 더욱 차별화된다. 엄마의 얼굴, 엄마가 다가오는 걸음걸이, 엄마가 아이에게 향하는 방식 등은 엄마와의 생생한 상호작용 경험과 함께 도식의 요소들이 된다. 이런 요소들을 나타내는 신경활성화 패턴들이 드러난다. 복잡한 상황 및 패턴에 대한 특정 검출기 역할을 하는 도식이 계층 구조의 맨 위로 올라갈 때까지 배선의 점진적인 수렴을 통해 점점 더 구체적인 반응 특성을 가진 셀이 더 높은 처리 수준에서 만들어진다.

엄마와의 만족스러운 거리감을 느낀 각 사건들로 이런 정서 도식과 연합된 신경 연결은 시간이 지남에 따라 해당 신경회로가 더 쉽게 활성화되도록 강화된다. 궁극적으로, 이러한 신경 연결은 모든 것 중에서도 가장 높은 흥분성을 가진 체계를 형성하여 심지어 엄마의 이미지나 목소리에 의해서도 그 체계가 자발적으로 활성화될 수 있다. 그러면 아이는 엄마에 대한 그리움, 소망을 경험하게 된다. 엄마에 대한 욕구는 또한 엄마가 이전에 완화시켜 주었던 배고픔이나 추위와 같은 내부 상태의 출현과 함께 쉽게 활성화될 것이다. 이제, 아이가 배고프거나 외로움을 느낄 때, 편안함에 대한 욕구가 활성화되고, 이전에 이러한 목적에 효과적이었던 말들이 나오고, 엄마의 목소리가 어디에서 들리는지, 엄마를 볼 수 있는지 주의를 기울이게 된다. 엄마가 나타나면, 엄마를 보는 것은 긍정적인 정서를 유발하게 되어, 아이는 진정된다. 혹은, 만약 달래는 반응이 없다면, 아이는 두려움과 수치심과 같은 고통스러운 감정의 정서 도식을 발달시키기 시작하는데, 이것은 나중에 정서적인 어려움의 근원이 될 수 있다.

시간이 지남에 따라, 상황에 대한 실제 경험은 그 상황에서 개인이 경험한 신체적 상태의 표현과 결부된다. 그렇게 함으로써 상황들에 정동적인 의미가 부여된다. 이러한 방식으로 신체적 상태, 내장 경험 또는 감정은 특정 경험을 나타내는 지표가 되어 기억에 저장된다(Damasio, 1999). 단서들이 과거 나쁜 경험으로부터 형성된 정서 도식적 조직화를 떠올릴 때, 사람은 불쾌한 내장 감정(gut feeling)을 경험할 것이고(Damasio, 1994), 감정은 현재 일어나고 있는 것이 나쁘다는 암묵적인 의미를 갖게 될 것이다. 정서 도식은 또한 그 정서에 대한 사람들의 미래 경험도 결정한다. 나쁜 감정으로부터 자신들을 보호하기 위하여, 그들은 이런 종류의 불쾌한 사건을 피하기 위해 결정을 내리고자 할 것이다. 몸은 안내 체계로서 사용된다. 정서는 결정을 안내하며, 사람들이 내장 감정을 활성화하는 정서 도식에 저장된 이전 경험에 근거하여 미래 결과를 예측하도록 돕는다.

비록 적응적이라 할지라도, 정서가 다양한 부정적인 삶의 경험을 통해 부적응적이 될 수 있어서, 현재 상황에 부적응적인 반응들을 만들 수 있다. 내적으로 연결된 정서 반응 프로그램은 입력과 학습에 개방되어 있기 때문에 정서는 유연한 적응 처리 체계이다. 그러나 그 체계는 부정적인 경험의 정서 도식적인 기억의 형성을 통해 부적응적이 될 수 있다. 인생에서 정서가 조절되지 않고 달래지거나 이해되지 않고, 감정에 충분한 안전이나 타당화가 주어지지 않는다면, 정서는 고통스러운 정서 도식적인 기억으로 발전한다. 정서적으로 중요한 경험의 이런 기억들은 정서 주소에 저장된다. 예를 들면, 슬픔을 만들어 내는 경험의 기억은 슬픔 주소에 저장되고, 분노와 관련된 기억은 분노 주소에 저장된다. 두려움과 관련된 경험들은 두려움의 주소에 저장된다. 정서 도식적인 기억은 그것들이 형성된 정서와 관련된 단서들에 의해 활성화된다. 그래서 현재의 상실이나 슬픔의 감정은 슬픔에 대한 정서 도식적인 기억을 활성화시킬 것이다. 타인의 얼굴에 나타나는 분노의 표정과 같은 위협적인 징후는 두려움을 낳고 이전의 공포 경험과 관련된 도식을 활성화시킬 것이다. 일단 활성화되면, 이러한 도식은 탈출하려는 동기와 관련된 행동 경향성, 주의 집중 및 위협 감지와 같은 기본적인 형태의 인지 처리와 함께 공포 반응을 생성하도록 연합된다. 이러한 기본적인 처리 방식이 활성화되면, 사람은 위험의 근원에 대해 더 의식적으로 처리하기 시작한다. 궁극적으로 평가된 위험을 말로 상징화하고 그것에 대처하는 방법을 만들어 낸다. 이것이 치료에서 변화될 필요가 있는 정서 도식의 활성화에 의해 생성된 기본적인 처리 방식이다. EFT에서는 새로운 정서 경험에 그것들을 개방하기 위해 부적응적 도식들을 활성화시킨다.

정서 도식 자체는 의식적이지 않다. 그러나 그것들이 만들어 내는 정서는 의식적이 될 수 있다. 중요한 문제는 정서적으로 동기화된 도식 활성화에 의해 작동되는 기본적인 처리 방식이 의식 밖에서 발생하여 의식적 처리 과정에 영향을 미친다는 점이다. 공포 도식의 활성화는 위협에 대한 기본적인 처리 방식을 시행하기 시작하고, 이 의식적인 처리는 공포의 경우 안전, 슬픔의 경우 접촉이라는 도식에 의해 활성화된 정동적 목표를 위해 작동한다.

EFT는 경험이 상황에 함께 활성화되고 함께 적용되는 수많은 도식의 암묵적 통합과 그 이상의 수많은 수준에서의 처리 과정에 의해 발생된다고 가정한다(Greenberg & Pascual-Leone, 2001; A. Pascual-Leone & Greenberg, 2007; J. Pascual-Leone, 1991). 활성화된 수많은 정서 도식들은 더 높은 수준에서 그 사람의 정서적 상태나 현재의 마음 상태와 같은 상황에 대한 그 사람의 정서적 경험과 반응을 제공하는 자기 조직화를 작동시키는 것으로 통합된다. 이러한 여러 가지 도식의 통합은 자신감처럼 조직화된 감정이나 불안감이나 무가치감이나 안전감처럼 조직화된 감정을 느끼는 상황에서 '내가 되는 것을 발견하는 자기'를 형성한다. 이것이 '내'가 '나 자신'을 경험하기 위해 참여해야 할 필요가 있는 신체적으로 느껴진 경험과 무슨 일이 일어나는지에 대한 느낌을 제공하는 상황에서의 자기 조직화이다(Damasio, 1999; Gendlin, 1996; Greenberg, 2011). 이러한 경험은 의지나 숙고의 산물이 아니라 의식 밖에서 발생하는 자동적이고 역동적인 자기 조직화 과정의 산물이다. EFT는 자동적으로 활성화된 첫 번째 반응은 두려움이든 슬픔이든 분노 처리이든 간에 정서적이라고 본다. 신념과 관계적 패턴은 나중에 나타난다.

주관적 경험

경험된 정서(experienced emotion)는 일차적이거나 일반적인 반응이라기보다는 복잡하고 독특하게 느껴진 의미(felt meaning)이다. 예를 들면, 위험에 대한 사람의 의식적 경험은 그 자체로 개인의 기본적인 신경화학과 생리 그리고 그들의 독특한 경험으로부터 만들어진 다양한 정서 도식의 종합이라고 할 수 있는 두려움이다. 우리의 독특한 경험은 레시피의 맛이 그 재료들에서 나오는 것처럼 우리의 활성화된 도식들로부터 합성된다. 다양한 도식적 요소로부터 나온 모든 구성요소가 외부 자극들에 대한 정보와 자극이 의미하는 것이 무엇인지에 대한 장기기억들 그리고 뇌에서 자극된 도식들의 특별한 특성들과 의식적으로 통합될 때, 그 결과로 나타나는 감정은 두려움을 개인적으로 변형시킨 느낌으로 볼 수 있다.

정서를 이해하기 위해서는, 개인들의 느껴진 경험에 대한 독특한 구성, 즉 그들을 세상에 적응하게 만들고, 그들이 구성하는 개인적으로 관련된 의미에 대한 기초가 되었던 감정을 이해할 필요가 있다. 감정이 반드시 완전히 형성되어 표현을 기다리는 것은 아니다. 게다가 사람들은 상황에 반응하여 한 번에 한 가지를 느끼는 것은 아니다. 그들은 여러 가지 감정을 동시에 느끼거나, 순차적으로 감정들을 느낄 수 있다. 정서와 작업할 때 핵심 단어는 복잡성이다. 치료자들은 내담자의 감정과 관련하여 '모른다'는 입장을 취해야 하며, 비록 그들이 내담자가 느끼고 있는 것에 대한 견해를 가지고 있다 할지라도, 내담자들은 그들 자신의 경험에 대한 전문가라는 것을 인정해야 한다. 치료자들은 내담자들이 그들이 느끼고 있는 것에 대해 주의를 기울이고, 탐색하고 이해하도록 격려해야만 한다. 정서 체계가 궁극적으로 경험의 원천이고, 고통의 원천이라는 것을 고려하면, 그것들은 변화를 위해 치료에서 활성화되어야 할 필요가 있다.

역기능

EFT에서 역기능은 상황에 창의적으로 적응하는 능력과 새로운 반응들과 새로운 경험들과 새로운 이야기들을 만들어 낼 능력이 부족한 것을 의미한다(Greenberg, 2017). 일반적으로 정서가 정보를 거의 제공하지 못할 때 정서는 역기능적으로 보인다. 이런 역기능은 반응들이 적응적이지 못하거나, 상황에 부적절하거나, 정서 반응들을 관찰하거나 조절할 수 없거나 효과적으로 정서와 소통할 수 없을 때 발생한다. 치료에서의 EFT 작업을 연구하면서, 나의 연구진과 나는 역기능의 중심에 있고 치료적 변화의 목표가 되는 부적응적인 자기 조직과 통합되는 부적응적 정서 도식들에 의해 핵심 고통 정서가 발생된다는 것을 관찰해 왔다.

EFT는 정서 과정이 전부는 아니더라도 대부분의 심리적 역기능의 기저에 존재한다고 가정한다. 이런 관점의 좋은 예는 반추적 사고나 반복적인 사고에서 볼 수 있는데, 이러한 사고들은 역기능과 관련이 있는 것으로 나타났고, 장애의 근본 기제로 제안되어 왔다(Nolen-Hoeksema & Watkins, 2011; Watkins, 2008). EFT는 **반추**(rumination)를 근본적인 고통 정서에 대항하거나 회피하려는 보호 증상이며, 대처하려고 하는 노력들로 본다. 치료는 내담자들이 그들의 근본적인 감정들을 구체적으로 묘사하고, 불평들(종종 왜 나쁜 일이 일어났는지에 대해 애원하듯이 묻는 데서 표현되는)을 그들의 해결되지 않은 구성요소인 분노와 슬픔으로 구별하도록 돕는 것을 포함하고 있다. 일단 수용되고 경험하게 되면, 이러한 핵심 감정들은 EFT의 정서 변화의 원리에 따라 처리될 필요가 있다(이후에 설명할 것이다).

역기능적 정서 과정의 네 가지 주요 원천은 다음과 같다.

1. **정서 인식 부족**(lack of emotion awareness): 슬픔이나 두려움에 대해 신체적으로 느껴진 경험을 의식에서 상징화하는 능력이 부족한 것이 그 예이다. 이것은 주로 일차적인 경험을 회피하거나 부인하는 데서 비롯된다.
2. **부적응적 정서 반응들**(maladaptive emotional responses): 이러한 반응들은 처리되지 않은 정서(예: 버림받는 것에 대한 두려움, 모욕에 대한 수치심)에서 형성된 정서 도식들에 의해서 발생된다. 그것들은 주로 초기 양육자들과의 관계에서 경험한 외상적 학습의 결과이다.

3. **정서 조절장애**(emotion dysregulation): 이 근원은 종종 초기 이자 정동 조절(dyadic regulation of affect)의 실패로 인한 정서의 과소 또는 과대 조절과 관련이 있다. 한 가지 예는 압도하는 외상적 두려움이다. 다른 예는 자동적인 정서 체계를 달래거나 조절하지 못하는 무능력에서 온 중독 행동들이다. 그러한 행동들은 멈추려는 의도적인 개념 체계의 바람에도 불구하고 진정시키기 위해 물질을 사용하여 통제한다.
4. **이야기 구성과 의미 창조의 문제**(problems in narrative construction and meaning creation): 이러한 문제들은 사람들이 그들의 경험을 이해하고 자기, 타인 그리고 세상에 대한 적응적인 이야기를 발전시키지 못하는 데서 비롯된다(예: 일관성이 없는 이야기, 자기 자신에 대한 부적응적인 이야기, 남을 비난하는 것).

정서 발달과 학습

유아기에서 성인기까지 정서 발달은 한 사람의 정서적 기질, 세상에서의 경험, 그리고 그 개인의 경험에 대해 다른 사람들이 정서적으로 조율해 주는 상호작용을 통해 이루어진다. 애착 관계와 사회 및 학교 환경에서의 성취는 정서 발달과 자기 조직화를 직접적으로 촉진하는 것으로 보인다. 중요한 타인(양육자에게만 제한되는 것은 아니지만, 특히 양육자)과 형성된 관계에서 정동 조율이 심각하게 부족했던 사람들은 정동에 대한 공감적 조율을 받아 온 사람들보다 그들의 삶에서 더 많은 정서장애에 취약하게 된다(Schore, 1994, 2003; van der Kolk, 2014). 정동 조절은 발달의 핵심적 측면으로 간주된다.

EFT의 목표는 자기 발달이다. 이것이 의미하는 것을 이해하기 위해서, 우리는 자기가 무엇이고 발달이 무엇을 의미하는지 이해할 필요가 있다. 자기는 특정한 형태를 취하기 위해 끊임없이 창조되고 있는 자기 조직화의 한 과

정이다. 발달은 학습과 대조될 수 있다. 발달은 더 잘 조절되는 것과 같은 자기 조직화 과정의 변화로 보이는 반면, 학습은 특정 반응의 강도가 증가하거나 감소하는 것(예: 분노가 줄어드는 것)과 같은 자기 조직화 내에서의 변화를 수반하는 것으로 보인다.

자기

EFT에서 자기는 현재와 환경과의 상호작용에서 전개되는 시간적 과정이다. 그것은 환경과 접촉하는 순간에 발생하고 있다(Perls, Hefferline, & Goodman, 1951). 자기는 환경과의 관계 속에서 형성된다. 그것은 분산되고 시간에 따라 전개된다. 유기체가 환경과의 지속적인 교류를 하면서, 자기는 매 순간 행복, 자기비판, 무가치함, 조심성 또는 대담성과 같이 다른 형태로 조직된다. 그것은 구조물이라기보다는 끊임없이 흐르는 강물에 가깝고, 공간적 위치와 고정된 형태보다는 시간의 흐름에 의해 훨씬 더 많이 형성된다. 따라서 자기는 곧 사람이 될 자기를 창조하는 역동적인 자기 조직화 과정이다. 형태를 만드는 것이다. 그 사람은 끊임없이 자기를 상황에 집어넣고 있다. 촉각은 만질 때만 존재하는 것처럼, 자기는 어떤 상황에서 어떤 것을 경험할 때만 존재한다. EFT는 '진정한 자기'를 찾기보다는 자기 조직화 과정과 이 과정의 유연성에 관심이 있다.

그렇다면 EFT는 안정성을 어떻게 설명할까? 비록 사람들은 다른 시기에 다른 방식으로 조직되지만, 그들은 성격과 성격 구조가 반복적으로 구성되는 방식에 확실한 안정성을 주기 위해 정서적으로 조직하는 더 특징적인 방법을 발달시킨다. 사람들은 다른 사람들보다 더 일어날 가능성이 높은 특정한 패턴의 순서와 존재 방식을 가지고 있다. 더 자주 조직화된 상태는 동적 시스템 이론에서 유인기 상태(attractor states)라고 불린다. EFT는 발달이 이러한 특징적인 패턴을 안내하는 규칙의 변화를 수반한다고 제안한다. 예를 들어, 사람들은 자기비판적인 태도에서 자기 수용적인 태도로 변하고, 다른 사람들에게 쉽게 화를 내는 사람(분노로 수치심을 느끼거나 짜증을 내는 요청에 반응함)에서 좀 더 침착하고 사려 깊은 사람으로 변한다. 이것은 자기 발달을 보여 주는 기능하는 방식에서의 변화이다.

통합을 통한 발달

EFT가 촉진하고자 하는 자기의 발달적 변화의 유형과 새로운 기술을 배우면서 발생하는 변화의 유형을 대조해 보는 것이 도움이 된다. 발달(development)은 시간이 지남에 따라 일어나는 변화의 과정으로, 원래의 구조가 변형되고, 그 사람은 더 높은 수준의 복잡한 형태로 조직화된다. Piaget(1954, 1973)에 따르면, 발달은 사람들이 이미 알고 있는 것(즉, 경험)과 그들이 발견하는 것(즉, 새로운 경험) 사이의 불일치의 경험을 통해 정신 과정이 점진적으로 재조직화된다고 하였다. 정서 도식적 발달 관점과 학습이론적 관점을 대조하기 위해서는, 정서 도식과 '통합에 의한 발달'에 따른 기능이 학습의 자극 반응형 관점과 어떻게 다른지 이해할 필요가 있다. EFT에서 정서 변화는 노출에 의한 각성의 감소나 새로운 정보나 추론을 통한 사고와 신념의 변화에 의한 것이 아니라 기존의 도식들의 통합에 의해 발생한다. 연합이나 논리적 또는 경험적 분석에 의한 학습 대신, EFT의 발달적 관점은 통합에 의해 기능이 발달한다는 관점을 제공한다(Neisser, 1976). 이러한 관점에서, 도식은 자극-반응 연결이라기보다는 복합적인 자극이 신호가 되어 다양한 결과물을 갖게 되는 내부 네트워크 구조이다(J. Pascual-Leone & Johnson, 1991, 2011). 이들은 함께 활성화되고 함께 작용하며, 많은 도식이 결과물을 결정하기 위해 서로, 그리고 다른 높은 수준의 주의력과 기타 인지적 작동 과정과 함께 통합된다. 도식들은 또한 단순히 반응만을 하는 것이 아니다. 그것들은 생존에 도움이 되는 상황인지에 대해 평가하면서, 정보를 적극적이고 끊임없

이 처리한다. 게다가, 도식들은 결과 경험들을 보유하고 있기 때문에, '사려 깊은' 예견자이다(J. Pascual-Leone & Johnson, 1991, 2011; Piaget, 1954, 1973). 도식들은 맹목이거나 터무니없는 조합이 아니다. 그보다는 복잡하게 다중 결정적이고 평가적이며, 도식들의 적용 결과를 예상할 수 있다. 그렇기 때문에 도식들은 자극과 반응 개념에 대한 대안적 개념이 될 수 있다(Greenberg & Pascual-Leone, 1995, 2001; Greenberg & Safran, 1987; J. Pascual-Leone, 1991).

정서 도식이 기본적인 처리 단위인 정서 도식적 관점과 내적 작동 모델의 애착이론 관점(Bowlby, 1988)이나 자기-타인 관계의 내부 표현의 대상관계 관점(Kernberg, 1976/1984; Schore, 1994, 2003)과 대조해 보는 것도 도움이 된다. 이러한 정신역동적 개념화는 처리의 기본 단위로서 훨씬 더 복잡한 내부 구조를 상정하는데, 이는 자신과 타인 사이의 관계와 이들을 함께 묶는 정동에 기반을 둔 구조이다(Guntrip, 1969; Kernberg, 1976/1984). 나의 견해로는, 이것들은 기본적인 정서 반응에서 만들어진 훨씬 더 복잡하고 더 고차원의 형태에 해당된다. 자극에 대한 뇌의 첫 번째 반응은 대상이 떠나고 자기가 버려져서 결과적으로 두려움이 생긴다는 복잡한 인식이 아니라 두려움이나 수치심, 기쁨의 행동 경향성이다.

정서 발달은 기술 훈련이나 심리교육을 통해 지식이나 기술을 습득하는 학습과는 대조될 수 있다. 기술 훈련이나 심리교육과 같은 학습은 기억에 새로운 정보를 더하는 것뿐만 아니라 정확한 반응의 강화와 잘못된 반응의 약화에 초점이 맞추어져 있다. 이러한 관점에서 학습은 정적 강화와 부적 강화의 함수로 발생하는 조건화를 포함한다. 강화는 환경적 자극에 대한 행동적 반응의 변화를 형성하는 것으로 보인다. 학습에 대한 보다 인지적인 접근에서, 사람들은 단순히 결정적으로 환경 자극에만 반응하는 것으로 보이지 않는다. 오히려, 그들은 학습에 적극적으로 참여하고 그 행동이 생각, 추론, 기억을 포함한 내적인 정신적 과정과 관련 있는 일련의 정보 처리를 하고 있는 인지적 존재로 보인다. 이러한 관점에서 보면, '거미'나 '키'라고 말하는 것에 대한 두려움은 단순한 노출이나 사람들이 생각의 오류를 밝히기 위해 추론을 한다거나 또는 주로 성공 경험에 의해 그들의 신념을 변화시키는 것에 의해 부정적이거나 긍정적으로 강화될 수 있는 것 같다. 나의 관점에서 볼 때, 이러한 과정들은 대처 기술을 배우게 하지만, 변형이나 발달로 이어지지는 않는다. 이런 차이는 1차 변화 대 2차 변화라고 불린다(von Foerster, 1995).

1차 그리고 2차 변화들

심리치료의 변화는 두 가지 방법으로 일어날 수 있다. 1차 변화는 시스템의 기준 척도는 연속적으로 변화하지만 시스템의 구조는 변화되지 않을 때 생긴다. 2차 변화에서는 시스템이 질적으로 그리고 불연속적으로 변화한다. 이 두 번째 유형의 시스템 변화는 시스템의 구조 또는 내적 순서를 지배하는 신체 규칙의 변화를 요구한다(Bateson, 1999; Weaklawick, Weakland, & Fisch, 1974). 1차 변화는 무언가를 더 하거나 덜 하는 것으로 기존 구조의 변화를 처리한다. 이러한 유형의 변화는 종종 특정 발달 단계 내에서 새로운 지식, 기술, 행동의 획득을 말하는 것이다. 1차 변화는 문제를 변화시키는 것이 아니라 그 문제를 다룰 수 있는 더 나은 준비가 되도록 도와준다. 만일 당신이 너무 많이 화를 내고 있다면 화를 다스리는 기술을 배우고, 당신이 적극적이지 않다면 주장 훈련을 받는 것이다. 나의 관점에서, 학습이론에 따른 대처 능력의 습득은 1차 변화와 관련이 있다. EFT에서의 학습과 심리교육이 정서 조절 장애의 증상을 수정하는 데 도움이 되고 대처 능력도 향상시켜 주지만 이것은 1차 변화이다.

EFT에서 추구하는 발달은 새로운 어떤 것이 나타나서 이 세상에 완전히 새로운 존재의 방식을 얻게 되는 2차 변화까지 가는 것이다. 그것은 사물을 다르게 경험하고 보게 되는 것을 말한다. 2차 변화는 변형을 포함한다. 문제는 사라지게 된다. 그래서 너무 강한 분노를 가지고 있는 사람이 자신을 화나게

만들었던 근본적인 수치심이나 두려움을 다루어, 일차적인 기본 감정을 변화시켰을 때, 그 사람은 더 이상 화가 나지 않게 된다. 학습자는 동일한 발달 단계 내에서의 능력이 확장된다기보다, 새롭고 더 통합된(더 높은 발달 단계로 간주될 수 있는) 단계로 이동하게 되는데, 분노에서 가치감으로 바뀌게 되는 것이다. 또한 발달은 특정 사례나 업무에만 국한되지 않고 그 사람의 성격과 태도를 개선하여 사고방식을 바꾸는 것을 목표로 한다. 그것은 그들을 더 탄력적으로 만든다. 전면적인 성장을 제공하여 사람들이 미래의 도전에 직면할 수 있도록 도와준다.

장애가 되는 정서를 다루는 많은 심리교육적 방법은 1차 증상 변화를 위해 작업한다. 예를 들어, 고통스러울 때 숨을 쉬거나, 100부터 거꾸로 세거나, 따뜻한 목욕을 하도록 사람들을 훈련시키는 것은 문제를 즉시 대처하는 데 도움이 될 수 있지만 근본적인 감정을 다루지는 않는다. 개선된 정서 조절 능력, 고통에 대한 내성, 그리고 기분 전환은 모두 사람들이 대처하는 데 도움을 주는 첫 번째 변화이다. 노출이나 습관화에 의해 둔감해지는 것은 신호를 활성화하는 것에 대한 두려움의 반응을 감소시키지만, 이 가설로는 모든 문제의 근본적인 정서 결정 요인들(핵심 애착 불안이나 수치심의 핵심 감정들)이 변하지는 않는다. 시간이 흐르면서 대처는 성공 경험의 강화를 통해 다른 상황으로 일반화되어 핵심 문제의 2차 변화로 이어질 수 있지만, 핵심 문제가 변화의 대상이 아니었기 때문에 이 2차 변화를 확신할 수 없다.

변증법적 구성주의 접근(Greenberg, 2017; Greenberg & Pascual-Leone, 1995, 2001)의 관점에 의하면, 변형 변화는 존재의 새로운 방법을 창조하는 기존의 정서 도식들을 더 기능적인 새로운 도식들(Piaget, 1973)로 통합하는 방법에 의해 진정한 새로운 반응의 발달로부터 나타난다고 본다. 이것은 기존 도식들의 2차 변화이다. 예를 들어, 한 살 아이의 서고 넘어지는 도식은 걷는 법을 배우는 것이 아니라 변증법적 통합의 과정(Greenberg & Pascual-Leone, 1995; J. Pascual-Leone, 1991)을 통해 더 높은 수준의 걷기 도식으로 역동적으로 통합될 수 있다. 마찬가지로, 서로 다른 정서 상태의 도식들도 새로운 통합을 형성하기 위해 합성될 수 있다. 발달에서, 반대되는 행동 경향성을 가진 반대되는 도식들이 함께 활성화될 때, 공동 활성화된 도식들의 호환 요소들은 새로운 더 높은 수준의 도식들을 형성하기 위해 통합된다. 따라서 수치심에 대한 도식적인 정서 기억과 이전의 학대로부터 철수하여 가치 없게 느껴지는 자기 조직은 새로운 자신감 있는 자기 조직을 형성하기 위해 철수하는 방식보다는 접근하고자 하는 동기를 갖게 하여, 현재는 침해에 대해 분노하는 힘을 실어 주는 상태를 만들어 낼 수 있다. 이 과정은 더 가치 있고 더 자신감을 느끼는 새로운 방식으로 발전한다. 마찬가지로 과거에 애착 파열(attachment ruptures)로 인한 두려움에 기반한 불안정한 자기 조직은 상실감에 대한 슬픔을 처리함으로써 바뀔 수 있다. 충족되지 않은 욕구를 충족할 자격이 있다고 느끼고 잃어버린 것을 슬퍼할 수 있게 되는 것이다. EFT 치료는 직접적으로 증상을 수정하는 것이 아니고, 심리교육적 주의력 재훈련과 같이 오히려 내담자의 증상을 뒷받침하는 감정을 다시 경험하고, 새로운 경험으로 이러한 감정을 변형시킬 수 있도록 도와준다.

정서와 동기

EFT는 여러 종에 걸쳐 공통적인 생존의 기본적인 거대 동력을 제공하는 인간의 주요 과정을 다음과 같이 본다. 우리가 원하는 감정을 가지려는 노력과 원하지 않는 감정을 갖지 않으려는 노력인 **정동 조절**(affect regulation)과 우리 자신과 우리의 세상에 대한 이야기 감각을 만드는 **의미 창조**(meaning creation)가 있다. 그러나 애착, 자율성, 성취 또는 통제와 같은 특정한 내용의 동기를 확인하려는 시도는 서구 사고에서 너무 강해서 사람들은 이러한 내용의 동기를 근본적인 기원으로 보지 않는다. Maslow(1954)는 심지어 생리적,

안전감, 소속감, 자존감 그리고 실현경향성 등 다섯 가지 위계적 인간 욕구 단계를 구체적으로 명시하려고 시도했다. 대조적으로, 정서이론에서는 이러한 내용별 동기들은 정서의 파생물이며, 인간의 심리적 욕구는 복잡한 발달 과정에서 만들어진 응급 현상으로 본다.

심리적 욕구의 기원

일반적으로, **욕구**(need)나 **동기**(motivatiion)는 사람이 원하는 것, 하고 싶어하는 것, 바라는 것 또는 의도하는 것과 관련이 있다. 동기는 라틴어 'motivus(움직이다)'에서 유래되었다. 비록 EFT가 애착, 성취, 숙달, 권력, 존경과 같은 가설적인 동기의 중요성을 부정하지는 않지만, 그것은 정서가 내적으로 연결되어 있고 동기, 욕구, 소망, 욕망이 정서와 정동의 과정으로부터 발전한다는 가설을 가지고 있다. 심리적 욕구는 단순히 선천적인 것이 아니라 정동으로부터 발생하며, 유기체가 안녕 상태를 보존하고자 하는 기본적인 호불호를 나타낸다. 그것들은 정동 조절과 의미 구성에 따라 환경과 상호 작용하여 만들어지고 공동으로 구성된다. 기본적으로, 우리는 정서가 생존 목적을 달성하는 데 도움이 되었고, 그래서 좋게 느꼈던 것을 바라게 된다. 예를 들어, 분노의 목적은 경계를 지키거나 장애물을 극복하는 것이다. 두려움은 위험에서 도망치는 것이고, 슬픔은 접촉이나 위로를 얻으려고 절실히 원하거나 반응이 없을 때 철수하는 것이고, 역겨움은 유해하고 맛없는 것을 제거하는 것이 목적이다. 이 모든 것들이 생존을 돕기 위한 행동지향적 시스템으로 진화했고, 생존을 촉진하는 상황에서는 모두 바람직하다. 이상하게 보일지 모르지만, 나는 유린당하거나 침해당했을 때 분노가 나를 보호했기 때문에, 분노를 느끼는 것을 좋아하게 되었고, 슬픔이 나를 위로해 주었기 때문에 상실감을 좋아하게 되었고, 그것이 나를 애착으로 이끌어서 생존하도록 해 주었기 때문에 공포를 좋아하게 되었고, 만약 연결되는 것이 좋지 않은 느낌이었다면 나는 분리되었을 때 애착을 추구하는 존재가 되지 않을 것이다.

애착, 숙달 또는 통제와 같은 기본적인 일련의 동기들을 상정하기보다는 EFT는 기본적인 선천적 편견, 선호, 그리고 우리에게 좋은 것과 나쁜 것에 대한 정동적 가치 그리고 살아 있는 경험들 간의 상호작용에서 나온 구성 과정에서 심리적 욕구가 발생하는 것으로 본다. 그래서 예를 들면, 유아는 온기, 익숙한 냄새, 부드러움, 웃는 얼굴, 고음의 목소리 및 시선을 선호하도록 정동 체계를 통해 미리 연결되어 있다. 이것들은 모두 신경화학적 반응, 행동 경향성, 삶을 지탱하는 긍정적인 정동을 만들어 내고, 일단 경험하고 나면 추구되기 시작한다. 마찬가지로, 유아는 구속, 시끄러운 소음, 내부 감각수용기의 불편함, 큰 소음 및 과도한 자극에 대해 부정적인 반응을 보이며 그로부터 멀어진다. 경험은 좋은 것과 나쁜 것에 대한 기대감으로 정서 도식적 기억의 발달을 이끌어 내고, 인지가 발달함에 따라 호불호가 욕구와 욕망에 따라 의식 속에 더욱 통합된다. 욕구나 욕망은 생존을 돕고 기분을 좋게 하거나 나쁘게 만드는 것들을 추구하거나 회피하는 것에서 생겨난다. 감정은 어떤 것을 더 원하거나 덜 원하게 만드는 보상이나 벌이 된다.

사람들은 생존하고 잘 살기 위한 기본적인 동기들을 가지고 세상에 나오는데, 정동 조절과 의미 창조가 이러한 동기들을 돕게 된다. 이러한 과정과 타고난 정서적 편견의 상호작용, 그리고 나중에 살아 있는 경험은 연결, 검증, 성취와 같은 우리의 다른 필요를 만들어 낸다. 정서가 없다면, 우리는 애착이나 숙달, 통제, 양육 동기를 갖지 못할 것이다.

그러나 정서와 욕구 사이의 관계에는, 특히 욕구와 관련된 자동적 평가에서 정서가 일어난다고 하는 정서 발생 이론(Frijda, 1986)에서 볼 수 있는 혼란스러운 순환이 있는데, 이는 욕구가 일차적이고 정서 이전에 존재하는 정서일 수 있음을 암시하는 것으로 보인다. Buck(2014)와 같은 일부 정서이론가들은 정서와 동기의 상호 의존성을 설명하기 위해 'emotivation'이라는 용어를 사용할 것을 제안할 정도로 정서와 욕구 사이에는 분명히 밀접한 관계가 있다고 본다. 그래서 다음과 같은 의문이 생긴다. 정서가 먼저일까 욕구가 먼저일까? 내가 보기에, 일단 기본적인 정서들로부터 욕구가 발달하면, 욕구는 그 유기체가 과거에 좋은 것을 발견했던 것의 지표가 되어, 유기체의 현재 노력을 인도한다.

정서 두뇌는 욕구만족(즉, 생존)을 충족시키거나 좌절시킬 수 있는 잠재력의 측면에서 환경을 지속적으로 읽고 있다. 욕구 달성 또는 좌절은 욕구만족을 충족시키기 위한 유기체의 진행 과정이나 실패에 대한 판독 정보를 제공하는 정서를 만들어 낸다. 살아가는 과정에서 정서와 욕구 사이에는 분명히 순환적인 인과관계가 존재하지만, 욕구 발달의 과정에서 보면 정서가 먼저 나타난다. 욕구가 정서 생성과 밀접하게 연관되어 있지만, 이것은 욕구들이 정서보다 먼저 발달한다거나 욕구들이 정서에 매달려 있다는 것을 의미하지는 않는다. Harlow(1958)의 원숭이가 병에서 젖이 나오는 천으로 덮인 어미 원숭이에게 매달림으로써 보여 준 접촉이나 편안함의 필요성은 천이 기분 좋았기 때문에 생겨났다. 이 느낌은 음식에 대한 욕구보다 더 중요했다. 아이는 엄마의 얼굴을 바라보며, 엄마 얼굴의 미소가 만들어 낸 기쁨을 다시 경험해 보려고 한다. 이때 연결된 것은 부드러움과 미소에 대한 선호나 긍정적인 느낌이었다.

욕구만족 대 욕구좌절

동기 부여를 위한 작업의 중요한 특징은 욕구만족이나 욕구불만이 치료의 변화를 가져오느냐 하는 것이다. 욕구만족은 욕구를 감소시키는 것으로 보인다. 예를 들어, 친밀함에 대한 욕구가 만족되면, 개인 욕구가 충족되어 다른 욕구를 탐색하고 충족시키는 결과로 이어지게 된다. 성취하고자 하는 욕구가 만족되면, 그 사람은 긴장을 풀고 다른 욕구를 충족시키기 위해 나아간다. 욕구만족에 대한 이러한 관점은 이전에 미해결된 감정과 충족되지 않은 욕구에 접근하는 것이 욕구를 충족시키거나 변화시키기 위해 필요한 것으로 보이는 치료에 중요하다. 활성화는 활성화된 감정과 욕구의 강화로 이어지기보다는 새롭게 입력된 것을 더 잘 처리할 수 있게 만든다. 욕구좌절은 욕구를 소멸시키는 것이 아니라 욕구를 충족시키고 강화하려는 노력을 반복하게 만드는 것으로 보인다.

Perls, Hefferline과 Goodman(1951)은 욕구만족을 잠재적으로 욕구를 완성시키게 만들고 다른 관심사로 넘어가게 해 주는 것으로 보았다. Maslow(1954)는 사람들은 자신들의 욕구를 만족시키는 데 적극적인 주의를 기울이고, 욕구가 만족되면, 그의 위계 체계에서 더 높은 수준의 욕구를 추구한다고 주장했다. 예를 들면, 만일 위험이나 추위나 배고픔으로 고통받고 있다면, 안전, 음식 그리고 따뜻함이 우선시 되는 것은 꽤 자명해 보인다. 다른 욕구가 충족될 때까지는 자존감의 욕구를 추구할 시간이나 에너지가 없는 것이다.

치료에서, 어린 시절 거리를 두고 있던 부모에 대한 애착 욕구에 접근하거나 학대적인 아버지로부터 자신을 보호하고자 하는 요구에 접근하는 것은 욕구들이나 슬픔 정서나 두려움에 대한 보상이 되기보다는 욕구 감소를 가져온다. 욕구들, 슬픔, 두려움이 치료자의 조율에 의해 공감받거나 달래져서 안전이나 보호를 원하는 충족되지 못한 욕구가 치료에서 충족되면, 그것들은 이러한 교정적인 정서 경험에 의해 변형된다. 또한 현재에서의 해결 경험과 욕구 타당화는 미래 욕구만족에 대한 긍정적인 기대를 가져오고 전반적으로 욕구만족에 관한 미래에 대한 불안이나 걱정을 감소시킨다. 고통스러운 욕구나 정서를 활성화하고 격려하고 반응하는 것을 단순한 학습이론의 용어로 보면, 긍정적 강화가 이러한 행동의 빈도를 증가시키는 것으로 볼 수 있다. 그러나 욕구만족의 관점에서 보면, 고통스러운 욕구와 정서에 대한 활성화, 격려 그리고 반응하는 것은 감정과 욕구의 감소로 이어져 더 큰 안정감이나 자신감을 경험하게 해 준다. 이러한 경험은 욕구만족에 대한 긍정적인 기대에 근거하여 욕구 충족에 대한 선입견을 감소시켜 준다.

요약하면, 정동 조절과 의미 창조는 생존을 위한 동기를 제공하기 위한 주

요 과정이다. EFT이론은 특정한 내용의 동기를 가정하기보다는 특정한 동기들은 정서의 파생물들이고 수많은 인간의 심리적 욕구는 삶의 경험과 우리가 경험해서 좋아했던 정서들로부터 발달된다고 제안한다. EFT는 내담자가 어떤 일을 하거나 하지 않는 이유에 대한 패턴과 설명을 찾기 위해 내담자의 삶과 상호작용의 내용을 분석하기보다는 정서에 접근해서 그 안에 있는 동기와 행동 경향성을 이해한다.

정서 변화

많은 연구는 적절하게 자극된 정서들을 이해하면 좋은 치료 결과를 예측할 수 있다는 점을 보여 주었다(Carryer & Greenberg, 2010; Greenberg, 2017; Missirlian, Toukmanian, Warwar, & Greenberg, 2005). 정서중심 치료자들은 정서를 없애는 카타르시스보다는 사람들이 현재 그들의 정서들을 경험하게 하고, 정서에 거리를 두기보다는 자신들과 연결시켜 그 정서를 이해하도록 돕는다. 정서를 이해하고 정서에 인지를 가져오는 것은 최고의 변화 예측 변수이다. 그러나 변화의 핵심은 이해나 알아차림이 아니라 경험적 차원에서 다시 연결시키는 데 결정적인 신체적 변화를 가져오는 오래된 정서를 변화시키는 새로운 정서 경험과 표현이다. 변화를 공고하게 하는 것은 새로운 이야기에서 이해할 필요가 있는 새롭게 접근되고 변형된 경험이다.

여기에서는 성공적인 치료를 위해 고려되어야 할 요소들을 설명할 것이다. 먼저 EFT 치료를 안내하는 정서 평가, 정서적 변화의 원인, 사례개념화, 개입 안내 표식, 네 가지 주요 나침판에 대해 논의할 것이다. 그런 다음 일반적인 EFT 방법들과 기술들을 논의하고 정서 변화 과정에 대한 설명으로 끝낼 것이다.

정서 평가

정서 평가에는 일차적 정서와 이차적 정서 그리고 적응적 정서와 부적응적 정서를 구분하는 것이 포함된다. 일단 일차적 정서에 도달하면, 치료에서의 여섯 가지 정서 변화의 주요 원리들이 실제를 안내한다(나중에 논의될 것이다). **일차적 정서**(primary emotions)는 상실에 대한 슬픔이나 위협에 대한 두려움과 같은 상황에 대한 한 개인의 첫 번째, 즉각적인 직감적 반응이다. 반대로, **이차적 정서**(secondary emotions)는 선행하는 정서 반응에 대한 반응인데, 그것들은 종종 일차적인 정서 반응을 더 모호하게 하거나 방해한다(예: 충분히 잘하지 못하는 상태에서 느끼는 수치심을 덮어 버리는 우울한 절망감, 자존감을 상실했을 때 느끼는 수치심을 감추는 격노). 예를 들어, 위험의 가능성에 두려움을 느끼는 사람은 두려움에 대한 반응으로 분노나 수치심 같은 이차적 정서를 경험할 수 있다. 이차적 정서는 또한 더 많은 인지 과정(예: 재앙적 사고에 대한 불안)에 이차적인 것이 될 수 있다. 대부분의 이차적 정서는 공포증, 고갈된 느낌, 우울한 상태에서의 절망감 같은 증상적 감정이다. 예를 들어, 고개를 떨구고 눈물을 흘리는 내담자는 불평하는 어조로 "더 이상 참을 수 없습니다. 우울증이 없어지면 좋겠어요."라고 말한다. 내담자의 목소리와 표정에는 항의의 어조뿐만 아니라 절망감이 있다. 이것은 이차적 절망감이나 체념이다. 치료자는 우선 이차적 정서를 인식하고 나서 내담자를 근본적으로 취약한 정서, 즉 이 경우 수치심과 무가치감으로 안내할 필요가 있다. 정서는 하향식 및 상향식 과정에 의해 생성된다. 사람들은 신념, 자기에 대한 이상화된 관점, 사회적으로 파생된 기대와 도덕적 기준과 가치관에 기반을 둔 숙고 과정에 의해 하향식으로 생성된 정서 도식들과 인지적으로 파생된 정서들에 의해 상향식으로 만들어진 자동적 정서를 가지고 있다. 인지와 사회적 요인들에 의해 더 영향을 받는 그러한 정서들은 내 생각에는 일반적으로 재앙적인 생각이 불안으로 이어질 때처럼 이차적 정서들이다.

추가적인 일차적이지 않은 정서 반응 범주는 **도구적 정서**(instrumental emotion)인데, 주로 목표를 달성하기 위해 경험하거나 표현되는 정서이다. 그것은 자신이 원하는 것을 얻거나 이차적인 이익을 얻기 위해 정서를 교묘하게 사용하는 것으로 여겨져 왔다. 대표적인 예로는 통제하거나 지배하기 위한 분노의 표현, 또는 공감을 불러일으키기 위한 악어의 눈물이 있다. 도구적 정서는 다른 상태의 의식이나 무의식적 의도로 생성될 수 있다. 도구적 정서에 대해 치료자들은 사람들이 그들의 정서 표현의 목적을 알아차리고 그들의 정서들과 소통하는 더 직접적인 방법을 탐구하도록 도울 필요가 있다.

비록 이차적 정서들은 일반적으로 환경에 적응적인 반응이 아니지만, 일차적 정서들은 적응적일 수도 있고, 부적응적일 수도 있다. **일차적인 적응적 정서들**(adaptive emotions)은 평가, 언어적 · 비언어적 정서 표현, 행동 경향성 그리고 자극 상황에 적합한 정도의 정서 조절을 함축하고 있는 자동적 정서들이며, 적절한 정서들이다(예: 상실한 상태에서의 슬픔은 위안에 도달할 수 있고, 위협에 대한 두려움은 개인이 피할 수 있도록 준비시킨다). **일차적인 부적응적 정서**(maladaptive emotion)는 상황에 대한 인간의 첫 번째 자동적 반응이지만, 그것들은 이전에 종종 외상이 되었던 경험에 근거한 과도하게 학습된 반응들이다. 이러한 정서적 반응들은 원래 상황에서는 적응적이었을 수 있지만 현재 상황에서는 더 이상 도움이 되지 않는다. 그래서 이러한 정서적 반응들은 현재 상황에 대한 반응이라기보다는 좀 더 과거의 미해결된 문제들에 대한 반사반응이다. 그리고 그것들은 개인이 현재 상황에서 적응적인 행동을 준비할 수 있도록 돕지 않는다. 부적응적인 정서들은 사람들이 잘 알고 있는 오래된 친숙한 감정들이다. 그것들은 어떤 사람들에게는 좋지 않은, 오래된 좋은 친구들 같다.

정서 변화의 원리들

정서가 어떤 방식으로 작동하는가에 대한 문헌들에서 여섯 가지 원리를 볼 수 있다. ① **정서 인식**(awareness)으로 핵심 정서 경험을 말로 상징화하기, ② **표현**(expression)으로 말이나 행동을 사용하여 자신이 느끼는 것을 말하거나 보여 주기, ③ **조절**(regulation)로 정서적 각성을 달래거나 줄이기, ④ **성찰**(reflection)로 자신의 경험에 의미 있는 이야기 만들기, ⑤ **변형**(transformation)의 두 가지 원리로 첫째, 한 가지 정서를 다른 정서로 바꾸기, 둘째, 다른 사람과의 새로운 생생한 경험과 관련이 있는 교정적 정서 경험이다(Greenberg, 2017). 이러한 과정들은 공감적 치료 관계의 맥락에서 가장 잘 촉진되는 것으로 본다. 처음 세 가지—인식, 표현, 조절—는 정서 사용에 기여한다고 생각할 수 있고, 조절과 두 가지 변형 원리는 정서 발달에 기여한다. 이러한 원리는 다른 곳에서 자세히 설명했다(Greenberg, 2015; Greenberg & Watson, 2006).

정서 인식

정서에 대한 인식이 증가하는 것은 가장 기본적이고 전반적인 치료 목표이다. 일단 사람들이 그들이 느끼는 것을 알게 되면, 자신들의 욕구와 다시 연결되어 그것들을 충족시키기 위해 동기화된다. 증가된 정서 인식은 다양한 방식으로 치료적이 된다. 언어적으로 핵심 정서 경험을 알아차리게 되고 상징화하는 것은 정서의 적응적인 정보와 행동 경향성에 접근할 수 있게 해준다. 그러나 정서 인식은 감정에 대해 생각하는 것이 아니다. 그것은 의식적으로 감정을 느끼는 것과 관련이 있다. 느껴진 정서가 한 번이라도 언어로 표현된다면 그것은 인식의 중요한 구성요소가 된다.

내담자가 자신의 내면세계에서 경험한 것을 분명하게 표현할 수 있는 능력은 이 치료의 중심 초점이다. 언어로 감정에 이름을 붙이는 것은 편도체 각성을 감소시키는 데 도움이 되는 것으로 나타났다(Kircanski, Lieberman, &

Craske, 2012; Lieberman et al., 2007). 정서중심 치료자는 내담자가 자신의 정서에 접근하고, 견디고, 받아들이고, 상징화하도록 돕기 위해 내담자와 협력한다. 인식 작업의 첫 번째 단계는 회피와 반대로 정서적 경험을 수용하는 것이다. 일단 내담자가 정서를 피하기보다는 받아들이면, 치료자는 내담자가 대처 능력을 향상할 수 있도록 도울 수 있다.

정서 표현

정서적 표현은 유방암(Stanton et al., 2000), 대인관계 정서적 손상 및 외상(Foa & Jaycox, 1999; Greenberg & Malcolm, 2002; Paivio, Hall, Hollowaty, Jellis, Tran, & Faivuis, 2001; Niewenio)과 같은 것들에 대한 적응을 예측하는 정서적 과정의 독특한 측면으로 나타났다. 치료에서 정서를 표현하는 것은 이차적 정서의 표출이 아니라, 경험을 강력하게 회피하는 것을 극복하고 이전에 위축되어 있던 일차적 정서를 표현하는 것과 관련이 있다(Greenberg & Safran, 1987). 표현적 대처는 또한 중심 관심사에 주의를 기울이고 명확히 하는 데 도움이 될 수 있으며, 목표 추구를 촉진하는 역할을 한다.

정서 조절

정서 조절을 돕는 첫 번째 단계는 안전하고, 진정시킬 수 있고, 인정받을 수 있고, 공감적인 환경을 제공하는 것이다. 이러한 유형의 환경은 자동으로 생성되어 조절되지 않는 고통을 진정시키고 자기를 강화하는 데 도움이 된다(Bohart & Greenberg, 1997). 이 단계 후에 감정 조절과 고통 감내 기술을 가르치게 된다(Linehan, 1993). 이 교육은 무엇보다도 촉발요인 확인, 촉발요인 회피, 정서 확인 및 이름 붙이기, 정서 허용 및 견디기, 작업 거리 설정, 긍정적인 정서 증가시키기, 부정적인 정서에 대한 취약성 감소시키기 뿐만 아니라 자기 달래기, 횡격막 호흡, 이완, 주의를 분산하기를 포함한다. 명상 연습과 자기 수용의 형태는 종종 압도적인 핵심 정서에서 작업하기 위한 거리를 두는 데 가장 도움이 된다. 호흡을 조절하고 정서를 관찰하고 그러한 정서를 오고 가도록 하는 능력은 정서적 고통을 조절하는 데 도움이 되는 중요한 과정이다.

조절의 또 다른 중요한 측면은 내담자가 자기 진정 능력을 발달시킬 수 있도록 돕는 것이다. 정서는 다양한 수준의 과정에서 진정시킴으로써 하향 조절될 수 있다. 생리적인 진정은 스트레스를 받으면 빨라지는 심박 수, 호흡 및 기타 교감 기능을 조절하기 위해 부교감 신경계를 활성화시키는 것을 포함한다. 좀 더 신중한 행동과 인지 수준에서, 내담자가 그들의 고통스러운 정서 경험을 받아들이고 연민의 감정을 가질 수 있는 능력을 촉진하는 것이 정서를 견디고 자기를 진정하기 위한 첫 번째 단계이다.

성찰

정서를 인식하고 말로 상징화할 뿐만 아니라, 정서적 경험에 대한 성찰을 촉진하는 것은 사람들이 그들의 경험에 대한 의미 있는 이야기를 만들 수 있게 하고, 그것이 그들의 계속되는 자기 이야기에 동화되도록 하는 데 도움이 된다. 우리가 정서적인 경험이라고 생각하는 것이 우리를 우리가 되게 만든다. 성찰은 새로운 의미를 창조하고, 경험을 설명하기 위한 새로운 이야기를 발달시키는 것을 돕는다(Goldman, Greenberg, & Pos, 2005; Greenberg & Angus, 2004; Greenberg & Pascual-Leone, 1995; Pennebaker, 1995). Pennebaker(1995)는 정서적 경험에 대한 글쓰기가 자율신경계 활동, 면역 기능, 신체적 · 정서적 건강에 미치는 긍정적인 효과를 보여 주었다. 그는 언어를 통해 개인들은 그들의 정서적인 경험과 정서를 자극했을 수 있는 사건들을 조직하고, 구성하고, 동화시킬 수 있다고 결론지었다.

변형

아마도 치료에서 부적응적 정서를 다루는 가장 중요한 방법은 부적응적 정서를 조절하는 것이 아니라 다른 정서에 의해 변형되는 것과 관련이 있다. 치료에서 새로운 정서의 활성화는 쓸모없는 정서적 반응을 변화시키고 과거부터 소유하지 못했고 두려워하는 감정들을 변화시키는 데 도움이 된다.

정서를 정서로 변화시키기(changing emotion with emotion) **정서를 정서로**(emotion with emotion) 변화시키는 과정은 특히 두려움과 수치심 같은 일차적인 부적응적 정서를 다른 적응적인 정서들로 변형시키는 데 적용된다(Greenberg, 2015). 부적응적 정서 상태는 다른 더 적응적인 정서 상태를 활성화시킬 때 가장 잘 변형된다. Spinoza(1677/1967)는 정서를 변화시키기 위해 정서가 필요하다는 것을 처음으로 언급하며, "반대되고 더 강력한 정서가 아니면 정서를 억제하거나 제거할 수 없다."고 하였다(p. 195).

두려움을 바꾸기 위한 분노, 수치심을 바꾸기 위한 동정심, 심지어 증오를 바꾸기 위한 사랑과 같이 새롭게 활성화된 경험은 사람들의 지속적이고, 기억 기반적이며, 문제가 되는 정서적 상태와 환경의 상호작용을 변화시키는 데 도움을 준다. 이런 관점에서, 새로운 정서 반응을 생성하는 것이 부적응적 정서 반응의 지속적인 변화를 가져온다. 무의식적 갈등에 대한 통찰이나 이해의 과정을 통해서가 아니라 오래된 상황들에 대한 새로운 반응들을 생성하고 그 새로운 반응들을 기억에 통합하는 것이다.

정서를 정서로 바꾸는 과정은 부적응적인 감정을 제거하지 않고 단순히 느끼기만 하는 것으로는 약화되지 않는다는 점에서 카타르시스, 완성과 놓아주기, 노출, 소멸 또는 습관화와 같은 개념을 넘어선다. 오히려, 그것을 변형시키거나 되돌리기 위해 다른 느낌이 사용된다. 공포증, 강박증, 공황과 공포로 가득 찬 침투적인 이미지와 같이 조절되지 않은 이차적 정서들은 단순한 노출에 의해 극복될 수 있지만, 많은 상황에서 일차적인 부적응적 정서들(예: 무가치감에 대한 수치심, 기본적인 불안정함에 대한 불안, 버려진 것에 대한 슬픔)은 반대되는 행동 경향성을 가지고 있는 다른 정서들과 접촉될 때 가장 잘 변형된다. 예를 들면, 철수를 가져오는 버림받는 것에 대한 핵심적인 수치심이나 두려움 같은 일차적인 부적응적 정서들의 변화는 같은 상황에서 분노와 자부심 또는 자기에 대한 연민의 마음을 격려하는 것과 같은 양립할 수 없어 보이는 정서들을 같이 활성화하여, 좀 더 적응적인 접근 경험을 함으로써 가능해진다. 새로운 정서는 정서를 약화시킨다기보다는 오래된 반응을 되돌린다(Fredrickson, 2001). 이러한 변화는 감정을 단순히 느끼거나 직면하는 것 이상이며, 감정의 약화로 이어진다. (예를 들면) 일차적인 부적응적 두려움이나 수치심의 철수 경향성은 분노나 슬픔을 느낄 때 위로를 찾는 접근 경향성을 활성화시킴으로써 접촉을 유지하는 것으로 변형된다.

EFT는 치료에서 과거 어린 시절의 상실과 트라우마에 대한 부적응적 정서 도식화 기억을 활성화시킴으로써 변형시키는 작업을 한다. 목적은 최근에 제안된 과정을 통해 이러한 기억들을 변형시키는 것인데, 이것을 **기억 재통합**(memory reconsolidation; Lane, Ryan, Nadel, & Greenberg, 2015)이라고 부르며, 이것은 현재의 자료를 과거의 기억으로 동화시키는 것을 포함하는 과정이다(Nadel & Bohbot, 2001). 현재 활성화된 과거 사건의 기억에 새로운 현재 경험을 도입하는 것이 기억의 변화를 가져오는 것으로 나타났다(Nadel & Bohbot, 2001). 이것이 정서를 정서로 변화시키는 핵심적 방법이다. 기억에 대한 전통적인 관점에서는 일단 기억이 통합되고 장기 기억의 일부가 되면, 그것들은 다소 영구적이라고 보아 왔다. 그러나 기억이 되살려질 때마다 기본 기억의 흔적은 불안정하고 깨지기 쉽기 때문에 또 다른 통합 기간이 필요하다는 것이 밝혀졌다(Moscovitch & Nadel, 1997). 이러한 **재통합**(reconsolidation) 기간은 기억을 파괴할 수 있는 또 다른 기회를 준다. 왜냐하면, 일단 기억이 활성화되면 기억 재통합이 발생하고, 정서적 기억들의 변화가 따라오게 되기 때문에, 치료에서 그것들이 활성화되어야만 한다. 정서적 기억들은 치료 회기 안에서 기억에 대한 경험을 활성화하는 것에 의해 변화될 수 있다. 만일 이런 기억과 관련된 고통스러운 경험과 10분 동안 작업하고 나서 새로운 정서가 경험된다면, 그것은 어떤 식으로든 기억 속에 편입되어 원래의 기억의 경험을 바꿀 수 있다. 현재에서 기억들이 활성화됨으로써, 오래된 기억들은 새로운 현재의 경험에 의해 업데이트된다. 새로운 경험은 안전한 관계의 맥락에서, 그리고 치료 회기 계약 내에서 이루어지는 좀 더 적응적인 정서적 반응과 새로운 성인 자원의 활성화를 통해서 그리고 새로운 방식으로 이전 상황에 다시 반응하는 것을 통해서 이루어진다. 기억들은 이러한 새로운 요소들을 받아들이기 위해 재통합된다. 정서적으로 고통스러운 기억과 약 10분 후 기억이 불안정해지는 시간 프레임을 활성화하는 것이 치료에서 중요한데, 이때 새로운 경험을 소개하는 것이 도움이 된다(Nader, Schafe, & LeDoux, 2000).

치료에서 과거 아동기 학대로 인한 버림 또는 소멸에 대한 부적응적 두려움이 일단 현재에서 자극되면, 과거에는 느꼈지만 표현되지 않았던 학대에 대한 적응적 분노나 혐오감과 같은 보다 힘을 줄 수 있고, 경계를 세울 수 있는 정서를 활성화시키거나, 이전에는 접근하기 어려웠던 상실에 대한 슬픔을 달래 주는 더 부드러운 감정과 자기에게 편안함이나 연민을 필요로 함으로써, 안정감으로 변화될 수 있다. 마찬가지로 부적응적 두려움은 적응적 슬픔으로 되돌릴 수 있다. 다른 사람의 경멸로부터 내면화된 부적응적 수치심은 고통받은 학대의 결과로 생긴 침해에 대한 분노, 자기 연민, 자부심과 자기 가치감에 접근함으로써 변형될 수 있다. 부당하게 대우받거나 좌절된 것에 대한 분노는 절망감과 무력감에 대한 해독제가 된다. 수치심으로 바닥까지 움츠러들거나 무력감에 무너지는 경향은 침해에 대한 분노가 쏟아져 나오는 경향이나 슬픔에 닿는 것으로 변형될 수 있다. 다가가는 정서들은 철수하는 정서들을 변화시킨다. 대체 정서에 접근한 후에는 기존 상태를 변형하거나 약화시키고 새로운 상태를 구축한다. 앞서 논의한 바와 같이, 최근에 활성화된 과거 사건에 대한 기억들에 새로운 현재 경험을 도입하면 기억을 재통합하는 과정에서 새로운 자료가 과거 기억으로 동화되어 변형이 가능하게 된다. 종종 반대되는 변형 정서를 활성화하려면 이전에 부적응적 정서를 진정시키고 이해하는 기간이 필요하다.

교정적 정서 경험(corrective emotional experience) 정서를 변형시키는 또 다른 방법은 오래된 감정을 변화시키는 새로운 생생한 경험을 하는 것이다. 또 다른 이러한 새로운 경험은 교정적 정서 경험을 제공한다. 대인 간 위로 경험은 병리적 신념을 거절하게 하거나 '성공 경험'이 초기에 굳어진 패턴을 수정할 수 있게 해 준다. 치료적 맥락에서 수치심을 맞닥뜨린 내담자가 예상했던 혐오감이나 인격모독이 아니라 수용을 경험하는 것은 수치심을 변화시킬 수 있는 힘을 갖게 해 준다. EFT에서, 교정적 정서 경험은 치료적 관계에서 대부분 발생하지만, 세상에서의 성공 경험 또한 장려된다.

대인 간 교정적 정서 경험은 내담자가 치료자를 내담자의 내적 세계에 조율해서 타당화해 주는 사람으로 경험할 때, 치료적 과정에서 발생한다. 치료는 도움이 되는 다른 사람들과의 정동 조절, 다른 사람과 접촉하는 존재로서 그리고 반영되는 존재로서의 새로운 자기 경험, 그리고 새로운 신생 자기 조직을 강화시킬 수 있는 대안적인 적응적 정서 도식 활성화를 촉진하는 새로운 경험의 기회를 제공한다. 전반적으로 볼 때, 내담자와 치료자 간의 진정한 관계 그리고 그 관계의 항상성이 교정적 정서 경험이 된다. 또한 대인관계의 특정한 패턴을 되돌려 놓도록 돕는 치료자와의 새로운 특정한 정서 경험은 다른 형태의 교정적 정서 경험을 제공한다.

활성화해야 하는 경우와 조절해야 하는 경우(when to activate and when to regulate) 치료에서 이러한 두 가지 원리 외에도, 언제 감정이 활성화되고 조절되어야 하는지, 그리고 어떤 감정을 어떻게 조절해야 하는지 고려해야 한다. 일반적으로 절망감과 무망감과 같은 이차적인 정서이거나 가치가 없다는 수치심이나 기본적인 불안전과 공황에 대한 불안과 같은 일차적인 부적응적 정서들은 하향 조절해야 하는 조절되지 않은 정서라고 볼 수 있는데, 왜냐하면 이 정서들은 현재 너무나 압도적이어서 적응적 인지와 연결될 수 없기

때문이다. 고통이 너무 커서 더 이상 적응적인 사고와 행동에 대한 정보를 주지 못하므로, 정서가 조절될 필요가 있다(Greenberg, 2015). 핵심적인 수치심이라는 부적응적 정서들과 흔들리는 취약한 감정들이 조절되면 그 정서들로 압도되기보다는 작업 거리를 만들 수 있게 된다. 그러나 어떤 경우에는, 감정을 억압하는 것이 반동효과를 내거나 '감정을 억누르다 폭발해 버리는' 증상을 일으킬 수 있다. 많은 경우, 정서를 분리하는 것은 도움이 되지 않는다. 어떤 경우에는 정서를 분리하는 것이 효과적인 경우도 있다. 이런 분리는 학습과 기억을 촉진할 수 있다. 그러나 너무 높은 강도에서 너무 많은 정서를 느끼는 것은 치료 효과가 없을 수 있다. 임상적 판단은 언제 정서를 분산시키고 하향 조절해야 하는지와 언제 정서적 접근과 강화를 촉진해야 하는지를 아는 것이 중요하다.

새로운 감정에 접근하는 방법(how to access new emotions) 정서를 정서로 변화시키는 것에 중점을 두면서 다음과 같은 의문이 생긴다. 치료자는 어떻게 새로운 정서 활성화를 촉진하는가? 다음에 몇 가지 방법을 제시하겠다, 이 방법과 기타 방법은 다른 곳에서 자세히 설명하였다(Greenberg, 2015).

정동에 공감적으로 조율하는 것은 지속적으로 내담자가 새로운 감정에 접근하도록 돕는다. 순수하게 타당화하기 위한 공감 반응과 환기하는 반응을 이해하는 것에서부터 탐색적이고 추측하는 반응까지, 여러 유형의 공감은 내담자가 자신의 다양한 정서에 접근하고 이를 상징할 수 있도록 돕는다. EFT의 기본적인 개입 방식인 **공감적 탐색**(empathic exploration)은 가장 생생하거나 가슴 아프거나 암묵적인 내담자의 경험 중 가장 중요한 것을 구별하는 데 초점을 두는데, 그 경험이 전개되도록 돕기 위해서이다. 치료자의 반응이 내담자의 진술에서 가장 살아 있는 것처럼 보이는 것에 초점을 맞추는 것으로 끝날 때, 내담자의 관심은 결국 자신의 경험의 이러한 측면에 초점을 맞추게 된다. 그래서 내담자가 자신의 경험에서 가장 중요한 부분을 구별해 낼 가능성이 커지게 된다. 치료자는 순간순간 내담자가 말하거나 표현하지 않은 비언어적인 이야기 속에서 가장 가슴 아픈 것에 민감하게 주의를 기울이면서, 언어적으로 공감적 탐색을 하는 것을 통해 내담자가 설명한 것보다 더 풍부한 내담자의 경험을 포착하도록 도울 수 있다. 그래서 내담자들이 의식적으로 이전의 암묵적인 경험을 상징화할 수 있도록 돕는다. 암묵적 과정(예: "확실하지는 않지만, 이런 슬픔이 있었다.")에 주목하고, 그 과정의 기원이나 기능을 탐색하고, 정서가 완전히 허용되어 충분히 처리될 수 있는 방식으로 내적·외적 조건을 적응시킬 수 있는 가능성을 명시적으로 열어 둔다. 예를 들어, 치료자는 이렇게 말할 수 있다. "제가 맞는지 잘 모르겠는데, 방금 남편이 어떻게 당신 옆에 없을 수 있는지에 대해 말할 때, 뭔가 슬픔이 올라오는 것이 느껴졌고, 그러고 나서 당신이 숨을 참은 것처럼 보였는데, 곧 사라졌습니다. 맞나요?" 그런 다음 내담자와 치료자는 함께 무엇이 내담자가 슬픔에 머무르지 못하게 하는지 탐색할 수 있다. **공감적 추측**(empathic conjecture)은 내담자가 무엇을 느끼는지 추측한다는 점에서 탐색 이상의 것을 하는 것이다. 그것은 치료자가 추측이 옳다는 것을 암시하지 않고 제공하는 추측이다. 그것은 해석이라기보다는 질문이다.

내담자가 경험을 위한 단어를 찾는 데 어려움을 겪을 때, 치료자의 추측은 그들이 신체적으로 느껴진 경험(bodily felt experience)과 비교하여 그들의 경험과 맞는지를 확인하고, 필요하다면 제공된 경험의 상징성을 교정하는 데 도움을 줄 수 있다. 예를 들어, 내담자가 "난 그녀가 말도 없이 파티를 떠났다는 것을 알고, 기분이 너무 나빴어요."라고 말할 수 있다. 치료자가 대답한다. "……너무 나쁜 ……왠지 모르겠지만 버림받은 것 같은……." 그러자 내담자가 말한다. "하지만 역시 난 그녀에게 중요하지 않은 것처럼……." 내담자가 느끼고 있는 것에 대한 단어를 가지고 있지 않아서 침묵할 때, 치료자들은 단어를 제공하고 침묵에 대해 이야기하면서, 내담자들이 '입 밖에 내지 못한 것을 말할' 수 있도록 돕기 위해 노력한다(Gendlin, 1996). 예를 들어, 내담자가 흥분한 상태에서 조용히 울고 있는 경우가 이에 해당될 수 있다. 치료자

는 "이 사랑과 지지를 잃는 것이 얼마나 고통스럽고…… 얼마나 슬픈지."라고 말하며 공감적 추측을 할 것이다. 만약 내담자가 언어로 동의하거나 고개를 끄덕이거나 더 심하게 우는 것과 같은 일치된 비언어적 표현을 통해 동의한다면, 치료자는 자신이 제대로 가고 있다고 가정하고, 내담자가 자신의 경험을 상징하고 차별화할 수 있도록 계속 도울 것이다.

공감 외에도 치료자는 내담자 인식의 주변부에 있지만 내담자가 현재 표현하고 있는 정서로 주의를 돌리게 함으로써, 현재 발생하고 있는 새로운 지배적인 정서에 접근할 수 있도록 도울 수 있다. 이러한 변화는 내담자들이 새롭게 참여한 정서에 의해 재조직화되도록 돕는다. 치료자들은 또한 그들이 신체적으로 느껴진 감각에 집중하게 하고, 그것들에 관심을 기울이고, 그것들을 따라가서 말이나 이미지로 상징화하도록 요청함으로써 내담자의 관심을 안내한다(Gendlin, 1996).

치료 작업에는 실험을 제안하는 것도 포함된다. 치료자는 "이것을 시도해 보세요." 하고 나서, "무엇을 경험하고 있나요?"라고 한다. EFT의 실험은 일차적 정서와 욕구를 명확하게 표현하고, 고통스럽고 미해결된 정서를 받아들이고 변형시키며, 암묵적인 정서와 의미를 설명함으로써 경험에 대한 접근을 촉진하기 위해 고안되었다. 중요한 실험은 정서를 불러일으키기 위해 상연하는 것과 이미지를 사용하는 것, 정서가 느껴졌던 때를 기억하는 것, 내담자가 사물을 보는 방식을 바꾸는 것, 심지어 내담자를 위해 치료자의 정서를 표현하는 것까지도 포함한다. 일단 접근하게 되면, 이러한 새로운 정서적 자원은 이전에 그 사람의 대처 방식을 결정했던 심리정동적 운동(psychoaffective motor) 프로그램을 바꾸기 시작한다. 새로운 정서 상태는 사람들이 부적응적 정서에 연결된 자아/타인에 대한 인식에 대한 타당성에 도전할 수 있게 해 주며, 따라서 그러한 인식들이 가지고 있는 보유력을 약화시킨다.

새로운 정서를 활성화하는 핵심 수단은 무엇이 필요한지에 초점을 맞추는 것이다(Greenberg, 2015). 이 과정의 핵심은 다음과 같다. 내담자의 핵심적인 부적응적 정서인 두려움, 수치심, 슬픔에 접근할 때 연결과 타당화에 대한 핵심 욕구가 동원된다. 만약 내담자들이 이전에 충족되지 않았던 욕구를 충족시키는 것을 느낄 수 있도록 도울 수 있다면, 그들의 욕구가 충족되지 않는 것과 관련된 더 적응적인 정서가 생성된다. 내담자들이 그들이 사랑받거나 가치 있게 여겨질 자격이 있다는 것을 인정할 때, 정서 시스템은 욕구가 충족되지 않은 것을 자동적으로 평가하고 부당한 대우를 받았거나 슬픔을 느끼고 욕구를 충족시킬 기회를 놓친 것에 대해 분노를 일으킨다. 이러한 새로운 적응적 정서는 이전 상황에 대한 새로운 반응이 되고 더 부적응적인 정서를 바꾸는 행동한다. 그 결과는 사랑과 존경을 받을 만하고 연결될 자격이 없다는 감각에 대한 암묵적인 반박이다. 동일한 자극 상황에서 나타나는 적응적인 분노나 슬픔에 의해 지지되는 '나는 가치가 없거나 사랑스럽지 않다.'와 '나는 사랑받을만 하거나 존경받을 자격이 있다.'라는 두 가지 상반된 경험은 부적응 상태를 바꾸고 새로운 자기 조직화를 이끄는 재조직화를 일으킨다. 이런 새로운 감정들은 원래 상황에서 느껴졌지만, 표현되지 않거나 예전 상황에 대한 적응적 반응으로 느껴진다. 예를 들어, 가해자의 침해에 대한 암묵적인 적응적 분노에 접근하는 것은 트라우마 생존자의 부적응적 공포를 바꾸는 데 도움이 될 수 있다. 공포에 질려 도망가는 성향이 밀어붙이는 분노 성향으로 변형될 때, 가해자에게 잘못에 대한 책임을 묻는 새로운 관계를 형성할 수 있다. 적응적 욕구에 접근하는 것은 자동적으로 부적응적 정서와 불일치하게 행동하게 하고, 신념과 새로운 경험은 오래된 경험을 바꾼다. 따라서 EFT는 따라가기와 앞서가기를 조합한 치료를 한다. 그러나 따라가기가 앞서가기보다 더 우세하다. 더 고통스럽고 더 회피적인 내담자들에게는 위로하기와 연민을 수반하는 정서적 재부모화를 진행하면서, 종종 과정 안내와 감정 코칭을 추가할 때 더 유용하다. 그러나 내부 통제력이 더 크거나 더 반응적인 스타일의 내담자이거나 또는 더 상처받기 쉬운 내담자에게는 따라가는 반응을 더 많이 하고 안내하는 것을 적게 하는 것이 도움이 된다.

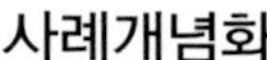

사례개념화

EFT의 사례개념화는 내담자의 정서적 맥박에 치료자의 손가락들을 대고 있는 것을 통해 이루어진다. 그들은 내담자에게 고통의 열쇠처럼 보이는 가장 고통스러운 정서에 귀를 기울인다. 치료자의 주된 관심사는 내담자의 과정을 따르는 것이다. 그 사람의 지속적인 성격, 성격 역동 또는 핵심 관계 패턴에 대한 그림을 그리려고 시도하기보다는 중심적인 고통을 확인하고 현재의 정서적 관심의 지표에 반응하는 것이다. 과정은 내용보다 중요하며, 과정을 내담자의 중심 관심사로 안내하는 것은 내담자의 고통이다.

사례개념화의 첫 번째 개념화 단계는 내담자의 정서 처리 유형을 관찰하는 것이다. 관찰은 정서와 어떻게 작업해야 하는지를 안내할 것이다. 내담자가 자신의 이야기를 전개할 때, 치료자는 내담자의 정서가 과잉 조절되는지 과소 조절되는지, 내담자가 내부 처리 유형인지 외부 처리 유형인지 들으면서 정서적인 어조에 특히 주의를 기울인다. 두 번째 개념화 단계는 내담자의 이야기에서 핵심적으로 고통스러운 정서를 따라가면서 확인되는 초점을 내담자와 함께 만드는 것이 포함된다. 이 단계는 내담자의 핵심적인 고통스러운 정서 도식을 공식화하는 것과 관련이 있다. 고통의 나침판을 따라가면, 치료자와 내담자는 내담자의 핵심적인 고통스러운 감정을 서로 이해할 수 있게 된다. 내담자의 고통스러운 정서를 공식화한 후에 치료자는 세 번째 개념화 과정을 지속하게 된다. 시간이 지남에 따라 좀 더 과정 지향적인 개념화를 만들 수 있다. 이제 그 순간 일어나고 있는 일에 대한 매 순간의 개념화와 개입을 안내하기 위해 내담자가 현재 말하고 있는 미세한 표식에 대한 개념화에 초점을 맞추고 있다(Goldman & Greenberg, 2015).

표식 안내 개입

치료 과정은 개입을 할 수 있는 기회를 알려 주는 지표가 되는 문제 **표식들**(markers)을 확인하는 지각 능력과 개입을 안내하는 실행 능력에 의해 결정된다. 표식 안내 개입(marker-guided intervention)은 EFT 접근을 규정하는 특징이다. 연구에 의하면, 내담자들이 근본적인 정동 문제를 나타내는 치료 회기 내 진술과 행동 등을 통해서 알아볼 수 있는 특정한 정서 처리 상태로 들어간다는 것이 증명되었다. 이러한 표식들은 특정 유형의 효과적인 개입을 할 수 있는 기회를 제공한다(Greenberg et al., 1993; Rice & Greenberg, 1984). 내담자의 표식들은 내담자의 상태와 사용할 수 있는 개입 유형뿐만 아니라 해당 문제에 대한 내담자의 현재 작업 준비 상태를 보여 준다. 정서중심 치료자들은 서로 다른 문제가 되는 정서 처리 문제들의 표식들을 확인해 내고 그런 문제들에 가장 적절한 특정한 방식의 개입을 할 수 있는 훈련을 받는다(Elliott, Watson, Goldman, & Greenberg, 2004). 각 과제는 집중적이고 광범위하게 연구되었으며, 이러한 연구들은 해결 경로의 핵심 요소들과 해결을 가져오는 특정한 형태를 명시하였다(Greenberg, 2017; Greenberg & Malcolm, 2002; Greenberg & Webster, 1982; Watson, 1996). 변화 과정의 모델은 치료자의 개입을 안내하는 지도 역할을 한다. 다음의 여덟 가지 경험적으로 조사된 표식들, 개입들 그리고 해결 과정들이 연구되어 왔다.

1. **문제가 되는 반응들**(problematic reactions; Rice & Greenberg, 1984)은 상황을 재경험하도록 촉진하기 위해 경험을 생생하게 자극하는 개입 과정을 위한 기회를 제공하는데, 반응을 만들어 내는 상황의 암묵적 의미에 도달하게 하기 위해서이다. 이러한 반응들은 특정 상황에 대한 정서나 행동 반응에 대한 혼란을 통해 표현된다. 예를 들면, 내담자가 "치료를 받으러 오는 길에, 귀가 길게 처진 작은 강아지를 봤는데 갑자기 너무

슬퍼졌어요. 왜 그런지 모르겠지만."이라고 말하는 경우가 그 예가 될 수 있다.

2. 불명확하게 느껴진 감각(unclear felt sense; Gendlin, 1996)은 어떤 사람이 자신의 경험에 대해 표면적이거나 혼란스러움을 느끼거나 명확한 감각을 갖지 못하는 것을 말한다. 예를 들면, "이런 느낌이에요. 그렇지만 그게 뭔지는 모르겠어요."와 같은 것이다. 불명확하게 느껴진 감각에 집중해야 하는데(Gendlin, 1996), 치료자는 내담자가 자신의 경험의 체화된 측면(embodied aspects)에 관심과 호기심을 가지고 기꺼이 경험하고자 하도록, 그리고 그들의 신체적으로 느껴진 감각에 단어를 붙일 수 있도록 안내한다(Gendlin, 1996).
3. 자기비판적 분리(self-critical splits; Greenberg, 2017)는 자기의 한 측면이 다른 측면에 대해 비판적이거나 강압적일 때 두 의자 기법을 할 수 있는 기회를 제공한다. 자기의 두 부분이 대화하면서, 비판적인 목소리가 부드러워지고, 통합되는 것을 통해 해결이 이루어진다.
4. 자기 방해적 분열(self-interruptive splits; Greenberg, 2017)는 한 부분이 정서적 경험과 표현을 차단하거나 방해할 때 발생한다. 예를 들면 "눈물이 나는 걸 느낄 수 있지만, 꾹 참고 삼켜 버리죠. 난 절대 울지 않아요." 라고 하는 것이다. 개입에서, 내담자들은 자신을 폐쇄하는 과정을 주체로 경험하고 난 후 자기표현의 필요성과 함께 자아의 방해적인 부분에 이의를 제기한다.
5. 미완성된 작업들(unfinished business; Greenberg, 2017; Perls, Hefferline, & Goodman, 1951)은 의미 있는 타인들에 대한 미해결된 감정을 표현하는 것과 관련 있는 표식이고, 빈 의자 개입을 할 수 있는 기회이다. 이런 대화는 의미 있는 타인에 대한 내담자의 내적 관점을 활성화하고 타인에게 자신의 감정을 표현하는 것을 도와서 타인에 대한 자신의 정서적 반응을 이해하는 데 도움이 된다. 타인과 자신에 대한 관점에 변화가 일어

난다.

6. **취약성**(Greenberg et al., 1993)은 손상되기 쉬움, 고갈, 약함, 자기와 관련된 수치심 또는 무력감에 대한 깊은 감각의 출현을 나타내는 지표이다. 가장 도움이 되는 것은 치료자가 온전히 참여하여, 내담자가 경험하고 있는 것이 무엇이든지 수용하고 타당화함으로써 내담자가 그곳에 존재하도록 하는 공감적 긍정이다. 그렇게 하는 것은 내담자가 경험으로 들어가 자발적으로 희망을 향해 올라오기 전에 바닥을 칠 수 있도록 돕는다.
7. **비통함 혹은 정서적 고통**(anguish or emotional suffering; Greenberg, 2015)은 자기에 대한 연민을 불러일으키는 것을 목표로 하는 자기 위로와 자기 연민의 대화를 할 수 있는 기회가 된다. 일반적으로 비통함은 다른 사람들이 충족시켜 주지 못한 강력한 대인관계 욕구(예를 들면, 사랑을 위한, 인정을 위한)를 직면할 수 있게 해 준다. 개입은 내담자에게 박탈이나 무효를 떠올리게 하는 장면에 성인 자기로 다시 들어가는 것을 상상하도록 요청하는 것이다. 그러고 나서 치료자는 회복 반응이나 대화를 제공하며, 성인으로서 상처받은 내면의 아이를 달래 줄 수 있는지 내담자에게 묻는다.
8. **표식 안내 과제**(marker-guided homework)는 인식이나 변화 관련 과제로, 치료자는 내담자에게 치료 회기 밖에서 경험을 해 보도록 하는 것이다. 숙제는 변화의 측면으로 보기보다는 치료 회기 안에서 이미 발생했던 것을 실습하는 것이다(Ellison & Greenberg, 2007; Greenberg & Warwar, 2006). 예를 들어, 치료 회기에서 내담자가 두 의자 기법으로 대화를 하면서 자신의 비판적 목소리를 알게 되었다면, 치료자는 주중에 알아차림을 연습하고, 이 목소리와 그 영향력을 인식할 수 있도록 알아차림 과제를 주는 것이다. 그러나 치료 시간에 변화가 일어나서 비판적인 목소리가 더 자기 동정적인 목소리로 부드러워졌다면, 치료자는 내담자에

게 이 변화를 강화하기 위해서 주중에 더 부드럽고 연민 어린 행동을 하도록 요청한다.

EFT는 과정 안내적이고, 표식 안내적인 차별적 개입은 치료자가 다양한 처리 형태로 내담자를 안내하는 핵심 방법이다. 표식들은 다른 문제들에 가장 적절한 다른 유형의 정서적 과정을 가능하게 하는 특정한 유형의 개입의 기회이다. 예를 들면, 상황을 다시 떠올리고 다시 경험하게 하는 것은 문제가 되는 반응들을 해결하는 데 도움이 되고, 비판자와 대화하는 것은 자기 비난에 도움이 되며, 빈 의자에서 의미 있는 타인에게 미해결된 감정을 표현하는 것은 미완성된 작업을 해결하는 데 도움이 된다. 정서 평가, 정서 변화의 원리, 사례개념화 그리고 표식 안내 개입과 같은 네 가지 안내 원리 외에도 정서와 작업하는 데는 다양한 중요한 기술들이 필요하다.

일반적인 방법과 기술들

여기에서는 알아차림과 변형을 위해 정서를 불러일으키는 데 사용되는 치료 방법과 기술들에 초점을 맞출 것이다. 방법들은 정서에 주의를 기울이고 정서를 자극하는 다양한 공감적 반응을 포함하고 있다. 우선 치료자가 필요한 지각 기술에 초점을 맞추고 난 후에 개입의 미세 기술에 초점을 맞출 것이다.

지각 기술들

매 순간 정서에 조율할 수 있기 위해서는 지각 기술이 필요하다. 내담자가 자신들의 이야기를 할 때 치료자들은 내담자들의 이야기에서 어떤 경험이 가장 가슴 아프거나 고통스러운 경험이었는가에 대해 그들 스스로 암묵적으로 질문할 필요가 있다. 이 질문은 특히 초기에 치료자가 들을 수 있도록 안내하는 데 필요하다. 정서적으로 감정적 색채를 띠는 그런 이야기들은 어떤 방식으로든 치료자를 움직이게 하여 내담자에게 반영되고, 핵심적인 고통 정서를 확인하기 위해 더 깊이 탐색된다. 내담자들이 이야기할 때, 치료자들은 내담자들이 하는 많은 말 중에서, 그 이면에 더 많은 힘이나 관심을 가지고 눈에 띄는 것, 치료자의 관심을 사로잡고 관심을 끌 수 있는 것을 듣는다. 두드러지는 것은 목소리의 질이나 한숨 혹은 호흡의 변화일 수도 있고, 신체에서 더 강하게 정서적으로 강도가 느껴지는 것일 수도 있고, 얼굴 표정이나 자세일 수도 있다. 괴로움이 절규나 분노 폭발의 형태로 더 강한 감정표현이 있을 수도 있고, 혹은 갑작스럽게 더 산만하거나 모호한 표현과 혼합된 혼란이나 어리둥절함일 수도 있다. 모든 것이 고통스러움의 지표이며, 치료자는 내담자의 가슴에 느껴지는 찌릿한 통증이나 내담자가 중요하거나 의미 있다고 여기는 어떤 것을 내적으로 보여 주는 것으로 예측할 수 있는 숨을 참고 있는 것을 느낄 수 있다(Greenberg, 2017).

정서중심 치료자는 치료자가 내담자의 만성적이고 지속적인 고통으로 직접 다가갈 수 있도록 치료 시간을 안내하는 **고통 나침판**(pain compass)의 개념을 채택하고 있다(Greenberg, 2015; Greenberg & Paivio, 1997). 정서적 고통은 내담자에게 무엇인가가 부서지거나 산산조각난다는 강력한 신호이다(Greenberg & Bolger, 2001). 치료자들은 보고, 듣고, 감지하는 것을 포함한 다양한 감각 매체를 사용하여 사람들의 고통을 들을 필요가 있다. 치료의 목표는 이 고통스러운 문제를 해결하는 것이다.

치료자들은 또한 내담자의 정서적 접근성과 정서중심치료에 대한 즉각적인 순응성을 판단하는 데 도움이 되는 내담자의 정서 처리 스타일에 조율할 필요가 있고 정서적 접근성을 높이기 위해 더 구체적인 작업이 필요한지 여부에 주의를 기울일 필요가 있다. 이 과정에서는 처리 방식의 다양한 특징과 차원이 고려되어야 한다. 첫째, 내담자의 정서 표현이 활성화되었을 때, 치료자와 내담자는 정서 표현이 일차적인지, 이차적인지, 도구적인지를 함께 결정할 필요가 있다. 정서 처리가 생산적이기 위해서는 일차적 정서에 접근

할 필요가 있다. 그래서 치료자는 일차적인 적응적 정서, 일차적인 부적응적 정서, 이차적 정서, 도구적 정서 중 어떤 유형의 정서가 표현되고 있는가를 어떻게 결정하는지 알아야만 한다(이 장의 '적응적 정서로 가는 두 가지 경로'를 보라).

일반적으로, 정서와 작업을 할 때, 치료자들은 정서를 감지하기 위해 어떤 요인들을 관찰할 필요가 있다. 그들은 얼굴 표정, 목소리 톤 그리고 어떻게 말하는지를 관찰하는 것을 포함하여 비언어적 표현에 주의를 기울일 필요가 있다. 적응적인 정서가 표현될 때는 자연스러운 신체 리듬이 있는 경향이 있다. 사람들의 전체 시스템은 잘 어우러져 있고 일치되는 것으로 보인다. 치료자는 보편적인 정서적 반응에 대한 자신의 지식과 내담자의 정서들을 이해하기 위해서 그들 자신의 정서 반응들에 대한 지식을 사용할 필요가 있다.

내담자가 정서를 어떻게 처리하는지에 주의를 기울이면서, 치료자는 내담자의 목소리의 질, 정서 각성의 정도, 경험의 수준, 특정한 정서를 생산적으로 처리하는 수준을 관찰할 필요가 있다. 내담자의 목소리의 질은 중요한 지침이 된다. 내담자의 목소리의 질은 화자의 집중력과 에너지의 순간적인 배치를 반영하는 목소리 특징의 유형에 따라 네 가지 상호 배타적인 범주로 나누어진다(Rice & Ker, 1986; Rice & Wagstaff, 1967). 네 가지 범주(집중된, 외부적, 제한된, 정서적)는 각각 특정 유형의 관여를 설명한다. **집중된**(focused) 목소리는 내담자가 안구를 내부로 돌려 내적 경험을 따라가며 그 경험을 말로 상징하려고 시도하고 있음을 나타낸다. **외부적**(external) 목소리는 고르게 리듬감 있는 음색과 밖으로 향한 에너지로 표현된다. 그것은 사전에 연습된 말 같은 질을 가지고 있고, 자발성의 부족을 나타낸다. 또한 '말하기' 또는 강의하는 것 같은 질을 가지고 있다. 말하는 내용이 신선하게 경험되는 것 같지는 않다. **제한된**(limited) 목소리는 에너지가 낮고, 종종 높은 음조로 나오는데, 이는 정동이 죽어 있어서 아마도 신뢰하기가 어려울 수 있다. 임상 장면에서는 경계심 표현 중 하나로 볼 수 있다. **정서적**(eomotional) 목소리는 내담자가 말할 때 목소리에서 정서가 터져 나오는 것을 나타낸다. 집중적이고 정서적인 목소리의 존재는 경험적 치료에서 긍정적인 결과를 예측하는 것으로 밝혀졌다(Rice & Kerr, 1986; Watson & Greenberg, 1996).

정서 각성 척도(Emotional Arousal Scale; War & Greenberg, 1999)에 정의된 정서 각성은 목소리와 신체의 강도와 표현의 제한 정도에 따라 달라진다. 연구는 순수하게 높은 정서적 각성이 아닌 의미 만들기와 결합하여 적당한 수준의 정서적 각성이 경험적 치료에서 긍정적인 결과를 예측한다는 것을 보여 주었다(Carryer & Greenberg, 2010; Missirlian et al., 2005; Warw & Greenberg, 1999). 내담자의 경험의 깊이(Klein, Mathieu, & Gendlin, 1969)는 내담자가 자기 이해와 문제 해결을 하기 위해 하는 자신의 내적 경험을 탐구하는 정도와 질을 설명하기 때문에 각성과는 다르다. 경험 척도는 광범위하게 연구되어 왔으며(Klein, Mathieu-Coughlan, & Kiesler, 1986) 치료에서 긍정적인 결과와 관련이 있다.

치료자들은 또한 내담자의 정서가 생산적으로 처리되고 있는지 아닌지 평가할 필요가 있다. 생산적이 되기 위해 일차적 정서는 특정한 처리 방식을 필요로 하는데, EFT에서는 정서를 **충분히 접촉**(contactfully)하거나 **마음을 다해**(mindfully) 인식하는 것과 같은 것을 말한다. 생산적인 정서 처리를 측정하는 시스템은 치료 결과를 강하게 예측하는 것으로 밝혀졌다(Auszra et al., 2013). 이 시스템은 ① 주의 기울이기, ② 상징화, ③ 일치, ④ 조절, ⑤ 수용, ⑥ 주체성 ⑦ 분화라는 일곱 가지 요소로 구성된다. 정서가 생산적으로 처리되기 위한 가장 기본적인 수준에서, 내담자는 그것을 인식하기 위해 활성화된 일차적 정서에 주의를 기울여야 한다. 일단 신체적 반응이나 정서적 반응이 일어나면, 그 의미를 완전히 이해할 수 있도록 상징화(즉, 일반적으로는 말로 표현되지만, 그림이나 움직임과 같은 다른 형태로 표현될 수 있다)되어야 한다. 예를 들어, 내담자가 자신의 감정에 주의를 기울이면서 다음과 같이 말한다.

내담자: 내가 느끼는 게 뭔지 모르겠어요. 그냥 기분이 나빠요.

치료자: (다음과 같이 말할 수 있다) 상실감 같은 게 느껴지네요. 슬픔이나 실망감일 수도 있구요. [공감적인 탐색 반응]

내담자: 네. 정말 실망했어요. 어떤 면에서는, 내 희망의 일부가 꺾여 버렸어요. [상징화하기]

다음으로, 정서가 일치하기 위해서는 내담자가 말하는 것이 내담자가 느끼는 방식과 맞아야 할 필요가 있다. 슬픔을 느끼는 것은 미소가 아닌 슬픈 얼굴과 목소리와 일치한다. 분노를 느끼는 것은 목소리에 힘이 느껴지고, 목소리에 힘이 없고 풀죽은 모습보다는 주장적인 자세로 표현된다. 생산적인 정서 처리 과정의 또 다른 중요한 측면은 정서 경험의 수용인데, 특히 불쾌하고 고통스러운 정서 경험의 수용이다.

정서 경험 또한 생산적인 과정이 되도록 충분히 조절되어야 한다. 치료자는 내담자가 압도되지 않도록 하기 위해서 정서로부터 작업 거리를 발달시키고 유지할 수 있도록 도와야 한다(Gendlin, 1996). 이러한 거리 두기는 내담자가 인지적으로 정서를 정보로서 지향할 수 있게 하여, 인지와 정동의 통합을 가능하게 한다. 생산적인 정서 처리는 또한 내담자가 수동적인 정서의 피해자가 되기보다는 능동적인 행위 주체자로 경험하는 것과 관련이 있다. 그것은 내담자가 자신의 정서 경험에 대해 책임을 지고, 그것을 일부 외부 주체자에 의해 야기된 것이 아니라 개인적인 경험으로 인정하는 것을 포함한다. 주체자로서 내담자들은 정서가 그들을 가지고 있기(예: '정서에 압도된다.')보다는 그들이 가지고 있는 정서(예: '난 슬프다.')를 느끼게 된다.

생산적이 되고 정서 사용과 변형이 일어나려면, 내담자의 일차적 정서 표현은 시간이 지남에 따라 분화되어야 한다. 기본적으로, 내담자는 정서에 사로잡혀서는 안 된다. 그보다는 내담자가 경험의 새로운 측면을 탐색해야 하고 분화시켜야만 한다. 내담자의 정서 처리 과정은 대단히 유동적인 과정이다.

개입 기술들

개입에는 세 가지 유형이나 단계가 있다. 첫 번째 단계는, **공감적 상징화**(empathic symbolization)를 포함하는데, 치료자가 어떤 상황에서 내담자가 느꼈을 수 있는 감정을 공감적으로 탐색하고, 이러한 정서적 경험을 말로 표현하도록 돕는 것이다. 탐구적이고 추측적인 자세는 내담자가 추론된 감정 상태를 받아들이거나 반박할 수 있게 해 준다. 두 번째 단계는, **주의를 집중하도록 안내하는 것**(guiding attention)이다. 치료자는 내담자가 중요한 경험, 장면, 기억 또는 감정적 상태를 언급할 때 발생하는 신체 감각이나 행동 경향성에 대해 진지하게 주의를 기울이도록 내담자를 안내한다. 세 번째 단계에서는, 의자 대화와 이미지를 사용하여 정서적 기억과 자기-타인 표상을 연결하여 **정서적 경험**(emotional experiencing)을 적극적으로 자극한다. 치료자에 의한 적극적인 개입은 치료 회기의 내용이 아닌 과정을 안내하는 것과 관련이 있다.

관계는 경험된 정서의 종류에 접근하고 영향을 미치고 어떻게 처리되는지에 중요한 역할을 한다. 감정에 대한 치료자의 세심한 관심과 탐구가 정서를 불러일으킨다. 때때로 이러한 유형의 주의 깊은 경청은 내담자가 이전에 경험하지 못한 경험이기 때문에, 치료자와의 눈 맞춤은 치료자와의 깊은 연결감을 경험하는 동시에, 외로움의 정서적 고통을 불러일으킬 수 있다. 어떤 내담자의 경우, 정서 접근에 가장 중요한 것은 치료 관계 안에서 경험하는 친밀감과 치료자에 의해 이루어지는 타당화이다.

다양한 유형의 공감이 기술되어 왔다. 그들은 순수하게 공감 반응을 이해하는 것에서부터 타당화하고 환기시키는 반응, 탐색적이고 추측적인 반응까지 다양하다(Greenberg & Elliott, 1997; Rogers, 1957, 1959). 내담자의 언어적·비언어적 이야기에서 가장 가슴 아픈 것이 무엇인지 매 순간 민감하게 관찰함으로써 치료자의 언어적인 공감적 탐색은 내담자 스스로 설명한 것보다 더 풍부한 내담자 경험을 포착하는 데 도움이 될 수 있다. 이러한 공감적 탐색은 내담자가 이전에 한 암묵적 경험을 의식적으로 알아채서 상징화하도록 돕

는다. 치료자의 반응이 내담자의 말에서 가장 생생한 것처럼 보이는 것에 초점을 맞추는 것으로 끝날 때, 내담자의 관심 또한 자신의 이런 경험에 집중된다. 그런 다음 내담자가 자신의 경험 중 가장 중요한 부분에 집중하고 구별해 낼 수 있도록 격려한다. 그러나 이러한 종류의 탐색적 공감은 안전, 수용 및 타당화의 틀을 제공하기 위해서 공감적 이해와 균형을 이루어야 한다.

예를 들면, 치료자는 적은 양의 정서에 집중하여 허용한 다음, 조절하고 다시 안으로 들어가도록 함으로써, 내담자가 정서에 접촉하는 과정을 더 잘 통제할 수 있도록 도울 수 있다. 다른 경우, 내담자들은 그들이 회피하는 것을 극복하도록 동기를 부여하기 위해, '나쁜 기분이 어떻게 좋은 기분을 유발하는지'에 대한 더 나은 근거가 필요할 수 있다. 때때로 내담자들은 단순히 경험에 주의를 기울이는 것이 어렵다는 것을 발견할 수도 있다. 그런 경우, 치료자는 내담자들에게 눈을 감고 '당신이 내부에서 감정을 느끼는 곳에 집중해 보세요.'라고 함으로써 정서에 접근하고 주의를 기울이는 것을 용이하게 할 수 있다.

치료자는 내담자에게 공감을 하면서, 내담자가 신체적으로 느끼는 대로 자신의 경험에 주의를 기울이도록 격려하고, 치료자는 부드럽게 "무슨 일이 일어나고 있나요?"라고 묻고 기다린다. 말이 감정에서 나올 수 있고 경험적 효과가 있다는 것을 내담자가 이해해야 한다는 점이 중요하다. 전체적으로 문제를 감지하고, 신체적으로 감각하는 것으로부터 나오게 하는 것이 중요하다. 이런 초점화 과정은 격려되는 내부 경험과 관여하는 기본적인 방식을 나타낸다.

치료자의 은유, 함축적인 언어, 그리고 말의 리듬과 속도의 사용은 정서적인 경험을 촉발시킬 수 있다. '사용하고 쓰레기 더미에 버려진 거 같군요.'라거나 '관계의 아름다운 태피스트리(여러 가지 색실로 그림을 짜 넣은 직물)를 칼로 베어내는 것 같다.'라는 은유는 큰 거절감이나 상실감을 불러일으킬 수 있다. 어떤 표현들은 단순히 신경을 건드린다. 다른 때에는 정서를 느끼는 것을 자극하는 이미지나 기억을 활성화시킨다. 예를 들면, 내담자가 자신 앞의 빈 의자에 앉아 있는 비판적인 엄마를 상상하는 것은 종종 내장 반응을 불러일으키거나 다른 모든 아이들과 너무 다른 작은 '나'를 떠올리며 스스로 슬픈 눈물을 흘릴 수 있다. 내담자에게 고통스러웠던 경험의 기억을 되새기거나 되짚어 보라고 하는 것은 그 당시 그들이 가졌던 정서를 불러일으키는 데 도움이 된다. 예를 들어, 치료 회기의 한 시점에서 치료자는 한 남성에게 학교에서 괴롭힘을 당했던 기억을 말해 보라고 했다. 폭행 사실을 기억하고 묘사하던 중 남성은 갑자기 자기가 어린 자기의 몸속에 있는 듯한 느낌이 들었다. 그는 그때의 격렬하고 고통스러운 육체적 · 정서적 감정을 느꼈다.

종종, 그것은 정서를 활성화시키는 앞서 언급한 반응의 연속이거나 조합이다. 다음을 생각해 보라. 내담자가 치료 시간에 빈 의자에 앉아 어머니와 대화하는 동안, 치료자는 많은 개입을 통해 정서의 경험을 촉진한다. 치료자가 내담자의 정서적 맥박을 살피고 있으면, 내담자의 분노로부터 나오는 슬픔을 들을 수 있게 된다.

내담자: 네, 절 괴롭힌 것에 대해 엄마한테 매우 화가 나요. 그게 절 잡아당겨요. 그것이 저에게 너무 자주 영향을 미쳐요. 매일은 아닐지 몰라도 너무 자주요. [치료자: 음.] 그리고 정말 제 인생에도 그런 식으로 저를 끌어당길 때가 있는데, 엄마가 정말 제 곁에 있었으면 좋겠다는 게 분명해지죠.

이때, 공감적으로 조율되어 있는 치료자는 슬픔에 주의를 기울이고, 내담자에게 그녀가 그리워하는 것을 표현하도록 요청한다. 그리움이라는 말이 갈망을 느끼게 하고 더 많은 기억을 불러일으키기 때문에 "무엇에 대해 슬픈지 말해 보세요."라고 말하는 것보다 그리움이라는 단어를 사용하는 것이 종종 슬픔에 접근하는 더 강력한 방법이다.

치료자: 음. 당신이 뭐가 옆에 있기를 원했는지 말해 보세요. 무엇을 원했나요? 무엇을 그리워하나요?

내담자: 전 크리스마스 때 집에 갈 수 있었던 것이 그리워요.

치료자: (반영과 타당화) 음. 집이 그립군요…….

이 맥락에서 1~2분 정도 계속된 후, 치료자는 '내 삶에 큰 구멍'이라는 연상된 이미지를 사용하여 그녀의 경험을 심화시킨다.

치료자: 흠, 그래서, 의지할 수 있는 엄마가 그리웠고, [내담자: 맞아요] 인생에 큰 구멍이 뚫렸다는 거네요.

내담자: 엄마가 제 삶의 전부였던 때가 그리워요.

이제 치료자는 반복과 과장을 사용한다. 이는 말하는 것을 강조하거나 더 자세히 말하고, 상처에 명백히 초점을 맞춘다.

치료자: 다시 한번 더 말해 보시겠어요? "엄마가 그리워요." 그녀에게 당신이 그리워한다는 것을 말해 보세요. 이건 상처이고, 당신이 얼마나 그녀를 그리워하는지에 대해.

공감적 조율, 그리워하는 것에 초점을 맞추는 것, 연상된 이미지, 반복의 조합이 진정시키는 목소리와 표정과 결합되어 지금 활성화된 정서 도식의 연결점을 자극하는 역할을 한다. 내담자의 정서가 처음으로 나타난다.

내담자: (울면서) 제가 엄마를 얼마나 그리워하는지 말하는 것은 너무 어려워요. 제 안의 상실감은. (목소리가 갈라진다)

치료자는 감정을 타당화하고 표현하도록 격려한다.

치료자: 네. 이건 정말 믿을 수 없을 정도로 고통스럽죠. (내담자가 눈물을 흘린다) 네. 그녀에게 당신의 눈물에 대해 말하는 것이 중요합니다.

내담자: (울면서) 저는 뚜렷한 이유 없이 아주 자주 울어요. 정말 그래요. 저는 심지어 행복한 시간에조차 울고, 매우 감정적입니다. 그 당시에는 말이 안 된다고 생각했기 때문에요. [치료자: 흠.] 하지만 지금은 엄마가 보고 싶어서 운다고 생각해요.

치료자: "엄마가 보고 싶어요." 이 말을 다시 할 수 있겠어요? "난 엄마를 원해요. 난 엄마를 원했었어요. 난 엄마가 보고 싶어요."

정서적 활성화를 이끌어 내는 치료자의 미세 처리 과정의 유형이 있다. 지금 묘사한 것처럼, 정서적 경험은 치료자가 의자 대화에서 감정을 표현하도록 직접적으로 유도하는 것에 의해 촉발된다. 두 의자 대화에서 감정을 표현하는 것은 정서적 경험의 원래 느낌을 직접적으로 활성화시킨다. "그냥 안에 큰 구멍이 뚫려 있다."라든지 "당신이 여전히 너무나 큰 슬픔을 느끼고 있다는 것을 느낀다."와 같은 치료자의 공감적 추측은 내담자들이 그들의 슬픔을 직접 보고 느낄 수 있도록 돕는다. 이러한 공감적 추측은 내면 깊숙이 느껴지며 슬픔의 감정을 불러일으키는 효과가 있다. 치료자들은 그들이 말하는 것을 느끼기 시작하는 내담자에게 버튼을 누르는 것처럼 보인다.

정서 변화 과정들

정서 변화에 대한 두 가지 중요한 경로는 내담자가 치료 중에 도달하는 데 도움이 되는 이전에 회피했던 정서가 ① 존재방식을 변화시킬 수 있는 안내자로서 사용되는 슬픔이나 주장적인 분노와 같은 적응적 정서인지, ② 수치심에 근거한 무가치감, 공포에 기반한 불안한 불안정감이나 외롭게 버림받은 슬픔 등과 같은 부적응적 감정 경험인지에 달려 있다는 것을 이해하는 데 도움이 된다. 또 다른 중요한 과정은 정서장애와 작업하는 것이다.

적응적 정서로 가는 두 가지 경로

일차적인 적응적 정서로 가는 두 가지 경로는 이차적 정서나 과거 일차적인 부적응적 정서를 통해서 가는 것이다. 첫 번째 경로는 치료적으로 작업하기가 더 간단하다. 그것은 이차적인 불안(예: 공황, 걱정)에서 버려졌거나 굴욕을 당했을 때 느꼈던 기본적인 적응적 분노로 옮겨 가는 것과 같은 이차적인 반응에서 일차적인 적응적 정서로 이동하는 연속적인 두 단계로 이루어져 있다. 내담자가 치료 안에서 적응적 정서를 '재소유'하고, 수용하고, 경험하도록 촉진시킨다. 그리고 그것에 대해 단지 말하는 것이나 통찰하는 것이 아니라 잃어버린 것을 위해 울거나 침해받지 않을 권리를 주장하는 내장 경험(the visceral experience)을 하는 것이다. 이런 정서에 의해 정보를 얻고 변형되면서, 내담자는 이런 정서를 상징화하고, 새로운 의미를 만들기 위해 성찰하고, 어떻게 행동할지 결정하게 된다. 그러나 일차적 정서가 좋은 정보를 주지 못하거나 현재 상황에 적응적인 방향성을 주지 않을 때는 변화가 필요한 부적응적 반응일 수 있다.

두 번째 경로에서 작업할 때, 치료자는 우선 의자 대화나 상상하는 것을 통해 정동이나 자극에 공감적으로 조율함으로써, 내담자가 이전에 거부되고 고통스러웠던 버려짐의 공포나 부적절한 수치심 같은 부적응적 정서에 도달하도록 돕는다. 이 작업은 이차적인 불안을 기본적인 부적응적 수치심으로 옮겨 가는 것과 같은 이차적인 반응을 일차적인 부적응적 정서로 이동시키는 연속된 두 단계를 진행하거나, 우울한 불안감을 핵심적인 부적응적 수치심에 근거한 무가치감이나 기본적인 불안정감의 두려움으로 옮겨 가게 하거나, 비탄의 슬픔, 주장적인 분노 또는 자기 연민과 같은 적응적인 정서로 옮겨 가게 하는 것과 같은 이차적 정서를 이동시키는 연속적인 세 단계를 진행하는 것이다(Greenberg, 2015; Greenberg & Paivio, 1997). 이러한 과정들이 EFT의 결과를 예측할 수 있도록 해 주었다(Herrmann et al., 2016; A. Pascual-Leone & Greenberg, 2007).

정서장애와 작업하기

정서가 삶이나 치료 상황에서 과잉 활성화되거나 인지와 연결될 수 없을 때, 어떤 형태의 정서 조절이 요구된다. 정서는 의미를 다시 만들어 낼 수 있도록 하기 위해서 치료에서 조절될 필요가 있지만, 조절 기술은 사람들의 대처(즉, 의도적인 조절)를 돕기 위해서 치료실 밖에서 사용할 수 있게 발달되어야 한다. 일반적으로, 절망감, 무망감 혹은 불안 또는 일차적인 부적응적 정서와 같은 증상적인 이차적 정서이거나 조절이 필요한 압도하는 외상적인 공포나 공황과 같은 일차적인 부적응적 정서이다. 사람들은 그들의 삶에서 더 잘 대처할 수 있기 위해 이러한 정서들을 스스로 없애려고 치료를 찾는다. 자해, 외상, 경계선 수준의 기능과 관련 있는 일부 심리적 장애의 경우, 이러한 역기능적 행동을 유발하는 문제가 바로 정서 조절장애이다(Linehan, 1993). 이럴 경우, 사람들이 자신들의 정서적 각성을 낮출 수 있도록 하기 위해서는 자기 위로 능력이 필요하다.

조절의 중요한 초기 단계는 정서를 스스로 표현할 수 있게 되는 것이다. 정서를 조절하기 전에 자신이 느끼는 것에 이름을 붙여야 한다. 그리고 나서 그 사람은 주의 분산과 고통 감내 기술을 사용할 수 있다(Linehan, 1993). 고통을 감내하는 것은 호흡의 마음챙김과 정서에 대해 마음챙김으로 알아채는 것을 포함한다. 호흡을 조절하고 자신의 정서를 관찰하는 능력과 그것들을 오고 가게 하는 능력은 정서적 고통을 조절하는 데 도움을 주는 중요한 과정이다. 이러한 과정에는 내담자가 대처할 수 있도록 돕기 위한 자기 위로가 포함된다.

기본적인 감정을 변형시키는 것을 목적으로 하는 자동적인 자기 위로 능력의 발달은 앞의 과정과는 다르다. 이러한 변형적 자기 위로는 미해결된 정서적 고통—과거에는 결코 필요한 위로를 받지 못했던 고통스러운 감정의 괴로움—의 활성화와 지금 새로운 위로 경험을 제공함으로써 경험된 고립이나 와해의 위협을 감소시키는 것을 포함한다. 일단 고통스러운 정서 도식적 기억이 떠오르면, 정서를 위로하는 것은 개인 스스로의 내부 주체나 다른 사람에 의해 반사적으로 제공될 수 있다. 개인이 극복해야 하는 증상 조절장애를 해결하기 위해서는 의도적인 자기 위로 기술이 사용되는 반면, 변형적 자기 위로는 과거 위협을 해결하기 위해서 미해결된 고통스러운 정서를 위로해서 궁극적으로 자동적인 위로 능력을 발달시키는 데 초점을 둔다는 차이점을 주목해 보라.

자동적 정서 조절을 발달시키는 데 도움을 주는 첫 번째 단계는 안전하고, 침착하고, 타당화되고, 공감적인 환경을 제공하는 것이다. 위로하기는 한 사람의 정동에 공감적으로 조율하는 형태와 다른 사람에 의해 수용되고 타당화되는 것을 통해서 이루어지는 사람과 사람 사이에 일어나는 것이다. 자기를 위로할 수 있게 되는 능력은 처음에는 양육자의 위로하는 기능을 내재화함으로써 발달되고(Sroufe, 1996; Stern, 1985), 시간이 지나면서 의도적인 노력 없이 자동적으로 정서를 조절하는 능력이 암묵적 자기 위로 능력을 발달시킬 수 있도록 돕는다. 내적 안정성은 한 사람이 다른 사람의 마음과 마음속에 존재함을 느끼면서 발전하며, 그래서 자신을 위로할 수 있게 된다. 상처 입은 자기를 돌보는 것과 관련된 두 의자의 대화에서 연민을 활성화하고 자기 대화로 위로를 함으로써, EFT 치료자들은 내담자들이 자기 연민과 자기 위로 능력을 발달시키도록 돕는다.

대인관계에서의 정서

대인관계 갈등에 적용되는 정서중심 접근은 표현되지 못한 기본적인 취약한 감정들과 결합되어 있는 부정적인 상호작용의 순환을 부부 갈등의 주원인으로 보고 있다. 부부의 상호작용은 소속과 영향력의 차원을 따라 발생하는 것으로 이해되며(Benjamin, 1996), 자동적이고 편도체에 기반한 긴급한 정서가 정체성과 안정감에 대한 위협에 의해 활성화되고, 배우자가 일차적이고 취약한 정서가 아니라 이차적인 정서를 표현하기 시작할 때 부정적인 순환으로 발전한다. 갈등은 정서를 달래고 욕구를 충족시키려는 잘못된 시도에서 부정적인 상호작용 사이클로 굳어져서 점점 나빠지는 상호작용의 결과로 보인다. 일반적으로 부정적 상호작용 주기는 분노와 무관심과 같은 이차적인 반응적 정서에 의해 야기되는 것으로 보인다. 이는 핵심 애착과 정체성의 요구가 충족되지 않음으로 인해 발생하는 더 빠른 행동과 핵심 정서(예: 두려움, 슬픔, 수치심)를 모호하게 만든다. 각 배우자들은 각자 자신의 정서를 달랠 능력이 없기 때문에 모든 것이 악화된다.

치료에서 드러난 것처럼, 부부 관계에서 대부분의 사람들에게 발달된 가장 큰 심리적 관심사는 애착, 정체감 확인, 애정/호감이다(Greenberg & Goldman, 2008). 안전하게 애착되고, 다른 사람들에 의해 가치 있게 평가받고, 숙달감을 경험하고, 애정과 새로움을 가질 필요는 건강한 발달에 매우 중요하다(Bowlby, 1969; White, 1959). 이러한 정서들은 유기체가 번성하는 데 필요한 차분함, 가치감, 자부심과 기쁨, 흥미와 흥분을 제공한다. 이러한 정서들은 생존에 도움이 되는 정동 조절과 생존을 제공하는 데 작용하는 의미 있는 창조로부터 발전한다. 그러나 관계는 이러한 욕구를 충족시키는 데 핵심적이며, 욕구가 충족되지 않을 때 부부들은 엄청난 고통을 경험하게 된다.

고통 속에 있는 부부들이 서로의 고통에서 벗어나기 위한 가장 좋은 방법은 서로의 고통에 내재된 취약한 애착과 정체성과 관련된 정서와 욕구를 서로에게 드러내고, 서로의 정서에 반응하며, 배우자가 없을 때는 스스로를 달래는 것이다(Greenberg & Goldman, 2008; Greenberg & Johnson, 1988). 취약성은 무장을 해제시키고 연민을 불러일으킨다. 사랑하는 사람에게 분노를 드러내는 것은 겉보기에는 주장적인 것처럼 보이지만, 이것은 상대방과 경계를 만들게 되고, 상대방이 버림받을 수 있다고 느끼게 만들기 때문에 위험하다. 상호작용의 기반이 되는 취약한 애착 및 정체성과 관련된 정서와 욕구를 드러내는 것은 부정적인 상호작용 주기를 변화시킬 수 있는 이상적인 수단으로 보인다. 정서적으로 쉽게 조절이 안 되는 더 고통스러운 개인들에게는, 또한 자신을 위로할 수 있는 능력에 초점을 맞출 필요가 있다. 치료의 기본 과제는 안정감과 정체성에 대한 위협과 관련된 부정적인 주기를 식별하는 것이다. 배우자가 이전에 표현하지 못했던 일차적이고 적응적인 애착과 정체성 지향적인 정서와 욕구를 드러내도록 하는 것이 긍정적인 상호작용 주기를 일으키고, 그것들을 다루는 새로운 방법을 찾아 반응하도록 돕는다.

정서중심 부부치료(EFT-C)는 부정적인 상호작용을 변화시키기 위해 근본적으로 취약한 정서를 표현하는 데 초점을 맞춘다. 연구는 변화의 과정을 설명하고 EFT-C가 효과적이라는 것을 보여 주었다(Greenberg & Goldman, 2008; Johnson, Hunsley, Greenberg, & Schindler, 1999). McKinnon과 Greenberg(2013)는 긍정적인 변화를 예측하는 것이 특히, 정서적 취약성의 표현임을 입증했다. 취약한 정서가 표현될 때 부부는 그 치료 회기를 좋게 보았다. 배우자의 친밀한 반응은 예측력을 더하지만, 취약성의 표현이 열쇠가 된다.

정서와 치료적 관계

EFT는 치료자가 온전히 존재하고, 고도의 조율을 하면서, 내담자의 매 순간의 정서적 경험에 민감하게 반응하는 진정으로 가치 있고 정동을 조절하는 공감적 관계에 기반을 두고 있다. 치료자는 계속해서 내담자의 정서 맥박 위에 손을 올려놓고 있다. 치료자는 내담자를 존중하고 수용하며 내담자와 의사소통한다. 치료자의 공감과 수용이 고통스러운 정서의 고립과 타당성을 깨드리고, 자기 강화와 더 큰 자기 수용을 촉진한다는 점에서 그 자체로 치유적이다. 치료자와의 관계는 정동을 함께 조절함으로써 내담자의 고통에 강력한 완충장치를 제공하게 된다. 적절한 조율을 해 주고, 반응적이며 반영적인 치료자와의 관계는 시간이 지남에 따라 자기 위로와 내적 상태를 조절할 수 있는 역량을 내재화할 수 있게 해 주어 상호 간 정동 조절을 가능하게 해준다(Schore, 2002; Stern, 1985). 치료자와 공감적 연결이 이루어지면 뇌의 정동 처리 중심부가 영향을 받게 되어, 내담자에게 새로운 가능성이 열린다. 이런 유형의 관계는 정동 조절에 기여하는 최적의 치료 환경을 조성하고, 내담자가 자기 탐색과 새로운 학습 과정에 완전히 참여할 수 있을 만큼 충분히 안전하다고 느낄 수 있도록 돕는다. 치료적 관계는 자체로 치료적일 뿐만 아니라 정서의 탐색, 변형, 새로운 의미 창조의 치료 작업을 촉진한다.

치료에서, 정서중심 치료자는 치료자 정서의 두 가지 주요 범주와 작업할 필요가 있다. 첫 번째는 과보호적인 감정과 결합된 치료자 자신의 두려운 정서인데, 이 두려움은 내담자의 고통스러운 감정으로 들어가는 것을 방해하거나 내담자의 감정이 너무 과도해서 치료자가 견디기 어려울 때 내담자와 거리를 두는 것을 방해하게 된다. 다른 하나는 내담자에 대한 치료자 자신의 개인적 반응인데, 내담자의 고통에 반응하여 야기된 고통, 내담자에 대한 분노, 수치심, 지루함 또는 성적 끌림과 같은 소위 역전이라고 불리는 감정이다. 나

는 이러한 감정들을 전이의 개념으로 보기보다는, 그들이 누구이고 그들 사이에서 일어나는 일에 근거한 사람들 사이의 실제 관계 내에 존재하는 상호작용 자체로 본다. Geller와 Greenberg(2012)는 치료자들이 완전히 존재하고 관여할 수 있는 능력은 치료자들이 자신의 정서를 인식하고 관리하는 데 도움이 되며, 내담자들이 치료 관계에서 안전하게 느끼고, 안심할 수 있도록 돕는다고 했다.

치료적 현존은 치료자들이 신체적으로, 정서적으로, 인지적으로, 영적으로 그리고 관계적으로 그 순간에 온전히 존재하는 것을 포함한다(Geller & Greenberg, 2002, 2012; Geller, Greenberg, & Watson, 2010). 치료자가 내담자와 함께하는 순간에 온전히 존재할 때, 치료자의 수용적 현존은 내담자가 경청되고, 만나지고, 느껴지고, 이해받게 될 것이라는 메시지를 내담자에게 전달하며, 이것은 내담자에게 안전감을 이끌어 낸다. 내담자가 치료자에 의해 만나지고 느껴진다고 느낄 때, 그들의 뇌는 안전에 대한 신경 감각 상태를 형성한다(Porges, 1998, 2007, 2011). **신경수용체**(neuroception)는 위험을 끊임없이 자동적으로 평가하고, 안전, 위험 또는 생명을 위협하는 특징에 반응하는 적응적인 생리적 반응을 유발하는 신경 과정이다. Porges(2011)는 따뜻한 얼굴 표정, 열린 몸 자세, 목소리 톤, 운율(즉, 말의 리듬)을 통해 조절장애가 안정화될 수 있음을 보여 주었다. 이러한 경로에서 안전이 감지되면 심박수가 느려지고 안면 근육을 조절하는 평온한 상태가 지원된다. 목소리 운율과 얼굴 표정이 다른 사람에게 개인의 현재 생리상태를 전달하는 것을 통해 얼굴-심장의 연결이 있음을 알 수 있다. 개인이 안전하다고 느끼는 사람이 있으면 생리학적으로 평온해짐에 따라 방어가 억제되고, 방어 전략은 심리적 · 육체적 거리를 줄이는 자발적인 상호작용과 같이 안전함을 느끼는 것과 관련된 몸짓으로 대체된다.

현존(presence)은 치료자들이 치료에서 그들의 정서적인 경험을 관리하는 데 도움을 주는 또 다른 중요한 역할을 한다. 비록 현존이 특정한 정서는 아니지만, 그것은 치료자가 치료에서 느끼는 방식에 관한 것을 의미하는 존재의 방식이며, 따라서 치료자가 감정을 관리하는 방식과 깊은 관련이 있다. 만약 치료자가 감정이 올라오는 것이 느껴지면, 존재는 감정들을 알아차리고, 감정들을 촉진적인 태도로 사용한다는 것을 의미한다. Greenberg와 Geller(2001)는 **일치성**(congruence)의 원리를 설명했는데, 이는 느끼는 것을 알아차리고 투명해지는 것을 말한다. 치료적으로 일치한다는 것은 세 가지 요소에 달려 있다. 첫째, 치료자의 존중하는 태도와 비판단적일 수 있는 능력, 둘째, 진정성을 촉진하고 훈련시키는 능력과 같은 특정한 과정, 셋째 포괄성이다. 훈련된 진정성은 표현된 것이 이차적 감정이 아닌 핵심적이거나 일차적 감정이라는 것을 확신하기 위해 치료자들이 그들의 가장 깊은 수준의 경험을 알아차릴 것을 요구한다. 또한 치료자는 자신의 경험을 공유하려는 의도(내담자나 관계를 촉진하기 위한 것이지 자신을 위한 것이 아니라는 것)를 명확히 할 필요가 있으며, 이러한 점에서 자기 공개 시기에 민감할 필요가 있다.

일치성의 또 다른 기술은 '모든 것을 말하는 것'을 포함하는 포괄성이다. 치료자는 느껴지는 것의 가장 중요하거나 중심적 측면뿐만 아니라 다각도의 복합경험(metaexperience), 즉 느껴지는 것과 의사소통하는 것에 대해 느껴지는 것을 표현한다. 이는 짜증이 나거나 지루하다고 말하는 것만을 말하는 것이 아니다. 치료자들은 모든 것을 말하는 것이 내담자에게 상처를 줄 수도 있다는 것에 대한 염려와 불안도 전달할 필요가 있다. 치료자들은 그들이 파괴하려는 것이 아니라 연결을 명확히 하고, 개선하고자 하는 바람에서 의사소통을 하고 있다는 것을 표현해야만 한다.

촉진적인 진실성의 중요한 측면은 어려운 감정을 표현하는 치료자의 상호작용적인 자세이다. 서로 다른 종류의 어려운 감정을 촉진적으로 다루는 다른 방법은 행동화하기보다는 공개적인 자세를 취하는 것이다. 어려운 감정 표현은 행동으로 표현하는 것보다는 공개적인 자세를 취하거나 말로 표현하는 것이 촉진적이 되도록 하는 데 도움이 된다. 행동화는 화를 내거나 슬퍼하거나 두려워하는 것을 의미하는 반면, 공개는 감정을 노골적으로 드러내지 않고 특정한 방식으로 느끼는 것을 공유하는 것을 의미한다. 공개는 암묵적으로든 명시적으로든 간에 자신이 공개하고 있는 것을 다른 사람과 함께 탐색하면서, 기꺼이 전달하고자 하거나 관심을 기울이는 것과 관련이 있다.

예를 들어, 공격당하거나 화가 났을 때 치료자들은 자신의 내담자들을 공격하지 않고, 그들이 화가 난다고 밝힌다. 그들은 '너'라는 비난하는 언어를 사용하지 않고, 오히려 자신의 감정에 책임을 지고, 감정을 드러내는 데 도움이 되는 '나' 언어를 사용한다. 예를 들어, 치료자는 "밖에 비가 오거나 눈이 올 때 신발을 벗어 달라고 몇 번이나 부탁하는 것에 대해 제가 짜증이 나는 것을 발견했는데, 당신은 이렇게 하는 것이 어려워 보입니다."라고 말할 수 있다. "이런 말을 하는 게 불안하다." "이런 말을 하면 기분이 나빠질까 봐 걱정된다."라고 말하면서 공개는 포괄적으로 이뤄져야 한다. 무엇보다 치료자들은 이러한 의사소통을 할 때, 한발 앞서가서나 점점 고조되는 자세로 말하기보다는 두려움, 분노 또는 취약한 상태에서 받는 상처를 공개적으로 드러낸다. 치료자가 협조적이지 않음, 거절감 또는 관심의 상실을 경험할 때, 상호작용 기술은 치료자가 그렇게 느끼고 싶지 않는다는 것과 일치되게 의사소통하는 맥락에서 이러한 감정을 공개할 수 있다. 또는 치료자가 그 감정을 방해가 되는 문제로 공개하고, 치료자가 내담자에게 더 많은 이해와 친밀감을 느낄 수 있도록 거리를 개선하려고 노력하고 있다고 말한다. 부정적인 감정으로 지각될 수 있는 것을 소통하는 열쇠는 공개하는 상호작용적인 자세와 일치하는 비지배적이고 협력적인 표현 방식이다. 촉진적인 공개를 할 때, 공개의 내용이 아니라, 촉진적 방식으로 공개하는 상호작용적인 자세가 중요하다.

사례 제시

두 가지 간단한 사례를 제시할 것이다. 첫 번째는 녹화된 회기로, 미국 심리학회 비디오 '우울증을 위한 정서중심치료(Emotion-Focused Therapy for Depression)'에서 볼 수 있다(American Psychological Association, 2007). 두 번째는 실제 사례는 아니지만 EFT 사례개념화 및 치료를 보여 주기 위해서 구성된 내용이다.

내담자 A

먼저 정서에 도달하고, 그것을 생산적으로 처리하고, 그러고 난 다음에 그것을 떠나는 EFT의 중심적 과정을 구체적으로 보여 주기 위해서 내담자-치료자 간 대화를 간단히 제시하였다. 내담자는 제니퍼[1]로, 29세인데, 몇 년 동안 남편으로부터 신체적 학대를 당해 왔다.

제니퍼: 음, 지금 당장, 억지로 일어나서 일하러 가야 할 것 같아요.

치료자: 몰아붙이고 또 몰아붙이고. 그래요. 알겠어요. 그런데 당신이 숨 쉴 틈이 있나요? 울고 싶을 때 눈물이 나도록 내버려 둘 수는 있나요? …… 너무나 힘겹게 버티고 있는 것 같은데…… 중요합니다…… 눈물은. 이건 몰아붙이는 싸움이네요. 몰아붙이는. [제니퍼: 아.] 음.

제니퍼: 절 지치게 만들죠. 그리고 전, 전, 학사 학위를 받았어요…….

치료자: 눈물이 말을 할 수 있다면, 실제로 눈물이 말을 하게 한다면 뭐라

1) 이 책의 목적에 맞게, 내담자의 이름은 비밀보장을 위해 변경되었다.

고 말을 할까요? "난……을 느껴요."

제니퍼: 절망감. 몸부림치는 것 같아요. 그리고 …….[이차적인 증상적 정서에 도달하기, 주의를 기울이고 상징화하기]

치료 후반부에서, 그녀는 자신을 학대받는 관계에 두었던 것에 대해 느끼는 수치심이라는 핵심적인 부적응적 감정에 도달하였다. 그 감정은 우울한 무망감 밑에 있는 감정이었다. 치료자는 내담자에게 신체적으로 느껴진 경험으로 가도록 안내한다.

치료자: 그것은 당신 몸에 정말로 고통을 가져다 줄 것 같네요. 어떤 느낌인가요? 안에서 느끼는 상처는?

제니퍼: 끔찍해요. 그냥 몸을 웅크리고 머리에 담요를 뒤집어쓰고 숨고 싶을 뿐이에요.

[이차적인 증상 정서에 도달하고, 주의를 기울이고 상징화하기]

그녀가 핵심적인 고통에 도달하게 하면 변화를 잘 받아들일 수 있게 된다. 내담자는 힘있게 분노를 표현하고, "그때 난 이해와 인정이 필요했어요."라고 주장하며, 자신의 비판적인 목소리에 "내 탓을 그만해."라고 말한다. 치료자가 그녀의 욕구를 타당화해 줌으로써, 그녀는 죄책감보다는 이해되고 받아들여질 필요가 있다고 느끼기 시작한다. 그녀는 자신의 욕구를 주장하고 나서 자신의 고통에 더 반응하기 시작한다. 그녀는 자신을 용서하고 사랑한다고 느낀다. 이것들은 그녀의 수치심을 자기 수용과 내면의 차분함과 기쁨으로 변화시키는 새로운 일차적인 적응적 정서들이다.

내담자 B

이 사례는 사례개념화, 표식 안내 개입, 정서 변화의 예로, 시간의 경과에 따른 치료 과정을 전형적으로 보여 준다. 내담자인 모니카는 39세의 여성으로, 기분이 가라앉고 우울하다고 눈물을 흘리며 호소하고 있다. 그녀는 아마도 자신의 인생의 대부분을 우울하게 보냈을 것이지만, 지난해는 특히나 더 나빴다고 보고한다. 그녀는 일을 하지 않았고, 거의 집을 나가지 않거나 전화나 방문을 받지 않는 패턴 속에서 살아왔다. 그녀는 원가족과의 관계를 어려워하고 상당히 고통스러워했다.

처음 몇 번의 치료 회기 동안 치료자는 자신이 이해한 것을 내담자에게 전달하기 위해 공감적 이해 반응, 탐색 및 사례개념화를 사용하면서 경청했다. 첫 회기의 탐색을 통해, 치료자는 모니카가 어린 시절부터 성인기까지 내내 자주 혼자가 되는 경험을 해 왔고, 지지받지 못해 왔다는 것을 알게 되었다. 그녀는 부모의 비판적인 목소리를 내면화했고, 종종 자신을 실패자라고 판단했고, 신체적, 정서적으로 학대당했던 과거의 맥락 속에서 종종 정서적으로 안전하지 않고 버림받았다고 느꼈다. 치료자는 내담자가 특히 치료자의 공감적 반응으로 자신의 내적 경험에 집중할 수 있는 내담자의 정서 처리 스타일을 관찰했다. 내담자가 보고한 바와 같이, 그녀는 고통스럽고 어려운 감정을 회피하는 경향(많은 사람이 하는 것처럼)이 있었다. 확인할 수 있는 정서적 패턴이 있다는 것이 드러났다. 그녀는 슬픔이나 분노의 일차적 정서를 느끼기 시작하고 친밀감과 수용에 대한 욕구를 충족되지 못하는 경험을 할 때마다 무력하고 절망적인 상태에 빠졌다.

치료자는 정서는 정보를 제공하며 모니카의 미해결된 정서가 그녀의 반추적 사고를 이끌어 내기 때문에 정서에 집중해야 한다고 근거를 제시한다. 고통의 나침반을 따라 치료자는 내담자가 가족에게 지지받지 못하고 수용받지 못해서 만성적으로 지속되어 온 고통을 분명하게 표현할 수 있도록 돕는다.

모니카는 결코 지지와 수용은 일어나지 않을 것이고, 자신은 그런 지원을 받을 자격이 없다는 생각에 의해 순간적으로 압도되어 강렬한 정서를 표현한다.

> 저는 제 자신이 믿을 정도로 이야기를 반복해서 해요. 전 그렇기도 하고 고칠 수 없다고 생각해요……. 아니더라도 상관없어요. 전 고치고 싶지도 않아요……. 전 사랑받지도 못하고, 그들만큼 훌륭하지도 않아요. 선생님도 아시는 것처럼, 제 삶은 혼란스러워요. 그리고 그들[형제들]은 잘 살고 있고, 알다시피, 걔네들은 훨씬 더 사는 게 쉬워 보여요.

첫 번째 회기에서, 치료자는 그녀의 가족에 의해 함부로 취급받은 것에 대한 감정과, 그녀를 실패자이며 사랑받을 자격이 없는 사람으로 낙인찍는 부분과 사랑과 수용을 원하는 또 다른 부분 간의 자기비판적 분열을 둘러싼 미완성된 작업들에 대한 가능한 표식들을 듣는다. 두 번째 회기에서는, 그녀의 자기비판에 관한 두 의자 작업을 하게 한다. 세 번째 회기에서는, 모니카가 그녀의 아버지와의 관계 역사를 말한다. 그녀는 아버지에게서 어떠한 인정도 받지 못했다고 말한다. 이에 대한 반응으로, 치료자는 아버지와의 미완성된 작업을 처리하기 위해 빈 의자의 대화를 시작한다. 아버지와의 대화에서 그녀는 아버지의 사랑을 받을 수 없는 것에 대한 고통과 상처를 표현한다.

> 저는 아버지가 절대로 부모가 될 자격이 없다고 생각해요. 전화를 받아서 잘 지내냐고 묻기만 하잖아요. 아버지가 절 사랑하지 않는다는 게 마음이 아파요……. 네, 아버지도 아실 거라고 생각해요.

그녀는 자신이 수용이 필요했다는 것을 인지하는 것으로 치료를 끝낸다. 그녀는 "어렸을 때 가끔 안아 주거나 괜찮다는 말을 들어야 했어요."라고 말했다. "나는 그것이 정상이라고 생각해요."

모니카는 어렸을 때 자신을 학대했던 아버지에 대한 큰 분노를 가지고 있지만, '맞는 것은 그저 평범한 일'이라며 대수롭지 않게 생각하는 경향이 있었다. 그녀는 이것을 무가치감과 사랑스럽지 못한 존재감으로 내면화했다. 이런 근본적인 주요 관심사는 내부 갈등 분열을 위한 두 의자 작업과 의미 있는 타인과의 미해결된 상처를 위한 빈 의자 작업을 통한 정서 처리 작업에서 분명하게 다루어졌다. 4회기부터 9회기까지 내담자는 욕구를 통제하고 차단하는 것으로 자신을 보호하려고 했던 비판자에 대해, 그리고 사랑받고 수용받기를 원하는 자기를 경험하는 것에 대해 탐색했다. 그녀는 두 목소리를 정의하고, 말하며, 슬픔, 분노, 고통이나 상처의 정도를 표현하기를 계속했다. 사랑과 수용을 원하는 목소리는 점점 강해졌는데, 그녀가 이러한 부분을 수용하게 되자 비판의 목소리는 부드러워졌다. 동시에 그녀는 훨씬 더 좋은 감정을 느끼고, 부정적인 감정들의 활성화는 감소했다.

자부심과 분노에 접근하고 그녀의 상실에 대해 애도하면서, 그녀의 핵심적 수치심은 작동하지 않았다. 모니카는 여기서 더 자격이 있다고 느끼기 시작했으며, 이러한 느낌은 아버지가 자신을 사랑하지 않은 것은 그녀가 사랑할 가치가 없었기 때문이 아니라는 믿음을 갖게 되었다. 그녀는 빈 의자에서 아버지에게 말한다.

> 난 아버지가 스스로를 좋은 아버지라고 생각하기 때문에 화가 나요. 아버지는 우리를 때린 적이 없다고 말했고, 그것은 세상에서 가장 큰 거짓말이죠. 아버지는 우리를 끊임없이 때렸고, 어떤 사랑이나 애정도 보여 주지 않았어요. 우리가 청소하고, 집안일을 하기 위해 그곳에 있었다는 것을 절대 인정하지 않았어요.

그녀가 화내고 슬퍼했을 때, 그녀의 수치심은 변형되었다. 모니카는 그녀의 아버지에 대해 좀 더 연민을 갖고 이해하는 자세를 취하게 되었다. 10회기에서 그녀의 아버지와 하는 빈 의자 대화에서 그녀는 말한다.

> 아버지가 살면서 많은 고통을 겪었다는 걸 이해해요. 아마 이 고통 때문에, 아버지가 본 것들 때문에, 아버지는 회피했을 거예요. 아버지는 사랑을 주어야 할 방식으로 사랑을 주는 것을 두려워하고 누군가에게 너무 가까이 가는 것을 두려워하는 거죠. 왜냐하면 그것은 당신이 그들을 잃을 수도 있다는 것을 의미하기 때문이에요. 아버지도 아시잖아요. 지금은 이해할 수 있지만 자라면서는 이해할 수가 없었어요.

모니카는 치료 끝에 대화에 대해 말하면서, "더 이상 이런 분노를 가슴에 품지 않게 되어서 안심이 돼요."라고 말한다. 내담자는 아버지가 더 줄 것이 없다는 것을 어떻게 받아들일 수 있는지 설명한다. 이는 자부심을 느끼고 이러한 감정들을 극복한 것에 대한 기쁨으로 이어진다.

결론

EFT에서 내담자의 가장 기본적인 과정은 정서에 대한 알아차림을 발달시키고 어떤 정서적 반응이 건강하고 지침으로 사용될 수 있는지, 그리고 어떤 정서적 반응이 부적응적이고 변화와 조절이 필요한지를 구별하는 것이다. EFT가 정서와 작업하는 방식은 사람들이 이전에 소유하지 못했던 감정과 충족되지 못했던 어린 시절의 욕구를 '재소유'하도록 돕고, 그들이 고통스러운 감정을 더 적절하게 다룰 수 있도록 돕는 데 초점을 맞추고 있다. 목표는 감정을 활성화시키고, 욕구를 되찾고, 옛 정서를 변화시키기 위해서 새로운 감정을 활성화시켜 현재에서 과거를 재경험하는 방법을 찾는 것이다. 이러한 과정들은 자기 재조직화와 고통스러운 감정과 욕구를 회피하고, 욕구를 충족시키기 위해 노력하는 부적응적인 방법이나 좌절감을 필요로 하는 잘못된 반응과 관련된 행동의 감소로 이어진다.

EFT의 핵심 원리는 사람이 변화하기 위해서는 정서를 경험할 필요가 있다는 것이다. 그러나 사람들이 단순히 정서에 대해 이야기하고, 정서의 기원을 이해하고, 무의식적인 갈등을 풀어내거나, 믿음을 바꾸는 것만으로는 정서가 바뀌지 않는다. 오히려 사람들은 정서를 받아들이고 경험하고, 정서에 압도되었을 때 그것을 조절하고, 그 정서의 반대편에 서서 정서를 다른 정서로 변형시키고, 새로운 이야기의 의미를 만들어 냄으로써 변화한다.

참고문헌

American Psychological Association (Producer) (2007). *Emotion-focused therapy for depression* [DVD]. Available from http://www.apa.org/pubs/videos/4310798.aspx

Angus, L. E., & Greenberg, L. S. (2011). *Working with narrative in emotion-focused therapy: Changing stories, healing lives*. Washington, DC: American Psychological Association. http://dx.doi.org/10.1037/12325-000

Auszra, L., Greenberg, L. S., & Herrmann, I. (2013). Client emotional productivity-optimal client in-session emotional processing in experiential therapy. *Psychotherapy Research, 23*, 732-746. http://dx.doi.org/10.1080/10503307.2013.816882

Bateson, G. (1999). *Steps to an ecology of mind: Collected essays in anthropology, psychiatry, evolution, and epistemology*. Chicago, IL: University of Chicago Press. http://dx.doi.org/10.7208/chicago/9780226924601.001.0001

Benjamin, L. S. (1996). An interpersonal theory of personality disorders. In J. F. Clarkin (Ed.), *Major theories of personality disorder* (pp. 141-220). New York, NY: Guilford Press.

Bohart, A. C., & Greenberg, L. S. (Eds.) (1997). *Empathy reconsidered: New*

directions in psychotherapy. Washington, DC: American Psychological Association. http:// dx.doi.org/10.1037/10226-000

Bowlby, J. (1969). *Attachment and loss: Volume 1. Attachment*. New York, NY: Basic Books.

Bowlby, J. (1988). *A secure base: Parent-child attachment and healthy human development*. New York, NY: Basic Books.

Buck, R. (2014). *Emotion: A biosocial synthesis*. Cambridge, England: Cambridge University Press. http://dx.doi.org/10.1017/CBO9781139049825

Carryer, J. R., & Greenberg, L. S. (2010). Optimal levels of emotional arousal in experiential therapy of depression. *Journal of Consulting and Clinical Psychology, 78*, 190-199. http://dx.doi.org/10.1037/a0018401

Damasio, A. R. (1994). *Descartes' error: Emotion, reason, and the human brain*. New York, NY: Putnam.

Damasio, A. R. (1999). *The feeling of what happens: Body and emotion in the making of consciousness*. New York, NY: Harcourt Brace.

Ekman, P. (1993). Facial expression and emotion. *American Psychologist, 48*, 384-392. http://dx.doi.org/10.1037/0003-066X.48.4.384

Ekman, P., & Davidson, R. (Eds.) (1994). *The nature of emotion: Fundamental questions*. New York, NY: Oxford University Press.

Elliott, R., Watson, J. C., Goldman, R. N., & Greenberg, L. S. (2004). *Learning emotion-focused therapy: The process-experiential approach to change*. Washington, DC: American Psychological Association. http://dx.doi.org/10.1037/10725-000

Ellison, J. A., & Greenberg, L. S. (2007). Homework in experiential emotion-focused therapy. In N. Kazantzis & L'Abate (Eds.), *Handbook of homework assignments in psychotherapy* (pp. 65-84). Boston, MA: Springer.

Foa, E. B., & Jaycox, L. H. (1999). Cognitive-behavioral theory and treatment of posttraumatic stress disorder. In D. Spiegel (Ed.), *Efficacy and cost-effectiveness of psychotherapy* (pp. 23-61). Washington, DC: American

Psychiatric Association.

Fredrickson, B. L. (2001). The role of positive emotions in positive psychology: The broaden-and-build theory of positive emotions. *American Psychologist, 56,* 218-226. http://dx.doi.org/10.1037/0003-066X.56.3.218

Frijda, N. H. (1986). *The emotions*. Cambridge, England: Cambridge University Press.

Frijda, N. H. (2016). The evolutionary emergence of what we call "emotions." *Cognition and Emotion, 30*, 609-620. http://dx.doi.org/10.1080/02699931.2016.1145106

Gazzaniga, M. S. (1988). *Mind matters: How mind and brain interact to create our conscious lives*. Boston, MA: Houghton Mifflin.

Geller, S. M., & Greenberg, L. S. (2002). Therapeutic presence: Therapists' experience of presence in the psychotherapy encounter. *Person-Centered and Experiential Psychotherapies, 1*, 71-86. http://dx.doi.org/10.1080/14779757.2002.9688279

Geller, S. M., & Greenberg, L. S. (2012). *Therapeutic presence: A mindful approach to effective therapy*. Washington, DC: American Psychological Association.

Geller, S. M., Greenberg, L. S., & Watson, J. C. (2010). Therapist and client perceptions of therapeutic presence: The development of a measure. *Psychotherapy Research, 20*, 599-610. http://dx.doi.org/10.1080/10503307.2010.495957

Gendlin, E. T. (1996). *Focusing-oriented psychotherapy: A manual of the experiential method.* New York, NY: Guilford Press.

Goldman, R. N., & Greenberg, L. S. (2015). *Case formulation in emotion-focused therapy: Co-creating clinical maps for change*. Washington, DC: American Psychological Association. http://dx.doi.org/10.1037/14523-000

Goldman, R. N., Greenberg, L. S., & Pos, A. E. (2005). Depth of emotional experience and outcome. *Psychotherapy Research, 15*, 248-260. http://dx.doi.org/ 10.1080/10503300512331385188

Greenberg, L., & Pascual-Leone, J. (1995). A dialectical constructivist approach to experiential change. In R. A. Neimeyer & M. J. Mahoney (Eds.), *Constructivism in psychotherapy* (pp. 169-191). Washington, DC: American Psychological Association.

Greenberg, L. S. (2015). *Emotion-focused therapy: Coaching clients to work through their feelings* (2nd ed.). Washington, DC: American Psychological Association. http://dx.doi.org/10.1037/14692-000

Greenberg, L. S. (2017). *Emotion-focused therapy* (Rev. ed.). Washington, DC: American Psychological Association.

Greenberg, L. S., & Angus, L. E. (2004). The contributions of emotion processes to narrative change in psychotherapy: A dialectical constructivist approach. In L. E. Angus & J. McLeod (Eds.), *The handbook of narrative and psychotherapy: Practice, theory, and research* (pp. 330-349). Thousand Oaks, CA: Sage. http://dx.doi.org/10.4135/9781412973496.d25

Greenberg, L. S., & Bolger, E. (2001). An emotion-focused approach to the overregulation of emotion and emotional pain. *Journal of Clinical Psychology, 57*, 197-211. http://dx.doi.org/10.1002/1097-4679(200102)57:2〈197:: AID-JCLP6〉3.0.CO;2-O

Greenberg, L. S., & Elliott, R. (1997). Varieties of empathic responding. In A. C. Bohart & L. S. Greenberg (Eds.), *Empathy reconsidered: New directions in psychotherapy* (pp. 167-186). Washington, DC: American Psychological Association.

Greenberg, L. S., & Geller, S. (2001). Congruence and therapeutic presence. In G. Wyatt (Ed.), *Rogers' therapeutic conditions: Evolution, theory and practice. Volume 1: Congruence* (pp. 131-149). Ross-on-Wye, England: PCCS Books.

Greenberg, L. S., & Goldman, R. N. (2008). *Emotion-focused couples therapy: The dynamics of emotion, love, and power*. Washington, DC: American Psychological Association.

Greenberg, L. S., & Johnson, S. M. (1988). *Emotionally focused therapy for couples*. New York, NY: Guilford Press.

Greenberg, L. S., & Malcolm, W. (2002). Resolving unfinished business: Relating process to outcome. *Journal of Consulting and Clinical Psychology*, *70*, 406-416. http://dx.doi.org/10.1037/0022-006X.70.2.406

Greenberg, L. S., & Paivio, S. C. (1997). *Working with emotions in psychotherapy*. New York, NY: Guilford Press.

Greenberg, L. S., & Pascual-Leone, J. (2001). A dialectical constructivist view of the creation of personal meaning. *Journal of Constructivist Psychology*, *14*, 165-186. http://dx.doi.org/10.1080/10720530151143539

Greenberg, L. S., Rice, L. N., & Elliott, R. K. (1993). *Facilitating emotional change: The moment-by-moment process*. New York, NY: Guilford Press.

Greenberg, L. S., & Safran, J. D. (1987). *Emotion in psychotherapy: Affect, cognition, and the process of change*. New York, NY: Guilford Press.

Greenberg, L. S., & Warwar, S. H. (2006). Homework in an emotion-focused approach to experiential therapy. *Journal of Psychotherapy Integration*, *16*, 178-200. http://dx.doi.org/10.1037/1053-0479.16.2.178

Greenberg, L. S., & Watson, J. C. (2006). *Emotion-focused therapy for depression*. Washington, DC: American Psychological Association. http://dx.doi.org/10.1037/11286-000

Greenberg, L. S., & Webster, M. C. (1982). Resolving decisional conflict by Gestalt two-chair dialogue: Relating process to outcome. *Journal of Counseling Psychology*, *29*, 468-477.

Guntrip, H. (1969). *Schizoid phenomena, object relations and the self*. New York, NY: International Universities Press.

Harlow, H. (1958). The nature of love. *American Psychologist*, *13*, 673-685.

Herrmann, I. R., Greenberg, L. S., & Auszra, L. (2016). Emotion categories and patterns of change in experiential therapy for depression. *Psychotherapy Research*, *26*, 178-195. http://dx.doi.org/10.1080/10503307.2014.958597

Izard, C. E. (1991). *The psychology of emotions*. New York, NY: Plenum Press.

Johnson, S. M., Hunsley, J., Greenberg, L., & Schindler, D. (1999). Emotionally focused couples therapy: Status and challenges. *Clinical Psychology: Science and Practice*, *6*, 67-79. http://dx.doi.org/10.1093/clipsy.6.1.67

Kernberg, O. F. (1984). *Object-relations theory and clinical psychoanalysis*. Northvale, NJ: Rowman & Littlefield. (Original work published 1976)

Kircanski, K., Lieberman, M. D., & Craske, M. G. (2012). Feelings into words: Contributions of language to exposure therapy. *Psychological Science*, *23*, 1086-1091. http://dx.doi.org/10.1177/0956797612443830

Klein, M. H., Mathieu-Coughlan, P., & Kiesler, D. J. (1986). The experiencing scales. In L. S. Greenberg & W. M. Pinsof (Eds.), *The psychotherapeutic process: A research handbook* (pp. 21-71). New York, NY: Guilford Press.

Klein, M. H., Mathieu, P. L., Gendlin, E. T., & Kiesler, D. J. (1969). *The Experiencing Scale: A research and training manual* (Vol. 1). Madison, WI: Wisconsin Psychiatric Institute.

Lane, R. D., Ryan, L., Nadel, L., & Greenberg, L. (2015). Memory reconsolidation, emotional arousal, and the process of change in psychotherapy: New insights from brain science. *Behavioral and Brain Sciences, 38*, E1. http://dx.doi.org/10.1017/S0140525X14000041

LeDoux, J. (2012). Rethinking the emotional brain. *Neuron, 73*, 653-676. http://dx.doi.org/10.1016/j.neuron.2012.02.004

Lieberman, M. D., Eisenberger, N. I., Crockett, M. J., Tom, S. M., Pfeifer, J. H., & Way, B. M. (2007). Putting feelings into words: Affect labeling disrupts amygdala activity in response to affective stimuli. *Psychological Science, 18*, 421-428. http://dx.doi.org/10.1111/j.1467-9280.2007.01916.x

Linehan, M. M. (1993). *Cognitive-behavioral treatment of borderline personality disorder*. New York, NY: Guilford Press.

Maslow, A. H. (1954). *Motivation and personality*. New York, NY: Harper & Row.

McKinnon, J. M., & Greenberg, L. S. (2013). Revealing underlying vulnerable emotion in couple therapy: Impact on session and final outcome. *Journal of*

Family Therapy, 35, 303–319. https://dx.doi.org/10.1111/1467-6427.12015

Missirlian, T. M., Toukmanian, S. G., Warwar, S. H., & Greenberg, L. S. (2005). Emotional arousal, client perceptual processing, and the working alliance in experiential psychotherapy for depression. *Journal of Consulting and Clinical Psychology, 73*, 861–871. http://dx.doi.org/10.1037/0022-006X.73.5.861

Moscovitch, M., & Nadel, L. (1997). Memory consolidation, retrograde amnesia,and the hippocampal complex. *Current Opinions in Neurobiology, 7*, 217–227. http://dx.doi.org/10.1016/S0959-4388(97)80010-4

Nadel, L., & Bohbot, V. (2001). Consolidation of memory. *Hippocampus, 11*, 56–60. http://dx.doi.org/10.1002/1098-1063(2001)11:1〈56::AID-HIPO1020〉3.0.CO;2-O

Nader, K., Schafe, G. E., & LeDoux, J. E. (2000). Fear memories require protein synthesis in the amygdala for reconsolidation after retrieval. *Nature, 406*, 722–726.http://dx.doi.org/10.1038/35021052

Neisser, U. (1976). *Cognition and reality: Principles and implications of cognitive psychology*. New York, NY: Freeman/Times Books/Henry Holt.

Nolen-Hoeksema, S., & Watkins, E. R. (2011). A heuristic for transdiagnostic models of psychopathology: Explaining multifinality and divergent trajectories. *Perspectives on Psychological Science, 6*, 589–609. http://dx.doi.org/10.1177/1745691611419672

Paivio, S. C., Hall, I. E., Holowaty, K. A. M., Jellis, J. B., & Tran, N. (2001). Imaginal confrontation for resolving child abuse issues. *Psychotherapy Research, 11*, 433–453. http://dx.doi.org/10.1093/ptr/11.4.433

Paivio, S. C., & Nieuwenhuis, J. A. (2001). Efficacy of emotion focused therapy for adult survivors of child abuse: A preliminary study. *Journal of Traumatic Stress, 15*, 115–133. http://dx.doi.org/10.1023/A:1007891716593

Pascual-Leone, A., & Greenberg, L. S. (2007). Emotional processing in experiential therapy: Why "the only way out is through." *Journal of Consulting and Clinical Psychology, 75*, 875–887. http://dx.doi.org/10.1037/0022-006X.75.6.875

Pascual-Leone, J. (1987). Organismic processes for neo-Piagetian theories: A dialectical causal account of cognitive development. *International Journal of Psychology, 22*, 531-570. http://dx.doi.org/10.1080/00207598708246795

Pascual-Leone, J. (1991). Emotions, development, and psychotherapy: A dialecticalconstructivist perspective. In J. D. Safran & L. S. Greenberg (Eds.), *Emotion, psychotherapy, and change* (pp. 302-335). New York, NY: Guilford Press.

Pascual-Leone, J., & Johnson, J. (1991). The psychological unit and its role in task analysis. A reinterpretation of object permanence. In M. Chandler & M. Chapman (Eds.), *Criteria for competence: Controversies in the assessment of children's abilities* (pp. 153-187). Hillsdale, NJ: Erlbaum.

Pascual-Leone, J., & Johnson, J. (2011). A developmental theory of mental attention: Its application to measurement and task analysis. In P. Barrouillet & V. Gaillard (Eds.), *Cognitive development and working memory: A dialogue between neo-Piagetian and cognitive approaches* (pp. 13-46). New York, NY: Psychology Press.

Pennebaker, J. W. (Ed.) (1995). *Emotion, disclosure, and health.* Washington, DC: American Psychological Association. http://dx.doi.org/10.1037/10182-000

Perls, F. S., Hefferline, R. F., & Goodman, P. (1951). *Gestalt therapy: Excitement and growth in the human personality.* New York, NY: Dell.

Piaget, J. (1954). *The construction of reality in the child*. New York, NY: Basic Books. http://dx.doi.org/10.1037/11168-000

Piaget, J. (1973). *Memory and intelligence*. New York, NY: Basic Books.

Porges, S. W. (1998). Love: An emergent property of the mammalian autonomic nervous system. *Psychoneuroendocrinology, 23*, 837-861. http://dx.doi.org/10.1016/S0306-4530(98)00057-2

Porges, S. W. (2007). The polyvagal perspective. *Biological Psychology, 74*, 116-143. http://dx.doi.org/10.1016/j.biopsycho.2006.06.009

Porges, S. W. (2011). *The polyvagal theory: Neurophysiological foundations of emotions, attachment, communication, and self-regulation*. New York, NY: Norton.

Rice, L. N., & Greenberg, L. S. (1984). *Patterns of change: Intensive analysis of psychotherapy process*. New York, NY: Guilford Press.

Rice, L. N., & Kerr, G. P. (1986). Measures of client and therapist vocal quality. In L. S. Greenberg & W. M. Pinsof (Eds.), *The psychotherapeutic process: A research handbook* (pp. 73-105). New York, NY: Guilford Press.

Rice, L. N., & Wagstaff, A. K. (1967). Client voice quality and expressive style as indexes of productive psychotherapy. *Journal of Consulting Psychology, 31*, 557-563. http://dx.doi.org/10.1037/h0025164

Rogers, C. R. (1957). The necessary and sufficient conditions of therapeutic personality change. *Journal of Consulting Psychology, 21*, 95-103. http://dx.doi.org/ 10.1037/h0045357

Rogers, C. R. (1959). A theory of therapy, personality, and interpersonal relation ships, as developed in the client-centered framework. In S. Koch (Ed.), *Psychology: A study of a science. Vol. 3: Formulations of the person and the social context* (pp. 184-256). New York, NY: McGraw Hill.

Scherer, K. (2015). When and why are emotions disturbed? Suggestions based on theory and data from emotion research. *Emotion Review, 7*, 238-249. http://dx.doi.org/10.1177/1754073915575404

Schore, A. N. (1994). *Affect regulation and the origin of the self: The neurobiology of emotional development*. Hillsdale, NJ: Erlbaum.

Schore, A. N. (2002). Dysregulation of the right brain: A fundamental mechanism of traumatic attachment and the psychopathogenesis of posttraumatic stress disorder. *Australian & New Zealand Journal of Psychiatry, 36*, 9-30. http://dx.doi.org/10.1046/j.1440-1614.2002.00996.x

Schore, A. N. (2003). *Affect dysregulation & disorders of the self*. New York, NY: Norton.

Spinoza, B. (1967). *L'Éthique* (R. Caillois, Trans.). Paris, France: Gallimard.

(Original work published 1677)

Sroufe, L. A. (1996). *Emotional development: The organization of emotional life in the early years*. New York, NY: Cambridge University Press. http://dx.doi.org/10.1017/CBO9780511527661

Stanton, A. L., Danoff-Burg, S., Cameron, C. L., Bishop, M., Collins, C. A., Kirk, S. B., . . . Twillman, R. (2000). Emotionally expressive coping predicts psychological and physical adjustment to breast cancer. *Journal of Consulting and Clinical Psychology, 68*, 875-882.

Stern, D. N. (1985). *The interpersonal world of the infant: A view from psychoanalysis and developmental psychology*. New York, NY: Basic Books.

Taylor, C. (1985). *Human agency and language*. New York, NY: Cambridge University Press.

van der Kolk, B. A. (2014). *The body keeps the score: Brain, mind, and body in the healing of trauma*. New York, NY: Viking.

von Foerster, H. (1995). *The cybernetics of cybernetics*. Minneapolis, MN: Future Systems.

Warwar, S., & Greenberg, L. S. (1999). *Client Emotional Arousal Scale-III*. Unpublished manuscript, York University, Toronto, Ontario, Canada.

Watkins, E. R. (2008). Constructive and unconstructive repetitive thought. *Psychological Bulletin, 134*, 163-206. http://dx.doi.org/10.1037/0033-2909.134.2.163

Watson, J. C. (1996). The relationship between vivid description, emotional arousal, and in-session resolution of problematic reactions. *Journal of Consulting and Clinical Psychology, 64*, 459-464. http://dx.doi.org/10.1037/0022-006X.64.3.459

Watson, J. C., & Greenberg, L. S. (1996). Pathways to change in the psychotherapy of depression: Relating process to session change and outcome. *Psychotherapy: Theory, Research, Practice, Training, 33*, 262-74. http://dx.doi.org/10.1037/0033-3204.33.2.262

Watzlawick, P., Weakland, J. H., & Fisch, R. (1974). *Change: Principles of problem formation and problem resolution*. New York, NY: Norton.

White, R. W. (1959). Motivation reconsidered: The concept of competence. *Psychological Review, 66*, 297-333. http://dx.doi.org/10.1037/h0040934

제5장

치료 접근들 비교하기

LESLIE S. GREENBERG, NORKA T. MALBERG,
AND MICHAEL A. TOMPKINS

이 마지막 결론의 장에서 우리는 정신역동 · 인지행동적 · 정서중심적 치료 접근들이 치료에서 정서의 역할을 변화의 동기로, 변화의 방법으로 어떻게 다루는지를 논의할 것이다. 우리는 세 가지 접근법 사이의 유사성을 검토하는 것에서 시작하지만 먼저, 분석의 수준부터 확인할 것이다.

Goldfried(1980)는 심리치료 통합을 촉진하고자 하는 입장에서 볼 때, 치료 접근법들 사이의 유사성은 기술이나 이론의 수준이 아니라 임상 전략이나 변화의 원칙의 수준에서 가장 두드러지게 나타난다고 했다. 예를 들어, 그는 피드백과 새로운 경험이 모든 접근법에 걸친 공통적인 전략일 수 있다고 제안하였다. 심리치료에 관한 50개 출판물을 대상으로 한 조사에서 Grencavage와 Norcross(1990)는 **치료적 동맹**(therapeutic alliance), **카타르시스**(catharsis)의 기회, **새로운 행동**(new behaviors)의 습득 및 실천, **내담자의 긍정적 기대**(positive expectancies) 등 15개 범주의 방법을 확인하고 빈도별로 순위를 매

겼다. 또한 일련의 변화 과정(관계적 요인 제외)을 평가한 결과 카타르시스가 가장 일반적으로 인정된 변화 과정이며, **성공**(success)과 **숙달**(mastery)은 중간 정도로 변화를 일으키고, **교육**(education)과 **정보 전달**(information transmission)은 변화에 가장 영향을 미치지 않는다는 것을 발견했다. 그 연구에 따르면, 대부분의 유사성은 중간 단계에서 발생하는 것으로 나타났다. 이 책의 세 가지 접근법(즉, 제2장, 제3장, 제4장)은 확실히 이러한 중간 수준의 변화 과정을 보여 주었다.

방금 설명한 몇 가지 일반적인 공통점 외에도 제2장, 제3장, 제4장의 저자들은 그들이 정서와 작업하는 방법을 언급하면서, 다음의 세 가지, 정서에 초점을 둔 중간 수준의 공통점들을 지지한다. 각 접근법은 ① 교정적 정서 경험, ② 정서 인식이나 통찰력, ③ 정서에 대한 노출이나 더 깊은 경험을 제공하는 것을 목표로 하며, 이것들은 공통된 중간 수준의 정서에 특화된 요소로 볼 수 있다. 이 세 가지 접근은 또한 정서가 변화의 중요한 측면이라는 믿음을 공유한다.

- 정신역동치료(PDT)에서는 정서적 통찰력이 지적 통찰력보다 강조된다.
- 인지행동치료(CBT)에서는 뜨거운 인지가 차가운 인지보다 중시된다.
- 정서중심치료(EFT)에서는 경험에 대한 이야기보다 경험의 깊이가 더 중시된다.

그러나 이러한 정서 특화된 공통 과정은 중간 수준의 공통점이다. 이러한 중간 수준의 과정이 실제로 어떤 모습이고 치료에서 어떻게 촉진되는지 알아보려면 각 접근 방식에서 더 높은 수준의 설명과 더 낮은 수준의 설명을 더 자세히 살펴볼 필요가 있다. 이러한 접근법들 간의 차이는 상위 수준의 기능 이론과 하위 수준의 기술에서 더 뚜렷하게 나타난다.

접근법들 간의 유사성과 차이점을 이해하기 위해서는 각 접근이 정서의 기

능과 심리적 변화 과정을 어떻게 이해하는지를 우선 탐색하고 나서 사용된 기법들을 비교하는 것이 필수적이다.

정서가 변화의 주된 목표인가

정서를 변화에 직접적으로 작용하여 인지, 동기, 행동의 변화를 이끄는 독립에 변수로 보아야 하는가? 아니면 정서를 인지, 동기, 행동의 변화의 결과인 정서 변화로 이해해서 종속변수로 봐야 하는가? 고려해야 할 또 다른 가능성은 얼마나 많은 정서를 변화의 상관관계와 같은 부수적 변수로 보느냐이다. 이러한 관점에서, 정서는 어떤 다른 변화 과정이 일어나고 있다는 신호를 나타낸다. 여기서 정서는 또 다른 변화 과정을 나타내는 신호이다. 우리는 다음 사항을 주시할 필요가 있다. 개입은 정서의 변화를 일으키기 위해 정서에 직접적으로 초점을 맞추고 있는가, 아니면 개입은 정서의 변화를 만들기 위해 다른 것을 바꾸는 것에 초점을 맞추고 있는가, 아니면 정서는 다른 것이 변화하고 있음을 나타내는 신호인가? 예를 들어, 개입은 두려움, 슬픔, 수치심을 직접적으로 변화시키는 것인가, 아니면 개입은 인식, 동기, 또는 행동을 변화시키는 데 더 초점을 맞추고 있는가? 이러한 감정의 변화를 이끄는 것이 이 변화인가, 아니면 이 정서들이 인지, 동기, 또는 행동이 변화하고 있다는 신호인가? 또 다른 질문은 정서의 변화란 무엇인가이다. 자극의 정도, 조절의 정도, 아니면 정서가 새로운 정서로 바뀌는 것인가? 정서적인 변화는 무엇으로 이어지는가? 그것은 동기 부여, 인지, 행동, 또는 일반적인 안녕 상태의 변화로 이어지는가? 다음에서 이러한 질문들과 기타 질문들에 대한 답을 제공하고자 한다.

정서 기능의 모델들

세 가지 접근법 모두 치료에서 정서를 활성화하는 것이 변화를 촉진하는 데 도움이 된다고 가정한다. 이 접근법은 또한 인간이 의식적인 수준에서 그리고 자동적이거나 무의식적인 수준에서 작동한다고 가정하고, 두 수준 사이의 관계를 중요하게 본다.

CBT와 EFT에서 하나의 정보 처리 시스템은 정서와의 연결 없이 합리적, 언어적, 논리적, 그리고 명제적인 것으로 간주된다. 두 번째 시스템은 정서에 대한 깊고 광범위한 연결을 가진 보다 전체론적 · 비언어적 · 자동적이고 신속한 정보 처리 시스템으로 간주된다. 정신역동접근은 이러한 정보 처리 관점에 동의하지 않지만, 자아, 원초아, 초자아(즉, 내적 소망과 필요, 그것들을 관리하는 방법 그리고 외부 세계의 압력) 사이의 상호작용과 마찬가지로 의식적이고 무의식적인 동기가 고려되는 갈등 모델을 적용하는 경향이 있다.

정신 구조

이 책의 초점인 세 가지 접근법은 다단계 처리와 내적 정신 구조가 정서의 생성에 관여한다는 것을 암시한다. 정신역동이론은 정동과 연합되어 있는 내적 대상관계에 대해 말하고 있다. CBT는 인지 도식이나 핵심 신념, 그리고 최근에는 정서를 유발하는 근본적인 처리 방식을 가리킨다. 반면에 EFT는 활성화되었을 때 정서를 만들어 내는 정서 도식을 말한다. 이 세 가지 접근법의 구조는 정신생활에 영향을 미치는 것으로 가정되는 복잡한 정동-인지 구조이다.

그 구조들은 그것들 안에서 정동과 관계가 표현되는 정도에 따라 다르다.

정서 도식들은 중심 구성 기능으로서의 정동을 보여 준다. 내면화된 대상관계는 가장 중심적인 관계이지만 대상과 다른 사람들을 함께 묶는 정동을 포함하는 반면, 인지 도식은 정동이 없는 것으로 보인다. Beck(1996)은 근본적인 처리 방식이 인지 구조인 신념과 활성화된 신념을 넘어선 반응적 과정이라는 이론을 만들었다.

자동성과 무의식

세 가지 접근법은 또한 정서가 전달되는 과정 없이 자동적으로 활성화될 수 있다고 제안한다. 정서에 대한 인식은 세 가지 접근법 모두에 의해 받아들여지는 보편적인 치료 원리가 되었다. 세 접근법은 또한 정서를 정보와 신호로 본다. EFT는 정서를 충족되지 않는 욕구를 나타내는 신호로 보고, 생존에 도움을 주는 적응적인 행동 경향성을 제공하는 것으로 본다. EFT에서 일차적인 불안은 안전의 필요성을 알리고 보호 추구를 촉진하는 것으로 보인다. 정신역동적 이론은 정서 또는 적어도 불안은 위험과 방어의 필요성(즉, 내적 균형을 유지하기 위한 대처 방법)을 나타내는 신호로 간주한다. 위험은 내부(예: 추동)에서 올 수도 있고, 내부와 외부의 갈등에서 올 수도 있다(즉, 욕망 대 도덕은 죄의식과 같다). CBT는 인지를 정서표현을 완화시키는 것으로 본다. 특히, 정서는 핵심 신념이 활성화되었다는 표식이 된다.

적응적이거나 부적응적인

비록 치료 작업에서 정서의 적응성을 다르게 강조하지만, 세 가지 접근법 모두 정서는 적응적이거나 부적응적인 기능을 수행하는 것으로 본다. EFT는 정서를 사람들에게 안녕에 중요한 것이 무엇인지 알려 줌으로써 기본적인 적응과 생존 기능을 강조하는 지침으로 본다. 그러나 CBT와 정신역동적 접근

은 어느 정도 종종 정서적 반응의 부적응성에 더 중점을 둔다. 그들은 정서를 조절이 필요한 것으로 본다. CBT에서 정서 반응의 적응성은 그것이 발생하는 맥락에 의해 영향을 받는다. 예를 들어, 어떤 지역으로 운전하는 것에 대해 불안감을 느끼는 것은 그 지역의 객관적인 안전에 달려 있다. 즉, 안전하지 않은 지역을 운전할 때 상당히 불안감을 느끼는 건 이해가 된다. 그러나 같은 수준의 불안이 안전한 지역을 운전할 경우에는 어울리지 않고, 도움이 되지 않는다. CBT의 목표는 내담자가 안전성을 정확하게 평가할 수 있도록 도와 불안감이 특정 상황의 객관적 안전성과 비례하도록 하는 것이다. 반면에 정신역동적 사고에서 정동은 방어되어야 할 경험으로 보거나 자아에게 정신 상태에 대한 정보를 제공하는 자아의 인지적·동기적 도구로 간주된다. 이러한 관점에서 정동은 부분적으로 자아 기능(즉, 방어적이고 적응적인)으로 간주되고, 부분적으로 자아가 통제하는 자극으로 간주된다.

우선성

이 세 가지 접근법은 심리적 장애를 유지하는 데 있어 생리학적·정서적 구성요소의 역할의 중요성을 알고 있다. 정신역동적 접근법과 EFT 접근법 모두 정서를 내적 상태, 즉 몸으로 느껴진 경험을 수반하는 사적인 경험으로 간주하며, 이 내적 상태는 의식적으로 상징화될 수 있다고 본다. 그러나 CBT는 인지의 역할을 정서적 반응을 조절하는 것으로 보는 경향이 있다. 모든 사람들은 자기 이해의 더 지적인 형태(즉, 신념, 자기 개념, 통찰력)와 경험적 이해의 차이를 안다. 이것들은 다양한 수준의 정보 처리를 반영하며, 정서는 단지 말로 하는 것보다는 재활성화되고 경험될 때 수정이 더 가능해진다. EFT와 PDT는 정서를 인지와 행동에 우선하는 첫 번째 반응으로 보는 경향이 있으며, 인지와 행동을 바꾸기 위해 정서에 초점을 맞춘다. 그러나 CBT는 인지와 행동이 정서를 조절하는 것으로 가정한다. 이 접근법은 정서에 직접적으

로 영향을 미치기 위해 인지나 행동을 목표로 하는 경향이 있다.

발달과 학습

더 발전적인 관점에서 PDT와 EFT는 정서를 애착과 정체성 형성의 중심으로 보는 반면, CBT는 정서를 학습 과정과 더 관련지어 본다. 새롭고 더 적응적인 행동을 제공하기 위한 새로운 학습을 촉진하는 학습 과정으로 본다. 이와 관련하여, CBT는 애착이나 정체성 형성을 강조하지 않는다. 그보다는 오히려, 우리의 정서적인 반응이 수많은 요인(예: 주의, 각성, 인지)에 의해 조절된다고 보는 학습 모델의 입장을 취한다. 동기와 관련해서, 세 가지 접근법 모두 사람은 생존하기 위한 추동에 의해 조직되는 것으로 보지만, 동기에 대한 그들의 관점이 현저하게 다르기 때문에 공통점은 거기서 멈춘다.

정서의 우선성

주된 차이점은 동기의 본질뿐만 아니라 경험과 변화를 결정하는 데 있어 중심 정동이 어떻게 영향을 미치는가에 관하여 정서를 얼마나 중요하게 보는지에 달려 있다. 우리는 먼저 세 가지 접근법이 정서를 어떻게 보는지에 대한 차이점을 살펴보려 한다. EFT는 정서를 인간 존재의 근본적인 정보로 보는 반면, 정신역동과 CBT 접근법은 정서를 다소 덜 중요한 역할을 하는 것으로 보는 경향이 있다.

정신역동이론

초기 정신분석이론은 정동을 전적인 추동 파생물로 보고, 불안은 억압된 본능적 추동 에너지의 변형으로 나타난다고 보았다. 불안에 대한 최초 이론에서, 방어는 불안을 이끌어 내고, 나중에는 바뀌어 불안이 방어를 이끌어 낸다. 이러한 변화로 정동은 추동 파생물이라기보다는 자아의 반응으로 간주될 수 있다. 신호 정동으로서의 불안의 개념은 기대와 상징화를 의미한다. **신호 불안**(signal affect)의 개념은 정동의 새로운 조절과 의사소통 차원을 소개했다. **억압**(repression)은 정동과 관련된 또 다른 중요한 이론적 구성 개념이었다. 억압의 개념은 정신이 무의식, 전의식, 그리고 의식의 체계를 가지고 있으며, 무의식적 정동의 가능성 역시 있을 수 있다는 관점을 포함한다.

대상관계 이론의 발달과 함께, 정동은 관계와 더 명확하게 연결되었다. 그런 관점에서 보면, 정서는 치료적 관계의 지금 여기 안에서, 그리고 전이 속에서 나타나는 오래된 관계의 형태들과 함께 작용한다. 사람들은 소망의 원인이자 반응인 감정의 '원인'뿐만 아니라 감정 자체에 대해서도 방어하고 있다. 추동과 달리 소망은 자기와 대상 표상뿐만 아니라 감정을 수반하는 것으로 보인다. 정동은 내재화된 대상관계가 활성화된 추동의 신호와 감시체제에 통합되면서 함께 발달하는 것으로 간주된다. 정서는 마음과 몸의 기억과 양육자와의 초기 혼란스러운 인간관계에 대한 발달적 영향력 둘 다를 보유하고 있는 것 같다.

인지행동이론

CBT에서 정서는 인지에 의해 조절되며, 정서가 인지와 행동에 영향을 미치고 영향받는 것과 같이 인지, 정서, 행동은 서로에게 영향을 미친다. 부적응적 인지는 회피나 철수 같은 정서적 고통과 문제 행동의 유지에 기여한다고 가정된다. 인지 재구성의 목적은 정서를 조절하는 과정에서 핵심적 평가나 인지를 변화시키는 것이다. Beck(1996)은 인지이론의 일부 비판과 단점을 다루기 위해 방식(modes) 개념을 도입했다. 그는 자신의 모델에 기본 신념을 처리하는 기본 방식이 있다는 것을 추가했다. 처리 방식에는 생존, 위협 처리, 자기 확장, 기쁨 처리등이 포함된다. 이러한 관점에서 보면 정보의 처리는 정동 반응을 초래한다. 예를 들어, 위협에 대한 정보의 처리는 두려움이나 불안감을 야기한다. 이것은 저자들 중 한 명(LSG)에게는 정동 처리 수준으로 보였다. 그래서 그렇게 명명되지 않고, 정서는 신념의 기초가 되는 기본적인 개념으로 슬그머니 되돌아왔다. 만약 이 개념이 완전히 채택된다면, 임상 실제에서 강조점이 달라지게 될 것이다. 치료자는 신념을 바꾸는 것보다 이러한 처리의 기본 방식을 변화시키는 작업을 할 것이다. 그러나 CBT 저자(MAT)는 CBT에서 변화의 대상은 목표를 정서로 할지, 인지로 할지, 행동으로 할지 치료자의 선택에 달려 있다고 본다. CBT는 정서장애를 유지하는 데 가정된 변수를 대상으로 한다. 그것은 개념적이고 실용적인 선택인 것 같다. 인지를 목표로 할 때, 인지행동 치료자는 인지가 정서나 행동보다 더 중요하다거나 덜 중요하다고 가정하지 않는다. 오히려, 인지는 변화를 이루기 위한 목표로 본다. CBT는 인지가 정서를 조절하고 행동이 정서를 조절하는 것으로 가정하는데, 정서는 두 가지 모두를 조절할 수 있다고 본다. 정서이론은 몇 가지 요인(예: 인지, 주의, 행동)이 정서의 주관적 경험에 기여한다는 것을 알고 있다. 정신역동적 치료자는 관계 패턴의 일부로서 정서와 작업하는 반면, EFT는 정서를 변화시키기 위해 정서와 직접적으로 작업한다.

정신역동적 사고에서, 장애는 발달지체, 방어, 내적 경험을 정신화할 수 없는 무능력(즉, 외부에서 자신의 생각과 감정을 생각할 수도, 다른 사람의 내적 생각과 감정을 상상할 수도 없는 능력)에 의해 유지되는 것으로 간주된다. EFT에서 정서장애는 보통 자동적으로 활성화된 전언어적 정서 도식에 의해 유지되는 것으로 본다. CBT에서 정서장애는 부적응적 신념의 렌즈를 통해 내적·외적 사건을 해석하는 과정을 통해 유지되는 것으로 여긴다. **정서 회피**(Emotion avoidance), 즉 부정적인 정동을 직면하고, 수용하고 견뎌 낼 수 없는 무능력은 정서장애를 유지하는 가정된 또 다른 요인이다. 다른 요인으로는 반응의 지속성이나 일련의 부정적인 문제 해결 세트가 있다. 이를 위해 많은 인지행동 전략은 이러한 경험을 피하기보다는 내담자의 정서 반응에 접근하고 상호작용하려는 내담자의 의지를 높이는 데 도움이 된다. 이러한 방식으로 CBT는 인생에서 성공하기 위해서는 정서 반응이 부적응적 행동보다는 적응적 행동을 낳는 것이 필요하다는 것을 인정한다. 예를 들어, 부당한 대우를 받을 때, 우리는 분노를 느끼고 우리의 권리를 주장할 수 있다. 하지만, 만약 우리가 너무 화가 나서 우리의 충동을 억제할 수 없다면, 사려 깊고 적절한 방법으로 우리의 권리를 주장하는 것이 어려울 수 있다. 즉, CBT의 목표는 개인이 목표지향적인 적응적 행동을 위해 불안, 분노, 기분을 조절하도록 돕는 것이다.

정서중심치료

EFT에서 정서는 근본적으로 적응적이고 정보 처리의 기본 방식을 제공하는 것으로 여겨진다. 정서는 우리의 안녕과 관련된 상황을 빠르고 자동적으로 평가하고, 필요를 충족시키기 위한 행동 경향성을 만들어 낸다. 정서는 당면한 상황과 일련의 행동 결과를 자동적으로 평가한다. 대상이나 사건에 대한 평가는 개인의 현재 염려와 목표, 민감성, 관심사 및 가치에 따라 크게 달라진다. 단순히 정서를 활성화시키기 위한 평가가 아니라 걱정과 관련된 평가이다. 그러므로 동기 경향성은 모든 정서의 일부이며, 정서와 동기는 밀접하게 연관되어 있다. CBT와 유사하게, EFT는 특정한 행동에 관여하는 결정이 동기화된 행동과 연관된 즐거움이나 안도감에 대한 기대와 밀접한 관련이 있다고 본다.

사고와 같이 깊이 생각하는 안와전두피질 과정에 의해 생성되는 정서는 변연계와 다른 자동적인 과정에 의해 생성되는 보다 일차적인 정서만큼 기능과 기능장애에서는 거의 중요하지 않다. 타당성, 목표 일치성, 참신성, 위험성,

통제에 대한 이러한 비언어적 평가들은 이성이나 의도적인 의지에 의해 변경되기 어렵다.

조직화된 정서 도식, 내부 구조 또는 네트워크는 성인의 정서 반응 시스템의 기초가 되는 것으로 간주된다. 그들은 정서적·동기적·인지적·행동적 요소를 의식하지 못하면서 빠르게 활성화되는 내부 조직으로 통합한다. 도식은 도식의 입력 기능 또는 네트워크의 접속점과 일치하는 신호에 의해 활성화된다. 이전에 활성화된 정서 반응으로 인해 중요한 삶의 경험은 정서 도식화된 기억으로 암호화된다. 정서 도식은 해석된 상황과 그것이 개인에게 미치는 정서적 영향을 모두 나타낸다. 그들은 감각 자극, 지각, 동기, 행동, 개념 수준의 정보를 포함한 다양한 수준과 유형의 정보를 합성하는 반응을 생성하는 내부 조직이다. 일단 학습되어 체계적인 정서 기억 시스템으로 구성되면, 활성화된 정서 도식들은 그들이 통합한 내적으로 연결된 생물학적으로 적응적인 반응들처럼 자동적으로 정서를 생산한다. 그들은 우리의 삶을 안내하는 기본적인 처리 방식을 결정한다. 인지 도식과는 대조적으로, 정서 도식은 언어의 개념적 지식과 반대되는 행동 경향성과 경험을 생산하는 네트워크이다. 문제는 다양한 출처에서 발생하는 것으로 보인다. 다양한 출처는 정서 인식에 대한 정서의 결여, 정서 경험의 부인, 때로는 정서 조절 장애와 잘못된 의미 창조뿐만 아니라 정서 도식 기억의 활성화를 통해 현재 나타나는 특정한 과거에 경험한 정서 반응의 반복일 수 있다.

비교

정신역동적 사고에서 정동은 전이, 통찰, 정신화나 방어를 극복하거나 소원 성취 또는 좌절과 관련된 것과 같은 다른 과정과의 상관관계로 나타난다. 일반적으로, 정동은 대부분 직접적으로 변화를 일으키는 독립변수로 여겨지지 않는다. 종종 특권을 누리는 것은 정서에 대한 인식의 변화와 사물에 대한 새로운 이해인데, 이로 인해 강력한 정서 경험을 하는 동안 자기 관찰이 증가하고, 서로의 정동을 통합하며, 정서를 자신의 이야기로 통합하거나 연결하게 된다. 정서는 기억의 소유자이며, 인간이 언어로 할 수 없는 의사소통을 하는 방법이다. 정신분석은 긍정적인 정서와 부정적인 정서 모두의 맥락에서 정동의 조절을 촉진하고 정신화와 자유감을 증가시키는 방식으로 통합하고 연결하려고 한다.

CBT에서 인지와 행동은 정서와 감정의 변화를 조절한다. 주요한 오판을 수정하는 것은 정서 변화를 완화시킨다. 인지 수정은 이론적 선택은 아니고, 실제적인 선택이다. 인지는 정서를 조절하기 위해 가정된 접근 가능한 요소들이고, 인지를 수정하기 위한 전략은 가르치고 배울 수 있다. 정서는 인지의 변화에 의해 달라지는 종속 변수이다. 정서장애를 가진 내담자를 치료할 때, CBT의 주요 목표는 그들이 정서에 영향을 미치는 근본적인 인지에 대해 조사하거나, 정서에 영향을 미치는 뭔가 새롭고 더 적응적인 것을 배우기 위해 행동을 변화함으로써 조절되지 않은 정서 반응을 조절하는 전략을 배우도록 돕는 것이다(예: 정서 노출과 수용 접근들).

EFT에서 정서는 독립변수이자 직접적인 변화의 목표이다. 그것은 수용과 변형을 통해 이루어진다. 촉진되는 변화의 첫 단계는 정서를 수용하고 경험하는 것이다. 다음 단계는 주로 언어와 이야기에서 그것을 이해하는 것이다. 그러나 궁극적으로 추구되는 것은 다른 감정에 의한 부적응적 감정 자체의 변화이다. 그 결과 새로운 느낌의 상태와 새로운 이야기가 나타난다.

동기

정서의 중요성이 인식되면서 세 가지 접근법 모두 동기 경향성을 모든 정서의 일부로 보게 되었기 때문에 정서와 동기가 밀접하게 연결되어 있다는 것에 모두 동의한다. 세 가지 전통은 이러한 정서적인 행동 경향성과 동기가 적응적이고 도움이 될 수 있지만 때로는 부적응적이고 도움이 되지 않을 수 있다고 본다. 이 세 가지 접근법 모두 이러한 동기가 행동을 이끈다는 생존 본능이나 생명 본능에는 동의하지만, 그 이후에는 기본적인 동기가 무엇이며, 심지어 무엇이 동기인지에 대해서는 합의가 이루어지지 않고 있다.

인간의 동기 부여에 대한 정신역동적 이해는 관계의 맥락에서 의식적 동기와 무의식적 동기를 고려한다는 점에서 다른 접근법과 근본적으로 다르다. 관계의 맥락에서 생존은 정신적 성장과 발달에 필수적이다. 그래서 정신역동적 사고는 사람들이 생존과 성장의 방법을 찾는 적응적 수단과 부적응적 수단을 고려한다. CBT는 동기 부여에 대한 다른 관점을 제시한다. 기본적인 동기 경향성은 보상과 쾌락을 얻거나 처벌과 고통을 피하는 것을 추구한다. EFT와 PDT는 CBT와 다르다. 이 두 가지 전통에 따르면, 사람들은 살아남기 위한 근본적인 동기에 의해 조직되고, 그들이 스스로 찾을 수 있는 환경에서 가능한 한 최상의 상태로 번성한다. 유기체는 내부 기본 동기에 의해 결정되는 것이 아니라 생존하고 번성하기 위해 유기체/환경 분야의 경계에서 적응적으로 조직하는 끊임없는 과정에서 역동적인 자기 조절 시스템으로 결정된다.

정신역동이론

수년간 정신분석이론은 동기에 대한 다양하고 복잡한 관점을 발전시켰다. Malberg가 제2장에서 강조한 것처럼, Sandler는 정신 에너지가 아닌 감정 상태를 정신분석이론의 중심에 놓음으로써 정신분석이론을 정동이론으로 수정하는 데 가장 근접했다. Sandler는 또한 추동보다는 소망을, 감정과 추동보다는 감정과 소망의 관계에 대해 말하는 것을 선호했다. 그러나 자아 심리학에서 Rapport는 다른 방향으로 움직였다. 그는 감정 상태가 아니라 내적 균형의 부족(즉, 에너지 불균형)이 사람들에게 동기를 부여한다고 보았다.

Kernberg(1988)는 나중에 정동을 추동보다 위계적으로 더 중요한 것으로 간주하는 수정된 추동이론을 제안함으로써 정동을 복구하였다. 이러한 중요한 변화에서 그는 정동을 내적 대상관계가 활성화된 추동의 신호와 감시장치에 통합됨으로써 함께 발달하는 것으로 정동을 보았다. 그렇게 함으로써 Kernberg는 Freud의 이중추동이론(즉, 에로스와 타나토스)을 유지하면서도, 관계 개념 안에 추동을 포함하였다. 애착과 대인관계 이론에 의해 더 자연스럽게 뒤따라 나오게 된 대상관계의 출현으로, 연결되고자 하는 동기는 모든 인간이 태어날 때부터 타고난 동기로 이해되었고, 그 이후 계속해서 주요한 영향을 미치는 기능으로 보게 되었다.

인지행동치료

행동치료의 고전적 조건화 패러다임은 Freud의 삶의 동기와 어느 정도 관계가 있었는데, 쾌락의 추구와 고통의 회피가 삶을 유지하는 데 중요하다고 보았기 때문이다. 마찬가지로 인본주의 이론은 성장 또는 실현 경향성이라고도 하는 생명력을 상정했다. 그러나 Freud의 죽음의 추동은 현대 대상관계와 대인관계 정신분석에서 분명하게 사라지고 있기 때문에 CBT나 EFT, 또는 현대 정신역동이론에서 공유되지 않는다. 초기 행동주의자들은 동기를 추동 감소를 통해 시작되고 유지된다고 보았고, 이런 관점은 추동 감소를 핵심 동기로 본 Freud의 견해와 유사하다. 초기 행동이론에서 동기화된 행동은 생물학적 추동을 만족시키는 역할을 했고, 나중에는 자극과 보상이나 긍정적인 경험 사이의 학습된 연합을 포함하도록 정교해졌다. 이제 동기는 더 이상 내적 추동이 아닌 자극의 통제하에 있는 것으로 간주되었다. 더 많은 인지적 관점의 출현과 함께, 동기 또한 보상에 의해 움직여지는 것으로 이해되었다. 궁극적으로, 사람들은 추동 감소와 보상과 기대의 조합에 의해 동기화된다. 예를 들어, 제3장에서 Tompkins는 사람들이 배고픔을 경험할 때, 음식을 먹으려는 강력한 욕구-추동 동기가 생기기 때문에 배고픔의 추동을 감소시키게 된다고 설명한다. 하지만, 배부른 식사 후에, 구운 애플파이를 먹으려는 동기는 욕구 추동보다는 보상 추동적이다. 그는 사회적 행동과 같이 행동이 복잡할수록 이러한 행동들은 많은 욕구 추동과 보상 추동 경험에 의해 동기화될 가능성이 높다고 결론짓고 있다.

회피 동기 또한 CBT의 주요 개념이다. 모든 정서는 동기 경향성을 가지고 있으며, 이러한 경향성은 정서 자체의 적응적 가치에 기여한다. 예를 들어, 불안의 경우, 동기 경향성은 인지된 위협이나 위험을 피하는 것이다. 그러나 이러한 동일한 동기 경향성은 위험이 없다는 증거에도 불구하고 그것들이 경직되고 확고하기 때문에, 불안장애와 같은 정서장애를 유지할 수 있다. 특정한 행동에 관여하는 결정은 동기화된 행동과 관련된 즐거움이나 안도감에 대한 기대와 밀접하게 연관되어 있다. 이러한 관점에서 보면, 외부 상황과 내부 경험 모두를 피할 수 있다. CBT에서 경험적 회피는 사고, 감정, 기억, 신체적 감각 그리고 덜 적응적인 일상 기능을 만드는 다른 내적 경험을 피하는 것과 관련이 있다. 그래서 이것은 정서에 대한 두려움 때문에 피하는 것으로 볼 수 있다. 상황을 회피하거나 부정적인 정서으로부터 주의를 분산시키려고 행동을 함으로써 그것을 느끼지 못하게 만드는 것이다. 사람을 감정으로부터 멀어지게 하는 경험 회피는 우리의 내적인 주관적 경험에 대한 정보를 주는 정서 반응의 기능을 방해한다. 그리고 우리의 내면의 경험은 우리의 의식적인 선택을 알려 주기 때문에, 경험 회피는 선택을 제한하는 효과가 있다. 그것은 사람들이 욕구만족을 추구하고 의미 있게 살 수 있는 행동을 방해한다. 정신역동이론에서 회피에 가장 가까운 개념은 방어이다. 사람들은 자신과 관련된 생각을 피하기 위해 자신의 정서를 막는다. 그들은 정동을 억압하고, 의식하려는 경향과 의식하지 않으려는 소망 간에, 그리고 정서를 참는 능력과 고통 때문에 그것을 피하는 경향 사이에서 몸부림친다. 이럴 때는 정서를 회피하기보다는 의식 밖에 두게 된다.

인본주의적이고 경험주의적인 관점에 근거한 EFT는 자기 개념에 수용되지 않은 경험은 부인되거나 왜곡된다는 관점에서 출발했다. 그래서 CBT가 경험 회피라고 부르는 것과 정신분석에서 정서에 대한 방어로 부르는 것을 EFT에서는 경험하지 않는 것이나 주체적이지 않은 것으로 본다. EFT는 이제 정서 경험을 적극적으로 방해하거나 정서에 압도되어 와해될 두려움으로부터 스스로를 보호하기 위한 행동 경향성을 부인함으로써 사람들이 정서적 알아차림을 차단한다고 본다. 다만 EFT에서는 이런 차단을 하게 된 동기를 고통을 피하기보다는 무너지지 않고 대처하려는 시도로 본다.

정서중심치료

인본주의 이론은 사람들이 성장하고 그들의 잠재력을 최대한 발휘할 수 있는 선천적인 경향을 가지고 있다고 보았다. Rogers(1951)에 따르면, 개인은 상황에 따라 삶의 방향을 스스로 결정할 수 있는 선천적인 능력을 가지고 있고, 여기에 맞는 좋은 환경이 제공된다면, 이러한 결정은 자기 유지, 번영, 자기 고양, 자기 보호에 대한 유기체의 보편적인 욕구에 근거해서 이루어진다고 하였다. 결국 그와 다른 인본주의자들은 이 이론적 구성을 실현 경향성으로 명명했다(Maslow, 1962; Perls, 1969; Rogers, 1951). 그들은 유기체의 행동이 그들 자신을 유지하고, 고양하고, 재현하는 방향으로 움직인다고 믿었다. 신인본주의 이론인 EFT는 생존과 성장 경향성에 대한 개념은 유사하지만, 우리가 될 수 있는 모든 것이 되기 위한 동기라는 실현 경향성에 대한 Maslow 학파의 관점을 채택하지는 않았다(Maslow, 1962). 오히려, EFT는 생존하고 번성하기 위해 환경에 적응하는 것을 유일한 기본 동기로 본다. 또한 감정을 유기체에게 좋은 것과 나쁜 것을 평가함으로써 적응을 통제하는 과정으로 본다. 또한, 애착, 숙달, 통제와 같은 일련의 기본적인 내용의 동기를 가정하기보다, EFT는 기본적인 선천적 편견, 선호, 그리고 살아 있는 경험을 가진 우

리에게 좋은 것과 나쁜 것에 대한 정서적 가치 사이의 상호작용에서 심리적 욕구가 발생하는 것으로 이해한다. 그러므로 동기는 이차적이거나 정서의 한 측면이 된다. EFT는 유기체가 생존하고 번성하기 위한 동기를 가지고 세상에 나오고, 이러한 목적을 촉진하는 일련의 기본적인 정동을 동반한다고 가정한다. 또한 유기체는 이 목적을 달성하는 데 도움을 주는 정동 조절과 의미 창조라는 두 가지 일반적인 목적 메커니즘들을 가지고 태어난다고 본다.

정서 변화 방법들

치료에서 내담자의 정서 관여를 강화하기 위해 적극적으로 작업하는 것이 다양한 심리치료의 효과를 향상시킬 수 있다는 증거가 점점 더 증가하고 있다(Greenberg, 2011; Whelton, 2004). 여기에서는 서로 다른 접근법들에서 정서를 다루는 데 사용하는 개입, 상호작용 그리고 기법들을 살펴보겠다.

개인적인 사생활을 깊이 드러내고 취약해질 수 있는 안전감을 제공하기 위해서는 관계와 동맹이 중요하다. 치료자와 내담자 한 쌍이 정서적으로 힘든 경험을 할 수 있도록 하기 위해서는 모든 접근에서 협력은 필수적이다. 또한, 기억을 변화시키는 것은 세 가지 전통 모두에서 중요한 방법이다. 기억에 대한 새로운 접근인 기억 재통합은 최근에 정동이 어떻게 변화하는지를 설명하기 위해 모든 접근법에서 사용하고 있다. 최근의 신경과학(Nadel & Bohbot, 2001; Nader, Schafe, & LeDoux, 2000)은 기억이 개선될 때마다, 기본적인 기억의 흔적이 불안정해져서 업데이트된 기억으로 재통합되기 전에 새로운 정보 입력에 개방적이 된다는 것을 보여 주었다. 이제는 치료에서 문제가 있는 정서 기억은 '옛' 정서 기억의 활성화와 불안정한 시기에 입력되는 새로운 경험의 도입을 통해 바뀔 수 있다고 본다. 그래서 정서적인 관여는 오래된 기억을 다시 활성화시켜 그것들을 더 불안정하고 변화되기 쉬운 상태로 만들기 때문에 새로운 입력과 업데이트에 개방된 상태가 된다.

서로 다른 전통들은 모두 그들의 접근 방식이 새로운 입력을 제공함으로써 기억을 변화시킨다고 제안하지만, 그들은 그 입력을 말하는 방식에서는 관점들이 다르다. 정신역동적 사고에서 치료자와의 새로운 관계는 정서에 부착된 기억을 다시 찾을 수 있는 안전한 장소의 역할을 한다. 정서를 경험하고 관찰하면서, 이렇게 치료자와 내담자가 옛 기억을 기억하고 재방문해서 다시 경험하고, 새로운 통찰력을 갖게 된다. CBT에서는 입력이 이전 학습을 억제하거나 경쟁할 수 있는 새롭고 예상치 못한 정보인 반면, EFT에서 입력을 치료 시간 내에 이루어지는 심리극 상연이나 심상을 통해 오래된 자극 상황에 대해 새롭게 유발된 정서 반응을 도입하는 것이다. 대체로 정서 활성화는 필수적인 역할을 하지만, 그들이 변화를 설명하는 방법에서 이론들 간의 차이가 명확히 드러내는 이유는 기억의 재통합 과정을 각자 자신들의 핵심 이론의 관점에서 보기 때문이다. 놀랄 것도 없이, 그들은 새로운 경험의 도입을 관련 있는 인지나 정서가 발생하는 것으로 본다. 다음으로, 우리는 정서를 다루는 각각의 관점에 대해 자세히 설명하고자 한다.

정신역동치료

정신분석은 정서가 자각 속에서 상징화되고 의식될 때, 그것이 표상의 주류로 들어가며, 정신에 어느 정도의 안정을 부여한다고 믿는다. 이것이 일어나지 않을 때, 그 자체가 정신병리를 드러내는 것이다. 변화의 초기 메커니즘은 아마도 무의식적인 것을 의식적인 것으로 변형시키는 개념이었을 것이다. 그것은 수년 동안 정신역동적 접근법뿐만 아니라 다른 접근법에서도 영향력 있는 주제로 남아 있다. 시간이 지남에 따라, 그 개념은 정서적 통찰력과 지적 통찰력 사이의 구분으로 발전했다. 초기 정신분석가들에게, 정서가 언어화되고 일련의 사고에 부착될 때, 그것은 사람들이 그들이 느끼고 있는 것을 대사를 하고 조절하는 데 도움을 주었다.

정신역동적 작업에서, 정서는 일반적으로 전이 속에서 살아 있게 된다. 치료자와 내담자 사이의 관계에서 일어나는 전이는 초기 정서 경험의 재방문, 재체험, 재조직화를 가능하게 한다. 이러한 관점에 따르면, 이전의 정서 경험의 반복만큼 강력한 정서 변형의 기초를 제공하는 것은 없다. 이러한 반복은 정신분석학적 해석에 결정적인 자료를 제공하지만, 내담자는 단지 이러한 경험들을 떠올리거나 통찰을 얻는 것뿐만 아니라 정서적으로 그것들을 재체험하여 많은 과거의 감정들을 현재의 관계로 옮긴다. 관찰하고, 알아차리고, 그리고 '전이와 작업하는' 것은 정신역동 치료자의 치료방법의 핵심적 측면으로 남아 있다. 또한 전이 작업은 치료자가 자신의 정서 반응에 대한 세심한 주의를 기울여야 하며, 분노, 지루함, 거부감 그리고 치료 관계에서 일어나는 것을 알려 주는 많은 다른 정서 경험들과 같은 역전이 감정을 인정할 수 있는 능력이 필요하다. 그래서 전이 관계와 무의식에 대한 믿음은 오늘날까지 모든 정신역동적 노력의 핵심이다. 그러나 정신화 기반 치료(MBT)는 전통적인 정신역동 기술의 중요한 수정을 보여 준다. 정서와 작업하기 위한 접근은 발달정신분석과 심리학, 신경과학과 애착이론을 통합한 것이다. 이러한 관점에서 보면, 정서와 작업하는 것은 정동 조절이 중심 목표인 치료의 발판을 만드는 과정에서의 핵심적인 부분이다. MBT에서, 정서는 관계에서 활성화되고 정신화된다. Kernberg(1988)에 따르면, 정신화 외에도 성숙함은 자신과 타인과 관련된 긍정적이고 부정적인 정서를 동시에 알아차리거나 통합하고, 부정적인 정서를 알아차리고 견딜 수 있는 능력을 증가시키는 것을 말한다.

정신분석에서, 정서적 통찰에 대한 초점은 지적 통찰보다 가치 있게 여겨지는데, 이는 새로운 이해가 정동을 수반할 필요하다는 것을 나타낸다. 이것은 치료자가 이해, 명료화, 해석 및 직면의 조합을 사용함으로써 이루어진다. 정신역동 치료자가 내담자를 지지하는 방법 중 하나는 사람들이 불안과 같은 감정을 막거나 통제할 수 있도록 돕는 방어 메커니즘을 사용하여 어려운 감정과 생각에 대처하는 방법에 대한 가설을 내담자에게 제시하는 것이다. 가설을 제공하고 나서, 치료자는 내담자의 정서 반응, 즉 언어적 반응과 비언어적 반응, 의식적 반응과 무의식적 반응을 확인한다. 고전적인 지침 중 하나는 갈등의 개념과 작업하면서 관련된 해석을 제공하는 것이다. 해석이 정동에 초점을 맞추고 있을 때, 그것은 충동이나 정동을 불안과 방어와 연결시키는 것을 포함하게 된다. PDT에서, 정서적 통찰은 지적 통찰보다 더 영향력이 있다. 정서의 표현은 미래 이야기의 의미 구성으로 가는 관문이다.

이런 방법의 대부분은 정신역동적 접근에서 하는 상당히 독특한 것들이다. EFT와 CBT는 치료 관계와 작업 동맹의 발달을 인정하지만, 전이 개념을 명시적으로 사용하지는 않는다. 그들은 정서를 활성화하거나 대인관계 패턴의 변화를 일으키는 방법으로 대인관계의 전이적 측면을 작업하지 않는다. 긍정적인 정동과 부정적인 정동을 통합하는 Kernberg(1988)의 개념은 중요한 과정으로 EFT에 흡수되었다. 그러나 전이를 작업하지는 않으며, CBT에서도 이런 개념을 분명하게 사용하지는 않는다. 정신화는 아마도 모든 접근법이 사용하는 과정이지만, 각각 다른 의미를 가진다. CBT는 모니터링과 인식을 통해 정서와 거리를 두는 것에 대해 말한다. EFT는 의식적으로 정서를 상징화하는 것과 정서를 이해하는 것에 대해 말한다. PDT에서 정신화는 치료관계 내에서, 정동을 조절하여 트라우마 기억이나 경험을 회상하거나 재경험할 때조차도 정신화 능력을 촉진하는 새로운 상호작용 방법을 지원함으로써 달성된다. EFT에서 상징화는 정서 탐색과 추측으로 이루어지고, 그리고 CBT에서는 주로 자기 기록이나 마음챙김 훈련을 통해서, 그리고 순간의 정서, 인지, 행동과 그것들의 관계를 더 잘 알아차리도록 하기 위해서 치료자가 인지와 정동(예: "당신은 지금 화가 난 것처럼 보여요. 지금 당신 마음에 어떤 것이 지나갔나요?")을 연결시킴으로써 내담자의 발견(예: "그래서 당신이 너무 외롭게 느껴졌겠어요. 당신이 너무 불공평한 대우를 받아 화가 났을 것 같아요.")을 도와 달성된다. MBT에서 초점화된 정동이란 순간의 즉각적인 정동을 파악하는 것

을 의미하는데, 이것은 치료의 내용과 관련된 것이라기보다는 주로 내담자와 치료자 사이에서 현재 일어나는 일과 관련 있는 것이다. MBT는 내담자와 치료자 사이에 현재 느낌을 확인하고, 언어적, 비언어적인 정동의 변화를 명명하는 간단한 개입이 이야기 내용의 해석보다 치료를 더 효과적으로 진행시킬 수 있을 것으로 본다. 그러나 많은 정동적 폭풍과 사랑과 관심을 직접적으로 요구하는 행동들은 종종 이 맥락에서 나타난다. MBT 치료자는 그것들을 관찰하고, 내담자가 접근하고 받아들일 수 있도록 호기심 있고 진실된 어조로 크게 반영하여, 내담자가 담아내기를 할 수 있고, 자신의 사고와 느낌들의 주체감을 증가시킬 수 있도록 돕는다.

인지행동치료

인지행동치료는 학습 모델을 가정한다. 따라서 CBT의 목표는 좀 더 새롭고 적응적인 행동과 정서 반응에 대한 새로운 학습을 촉진하는 것인데, 이것은 PDT와 EFT에서 변화를 달성하는 방법과는 상당한 차이가 있다. 주요한 방법들은 합리적 재구성, 심리교육, 행동 실험(BEs) 그리고 노출이다. 심리교육, 행동 실험 및 노출은 정서와 직접 작업하는 것과 더 관련이 있다. 인지 재구성에서, 내담자는 그들의 정서 반응에 영향을 주는 인지를 확인하고 나서 평가하는 것을 배우는데, 그렇게 함으로써, 불균형한 정서 반응을 균형 있는 정서 반응으로 변화시키는 것에 대해 배우게 된다. 비록 내담자들이 새로운 것을 깊이 믿지 않을 수도 있지만, 인지 재구성은 그들이 사실이라고 믿는 것에 대해 호기심을 갖도록 도울 수 있다. 그 결과 새롭고 심층적인 학습을 제공할 수 있는 행동 실험이나 노출과 같은 다른 전략을 사용할 수 있게 된다.

정서는 또한 새로운 학습, 기술 획득 그리고 적응적인 기능을 향상시키는데 관여할 수 있다. 가장 효과적인 기술은 내담자가 심한 부정적인 정서 상태에서 사용할 수 있는 기술들이다. CBT는 내담자가 새로운 기술들을 배울 뿐만 아니라 강한 정서를 느낄 때도 이러한 기술들을 사용할 수 있다는 자신감을 얻을 수 있도록 돕는다. 예를 들면, 내담자가 좌절감을 느끼거나 다른 사람들에게 짜증이 날 때 주장적으로 말할 수 있다는 자신감을 갖는 것이 중요하다. 그래서 CBT는 그렇게 하는 것이 타당할 때, 그들의 정서 반응을 낮추는 학습 기술에만 머무르지 않는다. CBT는 또한 내담자가, 예를 들면 불안하거나 화가 나거나 죄책감을 느끼는 경우에도 대인관계 기술이 효과가 있다는 자신감을 얻도록 돕는다. 그래서 인지행동 치료자들은 항상 강력한 부정적인 정서에 직면해서 하는 적극적인 기술 연습을 포함하는 기술 습득 방식을 준비한다.

CBT에서, 정서장애가 있는 내담자들은 일상 기능을 향상시키기 위해 정서 반응을 관리하는 전략을 배우게 되는데, 이런 방법들은 보통 예를 들어, 이완 전략을 통해 직접적으로 정서를 조절하거나 인지 재구성 전략을 통해 간접적으로 정서를 조절하는 데 집중되어 있다. 심리교육은 내담자가 부적응적인 정서와 행동 반응을 유지하기 위해 가지고 있는 가정된 잘못된 정보에 대항하기 위해 수정되거나 정확한 정보를 제공하는 핵심 전략이다. 예를 들면, 고양이 공포증이 있는 내담자가 고양이에 대한 정보를 회피하는 경우 고양이 행동에 대한 정확하고 도움이 되는 정보가 부족할 수 있다. CBT는 내담자가 그렇게 하는 것이 좋다면, 정서적인 반응을 약화시키는 데 도움이 되는 많은 기술을 포함시킨다. 예를 들어, 자기 기록은 정서 자체가 무한히 증가하기보다는 오르락내리락하고, 정서가 인지와 연결되어 있고, 견딜 수 있다는 것을 내담자에게 가르친다. 또한, 행동 실험, 심리교육이나 인지 재구성을 통해, 내담자들은 그들이 정서 반응에 대해 가지고 있을 수 있는 신념에 의구심을 갖고, 탐색하고, 검증할 수 있게 된다.

정서와 거리를 두어 간접적으로 정서 반응을 조절하는 전략들은 주의력 조절 방법을 포함하고 있다. 초점화된 주의는 호흡과 같은 하나의 대상에 반복적으로 주의를 돌림으로써 마음을 진정시킨다. 개방적인 관찰은 몸의 감각이나 내담자가 정서에 이름을 붙이는 것과 같이 떠오르는 것에 주의를 기울이는 것이다. 인지행동치료의 제3의 물결은 전통적인 인지행동 개입의 효과성을 향상시키기 위하여 상황별 그리고 경험적 전략을 강조한다. 예를 들면, 마음챙김 명상은 내담자가 정서를 수용하고 견딜 수 있게 해 주는 마음챙김 명상이 있고, 돌봄과 편안함과 위로 알아차림의 요소를 더한 자애와 연민 명상이 있다.

정서를 약화시키기 위해 정서를 관리하는 것과는 대조적으로, 행동 실험을 하는 동안의 정서적 관여와 노출 동안의 정서적 각성은 깊고 지속적인 변화를 만드는 데 중요하다. 치료자는 정서를 활성화시키기 위해 심상, 역할극 또는 두 의자 대화와 함께 이러한 전략을 사용한다. 또한 상연(enactment)은 단지 언어적 정보를 주는 것보다 인지와 정서와 행동에 훨씬 더 광범위한 영향을 미친다. 활성화 과정을 통해 발생할 수 있는 새로운 학습은 정서적으로나 경험적으로 습득한 정보를 만드는 여러 가지 양식들(예: 시각, 청각, 운동감각)의 기억을 부호화하는 것에서 비롯될 수 있다.

노출 절차는 적절한 수준의 각성이 있을 때 가장 효과적이다. 노출은 일반적으로 내담자의 주요 내부와 외부 공포 신호를 목표로 해서 가장 적게 불안이 유발되는 단계부터 가장 심한 불안이 유발되는 단계까지 순위를 매기는 노출 과제의 위계를 설정하는 것이 포함된다. 그런 다음 내담자는 상대적으로 낮은 공포 반응을 유발하는 노출 작업부터 시작하여 노출 과정을 진행한다. 이 위계는 내담자에게 노출 과정에 대해 '통제'할 수 있다는 지각을 제공해서 두려운 상황을 피하기보다는 접근하려는 내담자의 의지를 증가시킨다. CBT는 내담자들이 그들에게 문제를 일으키는 정서들을 피하고 있을 때, 내담자들에게 부적응적인 정서 반응을 조절하는 기술과 그것들을 완전히 경험할 수 있는 기술을 가르치려고 노력한다.

CBT는 내담자가 느끼는 방식과 반대되는 방식으로 행동하려는 의지와 동기를 높이기 위한 다양한 전략들을 포함하고 있다. 예를 들어, 인지 재구성은 내담자가 "한 번도 그런 생각을 해 본 적이 없다."고 말할 때처럼 호기심을 자극하고, 내담자가 새로운 방식으로 그들의 가정과 신념에 의문을 갖게 하는 새로운 정보를 도입할 수 있다. 단계별로 노출이 이루어지면, 앞으로 나아갈 경로가 분명하게 결정되며, 내담자의 통제하에 있기 때문에 두려운 상황이나 정서 반응 자체를 피하기보다는 접근하려는 내담자의 의지가 높아진다. 이러한 과정을 통해 얻어진 새로운 학습은 내담자가 문제 상황에 보다 적응적으로 대응하고자 하는 동기를 갖게 해 준다. 내담자들이 그들의 동기 경향성에 반직관적으로 대응하는 것이 중요하다는 것을 배우는 것이 필수적이다. 정서장애에서, 두려움(즉, 회피), 분노(즉, 실패), 슬픔(즉, 철수)에 대해 직관적으로 반응하는 것은 문제를 지속시키지, 해결하지는 못한다.

정서중심치료

EFT는 정동을 공감적으로 조율하고, 주의를 기울이도록 안내하고, 심리극 상연과 심상을 사용하여 자극을 주고, 만일 정서가 압도하고 있다면, 정서로부터 거리를 두도록 해서 기본적인 일차적 정서에 접근하는 작업을 한다. 일차적이고 이차적인 것과 적응적이고 부적응적인 것과 같은 구분은 개입을 안내하는 데 중요하다. 일차적 정서를 모호하게 하는 이차적이고 반응적인 정서를 넘어서 일차적 정서에 먼저 도달하는 것이 목적이다. 일단 일차적 정서에 도달해서, 그것이 적응적인 정서라면, 행동 경향성과 욕구를 통해 변화를 촉진하기 위해 정서를 사용한다. 만일 고통스러운 부적응적 정서라면 대립되는 적응적 정서를 활성화함으로써 변형시킨다. 대립되는 정서를 활성화시키는 중요한 방법은 사람들이 이전에는 인정받지 못하고 충족되지 못했던 욕구를 충족할 만한 자격이 있다고 느끼도록 돕는 것이다. 역동적인 자기 조직화 정서 체계(Self-organizing emotion system)는 이전에는 욕구가 충족되지 못했던 것에 대해 자동적으로 적응적인 분노나 슬픔이나 연민으로 반응한다.

EFT에서 변화는 노출이 아니라 변형에 의해 이루어진다. 인지행동치료의 제3의 물결은 EFT를 사람들에게 정서를 노출시키는 것으로 해석하는 경향이 있지만, 변형은 노출을 넘어서는 것이다. 변형은 증상적 정서의 감소나 원치 않는 반응의 소멸이 아니라 기본적인 정서 도식이 새로운 대립되는 경험과 새로운 상태의 창조를 통해 변화되는 것이다. 게다가 변형은 원치 않는 반응을 무시하거나 억압하는 새로운 대응 학습을 발달시키는 것이 아니라, 완전히 새로운 반응을 형성할 수 있도록 오래된 것을 새로운 것과 합성하는 과정이다(Greenberg, 2015). EFT는 발달을 단순히 조건화된 학습이나 더 적응적인 연합에 대한 노출과 학습에 의해 변화되어야 하는 자극의 의미로 보지 않는다. 대신에, 변형은 같은 자극 상황에서 오래된 고통스러운 정서와 새로운 정서적 경험의 공동 활성화를 통해 일어나는 도식의 합성에 의해 야기되는 것으로 본다. 노출이 외상적 두려움과 공포와 같은 증상이 있는 정서를 줄이는 것에 집중한다면, EFT는 부적응적 정서를 원상태로 돌리기 위해 새로운 일차적 정서의 경험과 표현에 집중한다. 이것은 이차적 정서의 소멸이나 습관화에 초점을 두는 것이 아니다. 일차적/이차적 그리고 적응적/부적응적 정서 간의 구분은 노출과 변형 간의 중요한 차이이다. EFT는 ① 수용, ② 이해, ③ 정서를 정서로 변화시키기, ④ 새로운 의미 창조라는 네 가지 과정을 사용하여 변형을 촉진한다.

사람들이 고통스러운 일차적인 부적응적 정서를 수용하도록 돕는 것만으로는 불충분하다. EFT는 변형을 촉진하기 위해서 수용 이상의 것을 하는데, 새로운 이야기 구성과 관련되어 있는 정서를 이해하는 것이다. 궁극적으로 이성과 정서의 통합은 정서를 감소시키는 것보다는 정서를 이해하는 것을 통해 가능하다.

변화의 첫 번째 과정은 이차적인 반응적이고 증상적인 정서에서 일차적인 정서로 이동하는 두 단계의 순서로 이루어진다. 예를 들면, 이차적 불안에서 기본적인 적응적인 분노나 부적응적 수치심으로 이동하는 것이다. 또 다른 변화 과정은 부적응적 정서에서 적응적 정서로 이동하는 것이다. 예를 들면, 부적응적인 두려움에서 적응적인 힘을 주는 분노로의 이동하는 두 단계의 순서로 이루어진다. 그 과정은 정서 안에서 충족되지 못한 욕구(이 경우, 두려울 때 안전하고자 하는 욕구)를 충족할 자격이 있다는 느낌에 접근함으로써 대단히 촉진되는 과정이다. 적응적 정서에서, 욕구와 행동 경향성이 의미와 방향성을 제공한다. 부적응적 정서에서는, 충족되지 못한 욕구에 대한 권리의식이 생기고, 주장적인 분노나 비통함에 대한 슬픔이나 욕구가 충족되지 못한 자신에 대한 연민에 접근할 수 있도록 치료자가 촉진시킴으로써 타당화된다. 욕구에 대한 이런 접근은 부적응적인 느낌(주로 수치심이나 두려움)에서 철수하는 행동 경향성을 되돌려 접근하는 행동 경향성을 갖는 사람의 주체성을 동원시킨다. 이차적 정서에서 중심에 있는 고통스러운 부적응적 정서로, 그리고 적응적 정서로 이동하는(Greenberg, 2002; Greenberg & Paivio, 1997) 세 단계의 순서 이동이 중요한데, 이것이 EFT에서 변화를 이끄는 것으로 나타났다(Herrmann, Greenberg, & Auszra, 2016; Pascual-Leone & Greenberg, 2007).

EFT는 행동 경향성에 접근하도록 촉진하기 위해서 내장에서 느껴지는 정서를 향하도록 작업하며, 욕구 활성화와 변화는 노출이나 패턴의 이해나, 조건화 학습이나 기술훈련이나 심리교육에 의해서라기보다는 변형의 방식에 의해 이루어지는 것으로 보인다. EFT는 증상을 수정하려는 직접적인 개입을 하지 않고 그보다는 증상 아래에 있는 정서에 접근하는 데 집중한다. 정서를 이해하거나, 조절하거나 정서로부터 거리를 두는 대신에, EFT는 변형과 행동 경향성을 위해 정서에 접근한다. 일단 수용하고 경험되고 나면, 핵심 느낌들은 정서 변화를 위한 EFT의 여섯 가지 원리를 따라 진행될 필요가 있다(제4장 정서 변화의 원리 부분을 참조).

비교

세 가지 접근은 정서와 작업하는 방법에서 어떻게 비교될 수 있을까? 임상 실제에서 기법을 사용하는 방법을 보면 유사성이 거의 없는 것으로 보인다. 정신분석의 중심 방법인 전이 사용은 CBT나 EFT에서는 사용하지 않는다. CBT의 인지 재구성, 행동 실험이나 노출은 정신분석이나 EFT에서 사용하지 않는다. EFT에서 빈 의자 대화를 사용하여 오래된 정서를 변화시키기 위해 사용하는 새로운 정서를 활성화시키는 방법은 PDT나 CBT에서 사용하지 않는다. 빈 의자 대화는 CBT에 통합되었지만, 새롭고 더 적응적인 신념을 발달시키기 위해 정서를 활성화시키는 방법으로 보인다. 모든 접근들은 심리교육의 형태를 어느 정도 사용하지만 CBT에서만큼 명시적으로 사용하지는 않는다. 접근법은 심리극 기법 사용에서 가장 다른 것으로 보인다. EFT는 정신역동적 기법의 사용 측면에서 다른 두 접근들 사이 어디쯤에 있다. 행동 실험은 새로운 경험을 촉진한다는 점에서 전이 상연과 의미 있는 타인들과의 빈 의자 기법 둘 다 어느 정도 유사성이 있다고 볼 수 있다. 그러나 이러한 방법들은 중요한 방식에서 분명히 다르고, 어떻게 변화를 촉진하는가 하는 기본적인 생각에서는 다르다. 새로운 경험과 피드백과 같은 중간 수준의 변화 원칙에서는 공통점이 있지만, 행동이나 기법과 같은 구체적인 하위 수준에서는 차이가 있다.

모든 전통은 회피든 방어든, 또는 정서와 단절하고 있는 것이든 간에 두려운 정서에 접근하는 것이 유용하다고 본다. 게다가, 모든 접근들은 정서의 수용을 치유적인 것으로 본다. 알아차림, 정신화, 상징화 또는 경험하기라고 하는 정서에 언어적 이름을 붙이는 방식은 비슷하게 도움이 되는 것으로 보인다. 또한, 정서 조절은 CBT와 EFT에 더 명확하게 설명되어 있지만, 이 세 가지 접근법 모두 호흡이나 자기 연민이나 자기 진정과 같은 정서 조절 전략을 사용하거나 자신의 정서에 대해 거리를 두는 방법을 사용한다.

겹칠 가능성이 큰 영역은 정서의 활성화와 정서적 각성인데, 종종 노출과 동의어로 여겨진다. 그러나 이러한 명백한 공통성은 더 면밀한 탐색이 필요하다. CBT에서 노출은 반복적으로 두려운 대상이나 상황에 직면하는 것을 포함하고 있는데, 이는 내담자가 오래되고 부적응적인 학습을 억제하기 위해 사용할 수 있는 새로운 학습을 발달시키기 위해서이다. PDT에서 정서적 각성은 주로 전이 과정에서 일어나고, 새롭게 형성된 이야기에 더 깊은 통찰을 내재화시키는 방법으로 대부분 간주되는 반면, EFT에서의 각성은 새로운 정서를 입력함으로써 변형을 위한 정서 개방 상태를 만드는 것으로 간주된다. CBT에서 핵심 신념의 활성화는 정서적인 각성을 초래하고, 이 각성 상태에서 새로운 정보를 획득되어 새로운 신념을 형성한다. 일단 형성된 새로운 신념은 오래된 부적응 학습을 억제함으로써 각성을 약화시킨다. 이러한 견해들은 모두 어느 정도 유사하지만, 버려짐이나 비판에 대한 두려움과 같은 정신역동 치료자와의 관계 경험에서 오는 각성의 유형은 공포증이나 외상과 같은 CBT에서 언급되는 각성의 유형과는 다소 다르다. EFT의 각성 유형은 PDT와 어느 정도 유사하지만, 주로 치료자와의 관계가 아니라 빈 의자에 앉아 있는 주요 애착 인물과의 상상적 대화에서 발생한다. EFT에서 말하는 정서적 각성을 통한 변형의 개념은 CBT의 관점과 다르다. CBT에서의 새로운 정보는 신념이 합리적이거나 적응적이지 않았다는 새로운 인지 정보이다. EFT에서는 새로운 정서이다. CBT에서 노출의 변화가 습관화보다는 오래된 학습을 억제할 수 있는 새로운 학습(Craske et al., 2008)을 포함한다는 최근의 견해는 정신역동적인 작업에서 새로운 발달적 정서 경험과 EFT에서 정서로 정서를 변화시키는 것과 동일한 요소를 가지고 있다. 그러나 다시 말하지만 더 많은 과정 수준에서 차이가 있다. 정신역동적 작업은 새로운 대인관계 경험의 맥락에서 새로운 정서를 탐구하는 것이고, CBT에서는 새로운 인지 학습 그리고 EFT에서는 새로운 정서 경험을 말한다.

심상은 모든 접근에서 정서에 접근하고 변화를 촉진하기 위해 사용되고 있

다. 정신분석에서 심상은 아마도 무의식을 탐구하는 데 가장 많이 사용되는 듯한데, 특히 꿈과 백일몽을 탐구하는 데 사용되는 것으로 보인다. CBT는 사람들을 두려운 상황에 노출시키기 위해 구조적인 방법으로 심상을 사용하고, 또한 고통스러운 기억으로의 재진입을 촉진하기 위해 심상 실험을 사용할 수도 있다. EFT도 마찬가지로 심상을 사용하여 과거의 상황을 상상적으로 재진입하고, 상연과 심상을 조합하는 의자 대화에서 심상을 사용한다.

EFT가 치료 시간에 이미 발생했던 새로운 정서 경험의 알아차림 그리고/또는 연습을 위해 과제를 사용하기는 하지만, 정신역동적 작업이나 EFT는 경험에 도전하는 새로운 기대를 만들기 위해 추가적인 치료 경험을 사용하지는 않는다. CBT는 두려운 대상이나 상황에 접근하거나 우울증을 동반하는 동기의 상실에 대처하기 위해 즐거운 활동을 하는 것과 같은 정서 회피에 대항하는 전략을 사용할 것을 권장한다. 정신역동적 접근이나 EFT는 모두 직관적인 정서 반응을 의도적으로 무시하지 않는데, 그렇게 하는 것을 거의 반치료적인 것으로 보거나 더 깊은 수준의 변화를 촉진하지 못하는 것으로 본다.

CBT와 정신역동적 작업은 특히, 내담자가 그들의 삶에서 효과적인 정서 반응들을 조절하지 못할 때, 두 접근 모두 정서의 부적응적인 특성과 잠재적 파괴력에 주의를 기울인다. 두 가지 접근법 모두 내담자를 압도하거나 분열시키는 문제가 있는 정서를 관리해야 한다는 점을 강조한다. 반면, EFT는 변화해야 할 측면이 조절되지 않는 정서라고 보지 않기 때문에 주의를 기울이지 않는다. 그보다는 조절되지 않은 정서를 조절장애를 일으키는 기본적인 정서에 대한 반응으로 생각해서 이러한 기본적인 정서들에 접근하는 데 집중한다. 정신분석은 또한 근본적인 요소들에 초점을 맞추지만, 정서를 기본적인 원인으로 생각하지는 않는 경향이 있다.

정서를 다루는 접근법을 비교하는 빠른 방법으로, 각 저자는 치료 상황에서 일반적으로 정서가 그들에게 알려 준 것에 대해 언급하고, 정서에 대한 짧은 작업 사례를 제공했다. 물론, 치료자의 반응 방식은 내담자의 유형, 맥락,

치료 단계, 그리고 다른 요인에 따라 다를 것이다.

치료 중반에는 일반적인 우울증과 불안감을 겪고 있는 보통의 내담자를 치료하는 상황이었다. 과거 사건을 이야기하는 내담자의 눈에 슬픔의 눈물이 가득 고이고, 목소리가 살짝 떨리기 시작하는 그런 상황이 된다.

제2장에서, Malberg는 정서가 내담자와 치료자 간의 상호작용에 대한 신호를 치료자에게 알려 줄 수 있다고 하였다. 그 신호는 특정 감정에 부착된 억압된 기억이 돌아오는 것이거나 갈등적이거나 고통스러운 생각이나 감정에 대처하는 방법을 나타내는 것일 수 있다. 이러한 맥락에서, 정신역동 치료자는 내담자가 치료 시간에 정서적 변화에 주의를 기울이도록 할 수 있다. 예를 들면, "여동생과 함께 있었던 상황에 대해 더 묻기 시작했을 때, 당신이 눈물을 흘리면서 목소리가 더 부드러워진 것을 알아챘습니다."라고 할 수 있다. 정신역동 치료자는 치료에서 일어나는 과정이나 과거에 나누었던 정보와 연결하려고 노력하면서, 새롭게 만들어진 느낌에 머무르면서 다음 개입을 하려고 한다. 예를 들면, "당신이 지금 여기에서 느끼는 것처럼 보이는 방식은 당신이 어렸을 때 아버지의 분노에 대한 당신의 반응을 떠올리게 합니다."라고 할 수 있다. 첫 번째 개입은 정신역동 치료자가 말하는 전이의 지금과 여기에 집중하는 것이다. 그것은 또한 내담자가 자기 관찰을 하고 그 느낌에 머무르도록 초대하는 것이다. 내담자를 감정에 머무르도록 해서 치료자는 정서와 기억이 연결되고 관찰될 수 있는 공간을 만들고자 한다. 이러한 개입으로, 정신역동 치료자는 내담자의 인지와 정동 사이의 균형을 이루려고 시도한다. 정신역동 치료자는 또한 정서를 방어적으로 사용하는 것에 귀를 기울이고 이름을 붙인다. 예를 들어, "우리는 따님과의 어려움에 대해 이야기하고 있었는데, 따님이 얼마나 편안하고 행복한지 계속 알려 주시네요. 그래서 좀 혼란스럽습니다. 가끔 이런 얘기를 하는 게 너무 고통스러운 건 아닌지 궁금합니다."라고 한다. 요약하자면, 정신역동 치료자는 치료자의 목소리 톤, 말의 속도 그리고 정서와 연결하는 다른 비언어적 방법으로 '내담자들이 있는 곳에

서 만나려고' 함으로써 정서를 암묵적으로 다룬다. 치료자는 치료적 관계(예: "내 말이 당신을 좀 방어적으로 만든 것 같네요.")와 과거(즉, 기억 보유자)에 대한 지금 여기에서의 의사소통을 통해 정서를 분명하게 들을 수 있다.

제3장에서, Tomkins는 CBT 치료에서, 정서는 인지치료자에게 치료자가 집중하고 있는 임상적으로 관련 있는 사고나 신념을 알려 준다고 하였다. 주의 깊은 인지치료자는 "당신이 지금 뭔가를 느끼고 있는 것 같네요. 그렇게 생각하기 바로 전에 무슨 생각이 들었어요?"라고 물을지도 모른다. CBT에서 정서는 인지를 시사하는데, 일반적으로 관련된 인지는 변화를 위한 목표가 된다. 종종 이러한 인지는 "아무것도 변하지 않을 것이다."나 "이번에 내가 심각한 병을 앓고 있다면 어쩌지?"와 같은 자동적 사고이다. 우선, CBT 치료자는 인지를 정서에 연결시키고 난 후 정서를 행동과 연결시킨다. "그래서 '아무것도 변하지 않을 거야.'라고 생각했을 때, 당신은 슬펐고 그래서 이불을 머리 위로 뒤집어썼습니다." 일단 치료자가 이 연결을 만들면, 치료자는 내담자가 협력적 경험주의, 즉 예측, 가정 또는 해석을 확인하거나 확인하기 위한 증거를 수집하는 과정을 통해 사고를 검토하도록 할 수 있다.

제4장에서, Greenberg는 생존이나 안녕의 욕구가 충족되었든 그렇지 않든 간에 한 사람을 위해 어떤 것이 좋은지 나쁜지에 대한 정보를 제공해 주는 것이 정서라고 본다. 그는 EFT 치료자에게 연민 어린 목소리로 반응을 할 것을 제안한다. "네. 너무나 고통스럽고, 너무나 슬프네요. 이 감정에 지금 머물러서, 당신의 몸 안에 무엇이 느껴지는지 주의를 집중해 볼 수 있나요?"라고 말이다. 그러고 나서 내담자가 침묵하고 한동안 내면에 집중한다고 가정하고, 치료자는 조금 지난 후, "눈물이 뭐라고 말하나요? 그 눈물에 말을 넣어 줄 수 있나요?"라고 말할 수 있다. 처음 목적은 타당화하고 공감하는 것이다. 두 번째는 몸에 느껴진 감각에 주의를 기울이도록 안내하는 것이고, 세 번째는 내담자가 언어로 감정을 상징화하도록 돕는 것이다. 그러고 나서 내담자는 "그냥 그런 상실감이요." 또는 "그냥 버림받은 것처럼 느껴져요."와 같은

말을 할 수 있다. 그런 다음 치료자는 내면의 공허함이나 외로운 느낌에 대해 추측하여 내담자에 대한 독특한 의미를 파악한다. 이러한 추측은 내담자가 정서에 대한 암묵적 평가를 명확히 하고 궁극적으로 충족되지 않은 욕구에 도달할 수 있도록 하는 데 도움이 된다. 일단 고통스러운 정서 속에서 충족되지 않은 욕구에 접근하면, 새로운 정서가 나타나서 오래된 고통스러운 부적응적 정서를 변형시키는 데 도움을 준다.

치료자들이 치료 시간에 출현하는 정서를 어떻게 다룰 수 있는지에 대한 이전 설명들은 치료자들의 서로 다른 이론들과 그에 따라 다른 반응들이 있을 수 있다는 점을 강조하였다. 모두 정서를 중요하게 여기지만, 정서를 어떻게 다루는지는 다르다. PDT는 정서를 관계 회복의 신호로 보고, 무의식적인 과정을 듣는 동안 치료에서 일어나는 과정과 정서를 연결한다. CBT는 정서를 인지에 대한 반응으로 보고 그 정서를 인지에 연결시킨다. EFT는 정서를 정보와 욕구를 담고 있는 것으로 보고 정서를 다른 것과 연결시키기보다는 중요한 것을 말하고 있는 지적 언어로서, 정서 경험에 직접적으로 초점을 맞춘다.

결론

치료에 도움이 되는 것은 자신의 정서 상태를 듣고 이를 관리하는 데 도움을 줄 수 있는 다른 사람, 혹은 자신의 일부를 갖는 것이다. 모든 설득의 심리치료는 어려운 정서의 표현, 목격, 처리가 이루어지는 안전한 환경을 제공하고자 한다. 정서와 작업을 할 때, 다른 형태의 공감, 다양한 유형의 해석 그리고 다양한 적응적 추론 방법들을 각 접근에서 서로 다른 정도로 사용한다. 이 장에서는 여러 접근에서 사용하는 보다 일반적인 공통 요소가 되는 기술들에 덧붙여 다양한 접근법이 치료에서 정서에 대해 어떻게 생각하고, 정서와 실제적으로 어떻게 작업하는지를 비교하려고 했다.

이 노력을 통해, 우리는 서로 다른 접근법이 어떻게 정서와 정서 변화를 바라보는지뿐만 아니라 변화를 이루기 위해 그들이 사용할 수 있는 서로 다른 방법들에 유사점과 차이점이 존재한다는 것을 보았다. 어떤 경우에는, 정서는 직접적으로 작업할 수 있고, 변화될 수 있는 독립적인 변수로 보인다. 이것은 카타르시스가 변화를 이끈다고 여기는 가장 오래된 방법일 것이다. 그러나 그러한 견해는 지지를 받지 못했고, 단순한 카타르시스와 환기로 비쳐졌다. 진자운동 속담처럼 그것은 나중에 되돌아왔다. 이제 정서적 각성과 표현은 모든 정신병리학과 변화의 요소로 새롭게 인식되었고, 아마도 기본적인 요소가 된 것 같다. 정서는 또한 다른 과정을 변화시킴으로써 변화되는 종속변수로도 보일 수 있다. 그것은 확실히 인지치료 접근법의 주요한 초기 기여 요소였다. 이성적 변화는 정서적 변화를 일으킬 수 있다. 그래서 이해의 과정이나 새로운 이야기의 구성이나 신념이나 통찰의 변화에 필수적인 동반자이며 변화의 상관관계로 정서를 보는 관점이 있다. 모든 접근법들은 부분적으로 변화의 상관관계로서 정서를 보는 견해를 유지하고 있다. PDT는 통찰, 정신화, 자기 관찰력 증가, 전이와 같은 과정과 정서가 가장 상관관계가 있다고 보고 있는 접근이다.

치료적 변화에 대한 접근 방식을 비교할 때 더해지는 복잡성 중 하나는 어떤 유형의 변화에 초점을 두고 있는지에서 분명해진다. 두 가지 중요한 유형의 변화가 장들 전체에 걸쳐 설명되고 있는 것으로 보인다. 변화란 사람들의 기분을 나아지게 하고 증상 완화를 돕기 위해 어떤 형태의 관계 또는 대처 기술을 제공하는 대처의 변화를 말하는 것인가, 아니면 증상의 원인으로 생각되는 성격의 근본적인 구조적 변화를 목표로 하는 것인가? 보다 자동적이고 무의식적인 합성에 의해 일어나는 이러한 정서 발달에 따라, 과정들은 기술 훈련이나 심리교육을 통한 지식이나 기술을 습득을 수반하는 의식적인 학습과 대조될 수 있다. 이러한 유형의 학습은 또한 정확한 반응의 강화와 부정확한 반응의 약화에 초점을 맞추고 있을 뿐 아니라 기억에 새로운 정보를 추가하는 데도 초점을 맞추고 있다. 발달은 사람의 기본적인 처리 방식이 바뀌는 다른 유형의 변화를 수반하기 때문에, 직접적인 수정 없이도 증상 반응이 변화한다. 이러한 차이는 통찰과 행동 변화를 비교하는 심리치료의 오래된 논쟁을 반영하는데, 여러 가지 면에서, 지금 여기의 정서 영역에서 반복되고 있다. 대처와 변형은 다르지만 둘 다 중요한 것 같다. 접근 방식에 관계없이 이와 관련하여 고려해야 할 질문은 다음과 같다. '언제 사람들에게 대처기술로 도와야 하는가?' '언제 변형을 시도하는가?' 보다 구체적인 질문은 다음과 같다. '언제 정서를 조절하고 활성화해야 하는가?' '언제 수용하면 되고 언제 바꾸면 되는가?' 이 질문들은 좀 더 탐색이 필요한데, 그것은 치료자들이 정서와 작업할 때 무엇을 하는가뿐만 아니라 그들이 그것을 언제 하는지에 관한 것이다. 이러한 정서중심적인 질문에 대한 더 많은 연구와 설명이 이루어 진다면, 심리치료에서의 정서에 대한 직접적인 연구를 통해 근본적으로 정서와 작업하는 것에 대한 더 큰 이해와 치료적 효과를 향상시키게 될 것이다.

참고문헌

Beck, A. T. (1996). Beyond belief: A theory of modes, personality, and psycho pathology. In P. M. Salkovskis (Ed.), *Frontiers of cognitive therapy* (pp. 1-25). New York, NY: Guilford Press.

Craske, M. G., Kircanski, K., Zelikowsky, M., Mystkowski, J., Chowdhury, N., & Baker, A. (2008). Optimizing inhibitory learning during exposure therapy. *Behaviour Research and Therapy, 46*, 5-27. http://dx.doi.org/10.1016 j.brat.2007.10.003

Goldfried, M. R. (1980). Toward the delineation of therapeutic change principles. *American Psychologist, 35*, 991-999. http://dx.doi.org/10.1037/ 0003-066X.35.11.991

Greenberg, L. S. (2002). Integrating an emotion-focused approach to treatment into psychotherapy integration. *Journal of Psychotherapy Integration, 12*, 154-189. http://dx.doi.org/10.1037/1053-0479.12.2.154

Greenberg, L. S. (2011). *Emotion-focused therapy*. Washington, DC: American Psychological Association.

Greenberg, L. S. (2015). *Emotion-focused therapy: Coaching clients to work through their feelings* (2nd ed.). Washington, DC: American Psychological Association. http://dx.doi.org/10.1037/14692-000

Greenberg, L. S., & Paivio, S. C. (1997). *Working with emotions in psychotherapy*. New York, NY: Guilford Press.

Grencavage, L. M., & Norcross, J. C. (1990). Where are the commonalities among the therapeutic common factors? *Professional Psychology*, *Research and Practice, 21*, 372-378. http://dx.doi.org/10.1037/0735-7028.21.5.372

Herrmann, I. R., Greenberg, L. S., & Auszra, L. (2016). Emotion categories and patterns of change in experiential therapy for depression. *Psychotherapy Research, 26*, 178-195. http://dx.doi.org/10.1080/10503307.2014.958597

Kernberg, O. F. (1988). Psychic structure and structural change: An ego psychology object relations theory viewpoint. *Journal of the American Psychoanalytic Association, 36S*(Suppl.), 315-337.

Maslow, A. H. (1962). *Toward a psychology of being*. Princeton, NJ: Van Nostrand.

Nadel, L., & Bohbot, V. (2001). Consolidation of memory. *Hippocampus, 11*, 56-60. http:// dx.doi.org/10.1002/1098-1063(2001)11:1〈56::AID-HIPO1020〉3.0.CO;2-O

Nader, K., Schafe, G. E., & LeDoux, J. E. (2000). Fear memories require protein synthesis in the amygdala for reconsolidation after retrieval. *Nature, 406*, 722-726. http://dx.doi.org/10.1038/35021052

Pascual-Leone, A., & Greenberg, L. S. (2007). Emotional processing in experiential therapy: Why "the only way out is through." *Journal of Consulting and Clinical Psychology, 75*, 875-887. http://dx.doi.org/10.1037/0022-006X.75.6.875

Perls, F. S. (1969). *Gestalt therapy verbatim.* Lafayette, CA: Real People Press.

Rogers, C. R. (1951). *Client-centered therapy: Its current practice, implications, and theory.* Boston, MA: Houghton Mifflin.

Whelton, W. J. (2004). Emotional processes in psychotherapy: Evidence across therapeutic modalities. *Clinical Psychology & Psychotherapy, 11*, 58–71. http://dx.doi.org/10.1002/cpp.392

찾아보기

인명

내용

저자 소개

Leslie S. Greenberg 박사(PhD)는 캐나다 토론토에 있는 요크 대학교의 심리학 명예 연구교수이다. 그는 개인과 커플을 위한 개인 실습을 맡고 있고, 정서중심 접근 방식을 훈련시키고 있다. Greenberg 박사는 Jeremy D. Safran과 함께 『심리치료에서의 정서: 정동, 인지 그리고 변화의 과정』(1987)을 공동 집필했다. Susan M. Johnson과는 『커플을 위한 정서중심치료』(1988), Rhonda N. Goldman과는 『정서중심적 커플 치료: 정서, 사랑 그리고 힘의 역동』(2008), Shari M. Geller와는 『치료적 현존: 효과적인 치료를 위한 마음챙김 접근』(2012)을 공동 집필했다. 또한 그는 『정서중심치료』(2011, 2017)와 『정서 중심 치료: 그들의 감정을 통해 작업하기 위해 내담자를 코칭하기』(2002, 2015)를 저술했다. 최근에는 Rhonda N. Goldman과 함께 『정서중심치료에서의 사례개념화: 변화를 위한 임상 지도 함께 만들기』(2015)를 공동 집필했다. 그리고 Jeanne C. Watson과는 『일반화된 불안의 정서중심치료』(2017)를 공동 집필했다. 그는 심리치료 연구협회의 수석 연구경력상, 미국심리학회(APA)의 Carl Rogers상 그리고 APA의 응용연구에 탁월한 전문적 기여를 인정받는 상을 받았다. 그는 또한 전문가로서 심리학에 혁혁하게 기여한 공로로 캐나다 심리학회상을 받았다. Greenberg 박사는 심리치료 연구협회의 전 회장이다.

Norka T. Malberg 박사(PshD)는 미국 코네티컷주 뉴헤이븐에 있는 예일 아동 연구센터의 임상 조교수이며, 아동, 청소년 그리고 성인 정신분석가로서 개인 실습을 담당하고 있다. Malberg 박사는 서부 뉴잉글랜드 정신분석협회의 회원이고, 프로이디안 협회의 회원이다. 그녀는 또한 2012년에 안나 프로이트 전통을 처음으로 공동 집필한 Routledge의 『Lines of Development』 시리즈의 공동 편집자이기도 하다. 그녀는 아동에 대한 정신분석 연구와 유아, 아동, 청소년 심리치료 저널의 편집위원이다. Malberg 박사는 PDM-2 (Psychodynamic Diagnostic Manual)의 어린이 및 청소년 부문의 공동 편집자이다. 2017년, 그녀는 『아동 정신화 기반 치료: 시간제한적 접근법』의 공동 저자이다. 최근, 그녀는 미국심리학회의 심리치료의 비디오 시리즈에서 정신화 기반 치료 기술을 설명하는 객원 주 임상의로 출현했다. 푸에르토리코 산후안 출신인 Malberg 박사는 미국, 유럽, 중남미에서 발달 정신분석학적 관점에서 다양한 주제로 강의하고 출판하고 있다. 그녀는 정신역동이론과 기술의 활용과 관련하여 지역사회 기반 서비스 조직의 컨설턴트로 활발하게 일하고 있다.

Michael A. Tompkins 박사(PhD)는 ABPP 소속으로, 샌프란시스코만 지역 인지치료센터의 코디렉터이자 버클리에 있는 캘리포니아 대학교 임상 조교수이다. 그는 또한 행동심리학과 인지심리학에 대한 자격인증을 받았다. 그는 인지치료 아카데미 전문가이자 펜실베이니아 발라 신위드에 있는 인지행동치료 벡 연구소의 부교수이다. Tompkins 박사는 인지 행동치료와 관련 주제에 관한 논문과 장의 저자 또는 공동 저자이다. 그는『우울증을 위한 인지행동치료의 필수요소』(2001)를 포함하여 9권의 책을 저술했다.『심리치료에서 과제의 활용: 전략, 지침, 그리고 형태』(2004),『그리고 나의 불안한 마음: 불안과 공황의 관리에 대한 십대 가이드』(2009) 등이 있다. Tompkins 박사는 버클리에 있는 캘리포니아 대학의 저명한 임상 강사로, 2013년 저장(hoarding)에 대한 이해에 기여한 공로로 샌프란시스코 정신건강협회로부터 평생공로상을 받았다. 그는 미국심리학회 매거진 출판부의 자문위원으로 활동하고 있으며, 이 출판사는 아동과 청소년에 관한 주제의 심리학 책을 출판하고 있다. 또한 그는 성인, 청소년, 어린이를 위한 증거 기반 치료를 제공하고 있다.

역자 소개

김수형(Kim Suhyeong)

숙명여자대학교에서 교육심리학을 전공하고, 동 대학원 및 박사과정에서 상담 및 생활지도를 전공하였다. 한국상담심리학회 주 슈퍼바이저이며, 1급 상담심리사(No.1-189)이다. 가천대학교 원격평생교육원 강의교수, 서울사이버대학교 상담센터에서 인턴교육 및 주 슈퍼바이저를 담당하고 있으며 현재 수아람심리상담센터 대표를 맡고 있다. 1995년부터 숙명여자대학교, 숭실대학교, 충북대학교, 상명여자대학교, 숙명여자대학교 교육대학원, 서강대학교 평생교육원, 연세대학교 사회교육원 등 다수 대학과 대학원 등에서 강사와 명지대학교 겸임교수를 역임하였다. 서강대학교 학생생활상담소에서 상담인턴과 레지던트를 수료하였고, 한양대학교, 숙명여자대학교, 국민대학교, 한국외국어대학교 등 학생상담센터에서 근무하였다. 2006년부터는 LS(구 LG)전선연구소, 삼성전자서비스본사, 삼성화재본사, KIST 등에서 심리상담센터를 론칭 후 운영하였고, 한국법무보호복지관리공단, EAP기업상담, 교육지원청 Wee센터 등에서 심리상담 및 슈퍼비전과 강의 경력을 가지고 있다. 한국상담연구원 전문위원, 한국상담심리학회 교육연수위원, 전국대학성폭력상담실무자 협의회 학술부장, 한국정신분석연구회 운영위원, 한국상담학회 기업상담분과학회 이사 등을 역임하였다. CTS TV생방송 〈미라클아워〉 '상담1004'에 상담전문가로 출연하였다. 역서로는 『대상관계치료』(공역, 학지사, 2005), 『생각하기, 느끼기, 행동하기』(공역, 시그마프레스, 2005), 『REBT를 활용한 정서교육 프로그램 2: 중·고등학생용』(공역, 학지사, 2018) 등이 있다.

정서와 작업하기
–정신역동, 인지행동 그리고 정서중심 심리치료에서–
Working With Emotion
in Psychodynamic, Cognitive Behavior, and Emotion-Focused Psychotherapy

2023년 1월 25일 1판 1쇄 인쇄
2023년 1월 30일 1판 1쇄 발행

지은이 • Leslie S. Greenberg · Norka T. Malberg · Michael A. Tompkins
옮긴이 • 김수형
펴낸이 • 김진환
펴낸곳 • ㈜학지사
04031 서울특별시 마포구 양화로 15길 20 마인드월드빌딩
대표전화 • 02-330-5114 팩스 • 02-324-2345
등록번호 • 제313-2006-000265호

홈페이지 • http://www.hakjisa.co.kr
페이스북 • https://www.facebook.com/hakjisabook

ISBN 978-89-997-2821-1 93180

정가 18,000원